中学媒介素养导读

郑军亮　主编

中国国际广播出版社

图书在版编目（CIP）数据

中学媒介素养导读/郑军亮主编. --北京：中国
国际广播出版社，2018.10
ISBN 978-7-5078-4220-3

Ⅰ.①中… Ⅱ.①郑… Ⅲ.①计算机网络－传播媒介
－中学－教学参考资料 Ⅳ.①G634.673

中国版本图书馆 CIP 数据核字（2018）第 243175 号

中学媒介素养导读

编　　者	郑军亮	
责任编辑	刘　晗	
版式设计	冯旱雨·贝壳学术	
责任校对	徐秀英	

出版发行	中国国际广播出版社 [010-83139469　010-83139489(传真)]	
社　　址	北京市西城区天宁寺前街 2 号北院 A 座一层	
	邮编：100055	
网　　址	www.chirp.com.cn	
经　　销	新华书店	
印　　刷	天津雅泽印刷有限公司	

开　　本	710×1000 1/16	
字　　数	248 千字	
印　　张	15	
版　　次	2019 年 1 月　北京第一版	
印　　次	2019 年 1 月　第一次印刷	
定　　价	60.00 元	

CRI　中国国际广播出版社　欢迎关注本社新浪官方微博　官方网站 www.chirp.cn

总　序

　　20世纪90年代，互联网在我国开始发展。现在，人们能熟练地利用互联网交友、学习、旅游、谈判，互动沟通。互联网扩展了人们之间信息交流的平台和范围，迅速地改变了人们的交往行为和交往方式，影响着人们的实践活动和思维方式。网络已经如潮水般浸入我们生活的每一个角落：小小的乌镇成为"世界互联网大会"的永久召开地，"互联网＋"成为一种新的经济形态，甚至有业内人士断言"不远的将来，人们只要在家里安装VR（虚拟现实）设备就可以穿梭于各个场景"。可以这样说，网络已经成为我们生活中不可或缺的一部分。

　　网络正以惊人的速度发展着，但互联网进入中国的时间其实并不长，甚至可以说很短。1987年钱天白教授发出我国第一封电子邮件"越过长城，通向世界"，标志着中国人拉开了使用互联网的序幕。1994年，中国正式介入互联网。中国现在有6亿多网民，是世界网民数量最多的国家。随着互联网的普及，大量的信息扑面而来：有用的信息，无用的信息；真实的信息，虚假的信息；正能量的信息，负能量的信息。如何获得最有价值的信息？如何甄别虚假的信息？对世界观、人生观、价值观还在形成中的中学生而言尤其重要。网络中海量呈现的信息并不一定都是真实和正确的，判断和洞察能力、需要甄别和选择能力，这告诉我们青少年掌握一些网络媒介中的知识是很必要的。本书正是在这样的宗旨下应运而生的。

　　在生活中，互联网作为新的媒介主要分为两部分：一是传统媒体的数字化，如传统媒介报纸、杂志等的电子版；二是利用网络便利条件而诞生的"新型媒体"，如我们熟悉的搜狐网、网易网、新浪网等。

　　司空见惯的互联网已成为当代中学生日常生活中触手可及的一种工具，获取信息、认知世界、参与生活，在与网络同步成长的中学生心目中，网络的地位远远凌驾于广播、报纸、电视等传统媒体之上，学生们愉悦地享受着网络给学习和生活带来的乐趣和便利，对其有一份强烈而特殊的情感。中国互联网络信息中心CNNIC发布的《第37次中国互联网络

1

发展状况统计报告》中提到：截至 2015 年 12 月，中国网民规模达 6.88 亿，互联网普及率为 50.3%，中国半数人已进入互联网。中学生作为使用网络的主力军，这个数据还在不停地呈上升趋势。而当下鱼龙混杂的网络环境，一方面成为青少年的交往利器和学习帮手，而另一方面也是引发某些病症的导火索。因而，促进青少年在网络时代的健康发展，网络媒介信息素养的培养不可或缺。

网络媒介是媒介发展史上的一次革命，它能让大众人人参与其中，媒介与大众之间的关系变成了多向化。由于它入门低，只需要一部手机或一台电脑就可以进入这一平台，所以它一问世，不到几年就风靡天下。在这个平台上，人人都可以发布信息，发表评论，相当于每个人都拥有一个"话筒"。这些信息和评论的发布，不需要政府有关部门的审查，也不需要考虑别人的感受，只要愿意，可以随时传播自己的信息，也随时可以转发网络上的信息。由于信息发布的随意性和便捷性，信息发布者可以传播正能量的信息，惩恶扬善，也能够传播超越道德底线的负能量，危害社会，因而网络媒介就成了一把"双刃剑"，既可以促进社会的进步，也容易引发社会的混乱。所以在相对自由的网络媒介上，培养网络媒介的健康理念就显得十分重要。所谓网络媒介的健康理念，就是网络媒介的拥有者拥有健康的心理、健全的人格，能拒绝接收错误的信息，发布健康的信息，主动维护社会秩序，宣传社会主义核心价值观。因而本书将从"用健康的心理上网""网上活动要有时间限制""抵制网上的不良信息""坚持锻炼，用健康的身体保证网络活动"四个方面对中学生进行一定的指导。

除此之外，本书也将涉及中学生普遍热爱的摄影、广告、动画等方面在网络媒介上运用的内容。

很多同学都觉得自己只有手机没有相机，或是只有卡片机没有单反，又或是觉得单反中满眼按钮看不懂……觉得自己离真正的摄影很遥远。其实不然，只要我们了解一些摄影的基本知识和技能，不管是用手机、卡片机还是单反，都可以让自己拍摄的照片变得更出彩。在网络媒介如此发达的今天，传统的胶片摄影、现代的数字摄影及数字化的后期处理和数字化的传播技术，又各自扮演着自己的角色，体现着各自的价值。而在数字化处理和网络媒介大行其道的今天，作为一名中学生如何做好影像作品的创作，还是需要有较强的摄影摄像基础知识。本书将会提到"网络媒介的摄影制作基础""中学生网络媒介摄影策划分析与操作实践""中学生网络媒介视频策划分析与操作实践"等有趣的内容。

从孩童时期起，我们就开始接触动画片，可以说，动画片是孩子成长的必需品。可是，你真的了解动画片吗？你知道动画片产生于什么时候吗？你知道动画片的发展历史吗？你知道动画作品让你产生了哪些变化吗？网络动画时代又会对你产生什么样的影响呢？当今时代，动画片已经成为我们生活中不可或缺的一种艺术品，离开了趣味横生的动画作品，生活都要显得乏味得多。随着3D电影技术和计算机网络技术的发展，动画片的种类越来越多，形式也更加多样，动画片的制作过程也开始变得简单易懂。然而，我们只看到了动画片辉煌的一面，却不知道动画片究竟是怎么发展起来的。事实上，动画片发展并不是一帆风顺的，而是经历了一个漫长而曲折的发展过程。本书将会为同学们讲述这一切。

广告几乎无处不在，它对人们的生产、学习、工作产生了深刻的影响，网络广告更是与每一个人零距离对接。而处在世界观、人生观和价值观形成期的中学生虽然天天与广告打交道，但却不一定具备辨识能力。本书将教给中学生一定的网络广告基础知识，使中学生拥有对媒体所提供的网络广告信息进行分析、判断和选择，并从媒体中获得评判的能力，为中学生今后的学习生活服务。教会中学生科学地认识网络广告，积极地选择和接触网络广告，正确、全面、有效地理解并鉴别各种网络广告信息。同时作为学校媒介素养教育实施的一个组成部分，帮助中学生在媒介环境中学会辨识、选择和反思网络广告内容，建立起媒介传播的基本道德，促进中学生形成正确的世界观、人生观和价值观。

本书对中学生朋友们来说将会是趣味横生且获益匪浅的一本科普类读物。

序

　　我国又一本中学生媒介素养读本出版了——这就是郑军亮主编的《中学生媒介素养导读》。他邀我为这本书写个序，我高兴地答应了，因为这是我退休十年来最钟爱的事业。

　　在媒介高速发展的今天，社会已经全面进入网络时代，人们在网络上优游和生存。

　　媒介素养是一个世界性的议题，媒介素养的内涵也不断丰富。特别是运用、辨析与创新媒介的能力已经成为当代社会公民的基本能力和生活技能。

　　新媒体产生后，网络媒体中的论坛、博客、微博、SNS社交网站，手机媒体中的微信、QQ，以及其它新媒体所兼具的声音、视频、图片、文字以及海量的信息传播模式等，打破了传统媒介对信息的垄断，任何人都可成为记者和编辑，任何一台电脑或手机都可成为一家私人电视台和广播电台。他们随时发布自己获得的信息，甚至对获取的信息进行点评、修改、增删、发布，完全体现了自己的思维，微信的使用尤为明显和普及。网络媒介给普通民众提供了与传统媒介传播者几乎相同的地位和播出权，拉平了传统媒介传播者与受众之间的巨大差距，使媒介传播向扁平化结构方向发展。

　　任何一种传播方式都是媒介，网络传播也就是媒介传播的一种新的方式和手段。

　　媒介时代，尤其是新媒介时代，在浩如烟云的巨量信息中筛选目标信息和淘汰无关信息都同样重要；对入选的信息要判断其真假，要认清其价值导向；网络信息中的绝大多数信息为社会提供了良好的服务，促进了社会的快速发展；要对诸多信息进行分析和排列，根据同一性的原则进行整合，提取有效的信息。所以我认为媒介素养是公民通过媒介特别是互联网（包括手机和电脑）这一传播平台和载体，根据传播规律传播和接收的，区分、使用、控制、转换、再加工不同质的信息构成所需要的能力、水

1

平、技巧和人文精神。是受众对媒介的认知和使用、辨析和批判、转换和创造、道德能力和审美能力的辩证统一。这可以从以下几点上予以理解。

第一，在巨量的信息中区分、使用、控制、转换、再加工有用信息与淘汰无关信息需要较丰富的知识储备；

第二，判断信息的真假，认清信息的价值导向，转换和创造新的信息，需要较高的能力和水平；

第三，要对诸多信息进行分析和排列，根据有效性的原则进行整合，最大限度、最快速度地提出信息的有效性，需要专门的技巧；

第四，对信息的评价、批判、扬弃，要依据道德的观念和正向的、积极的、美学的人文精神来构建。

第五，这一概念运用了哲学的思辨理念，从正面与反面双因子和矛盾统一规律进行了逻辑推理；运用了中国式语言，全面、完整诠释了媒介素养。这是一种以网络为基础的多种媒体形式共同的"参与式文化范式"，能够让受众在巨大的以互联网络为基础的使用中自由地进行互动与交往。这是媒介环境下公民的应用技能、操作能力和人文精神。

2018 年距离被称为"中国媒介素养教育年"的 2004 年已经十多年了，在过去的十多年光景里，我国媒介素养研究持续升温，得到了学界和业界的广泛关注，特别在中小学的实践教学和推广中获得了积极的评价。

近年来，我国中小学生媒介素养教育呈现多元的趋势，媒介素养教育的方法也发生了许多转变。有保护青少年抵御媒介影响的保护主义的，也有是以批判意识为核心指导思想的。我们认为，在现阶段我国中学生媒介素养教育的本质是对学生进行媒介，特别是网络媒介的正确使用的教育，思辨价值能力的初步形成教育，其目的是促进对中学生的保护并赋权对媒介影响的关注和理解。这是符合我国现阶段实际情况的。

嘉兴市秀水高级中学是浙江省媒介素养教育起步较早、活动较多、影响较大的少数几所中学之一。这次由他们牵头，联合了其它一些学校编写了浙江省首本《中学生媒介素养导读》，甚是欣慰。

遵其要求，絮絮叨叨地写了上面这些，是为序。

王天德

2018 年 9 月于北京

目　录

第一章　网络媒介和受众

1958 年，为负责研发高新科技用于军事用途，美国国防部成立了"高级研究计划局"（DARPA），1969 年该局主持研究的用于军事研究的"阿帕网"正式投入使用，这标志着现代计算机网络的诞生，随后网络开始向世界延伸。20 世纪 90 年代，互联网在我国开始发展。如今，网络已经如潮水般浸入我们生活的每一个角落：小小的乌镇成为"世界互联网大会"的永久召开地，"互联网＋"成为一种新的经济形态，甚至有业内人士断言"不远的将来，人们只要在家里安装 VR（虚拟世界）设备就可以穿梭于各个场景"（2016 年浙江省高考语文作文材料就是有关互联网虚拟技术的）。可以这样说，网络已经成为我们生活中不可或缺的一部分了。

网络以惊人的速度发展着，网络媒介就此应运而生了。按照各传播媒介的不同点，人们把媒体分为一、二、三媒体，它们分别是以纸为媒介的传统报纸、以电波为媒介的广播和图像传播的电视。而随着 1998 年 5 月，当时的联合国秘书长安南在联合国新闻委员会上提出，在加强传统的文字和声像传播手段的同时，应利用最先进的第四媒体——互联网（Internet），就这样，网络媒体作为"第四媒体"的概念正式得到使用。

图 1-1　绘画作者：浙江省嘉兴市秀水高级中学学生：李玲，指导老师：周丽蓉

在生活中，互联网作为新的媒介主要分为两部分：一是传统媒体的数字化，如传统媒介报纸、杂志等的电子版；二是利用网络便利条件而诞生的"新型媒体"，如我们熟悉的搜狐网、网易网、新浪网等。

第一节　网络媒介特点及其联结受众的方式

我们知道，作为新兴媒体，网络媒介主要是通过文字、声音、视频等多种形式来反映综合数字信息的，现如今网络媒介已经成为人们最具全面性的传媒工具之一。它具备着以往媒介的"共性"，又有着其他媒介所缺乏的鲜明"个性"，在现代社会和人们生活中发挥着不可忽视的作用。

一、网络媒体的特点

1. 传播范围无时空限制、传播速度及时、即时

在信息化社会中，网络媒体已经渗透到我们生活的各个角落了，我们甚至可以这样说，有网络的地方，就有网络媒介存在的身影。因为网络媒介可以将信息 24 小时不间断地传播到世界的每一个角落，只要具备上网条件，任何人在任何地点都可以即时接收和阅读信息。因此，网络媒介所带来的超大信息量，最大限度地使整个世界因网络而成了"地球村"，真正实现了"网络传播无国界"。同时，网络媒体的传播范围远远大于传统媒介，从主观上讲它的传播空间是没有国家、地区的限制；从客观上讲，任何一个国家或地区，如果不采取技术措施对其他区域的网站实施封锁，只要在网络环境中，所有人，包括你和我，都可以访问、浏览和下载世界上任何一个网站的内容。

另外，网络媒体传播信息的速度即时快速。虽然在许多重大事件上，电视使用了"现场直播"技术，但这个直播是有前提的，即已知即将发生什么事情，一旦面对许多突发事件，它的"直播"功能就大打折扣。而网络媒体却可以在事件发生后的最短时间内播出，如 2008 年汶川地震，震后两分钟，网络上就出现了有关新闻，其即时性远远超过报纸、电视、广播等传统媒体。在 20 世纪末，网络媒体对突发事件的报道，就不断创造了发稿时效第一的纪录。

1999 年 5 月 8 日清晨 5：50（北京时间），以美国为首的"北约"用导弹袭击了我国驻南斯拉夫大使馆。国内网媒中人民网第一个做出了反应，9：25 发布了第一篇使馆被炸的报道；11：55 发布了对人民日报驻南

斯拉夫记者吕岩松现场目击的电话采访。

2008 年北京奥运会实现了奥运史上第一次通过电子方式、文字方式进行转播。到如今，各种晚会、盛典的举行，网络文字图像、音频、视频皆做到实时传播，让网络新闻的即时性日趋完美。即便是寻常一则日常新闻报道，新闻内容页面、新闻列表的每个标题基本都标注了精确到秒钟的发布时间。

2. 传播的信息量巨大，表现形式丰富多样

曾有一句公益广告语这样说：心有多大，舞台就有多大。在网络世界里，我们也可以这样说：世界有多大，信息就有多大。随着技术的不断发展，网络的高速度、数字化、多媒体化和智能化等特点将网络媒介的作用发挥到了极致。这主要体现在网络传递的信息量惊人和网络信息的表现形式丰富多样。

惊人信息量的主要来源，当然是网络媒体可以实行 24 小时发布信息，许多新闻网站（如人民网、新华网等）和门户网站（如新浪网、腾讯网等）都实行全天候发稿。网络媒体每天发布的信息（无论条数还是篇幅）大大超过传统媒体，比如一个新闻网站，它在网站首页的新闻链接总量可以达千条以上，首页中的各个栏目还不断地滚动播出信息。只要我们点击打开任何一条网络新闻标题，呈现出来的除了该新闻的内容之外，还有各种关键词、相关新闻链接、追踪报道和相关信息，全面报道事件始末，等等，极大地扩大了信息外延，丰富了背景资料，让我们获得全方位的认知和了解，获得巨大的信息量。同时，网络媒体所发的信息还以数字形式长期保存在服务器上，从这个意义上讲，网络媒体简直就是一个浩瀚的信息数据库。

与传统媒介相比，新媒体所传递的信息量呈倍数增长，就像比尔·盖茨在 20 世纪 90 年代说过"信息在你指尖"那样，我们不需要打开报纸、杂志，不需要等在电视机前，只要动动手指头、敲敲电脑键盘、点点手机屏幕，你想获得的信息就会大量呈现于眼前。特别是 3G、4G 时代的到来，人们可以在任何地方，只要打开手机网络就可以通过手机读报、看视频、查询地图、购物……而且现今，无线网络的覆盖面越来越大，景区、餐厅、商场……越来越多的地方处在网络的环抱中，街上一家普通的奶茶店、小吃店类的小店铺，都有支付宝等电子支付，一家可以坐一两桌客人的店铺就有 WIFI 标志。可以这样说，只以我们愿意，就会有大量的信息来填充着我们的眼睛和耳朵。

网络具有多媒体性特点，它能运用数字技术，兼容报纸、广播和电视

等传统媒体的传播手段，全方位刺激受众的各种感官。它采取文字、图片、音视频、动画等形式，使报道手段更为丰富，使新闻更直观、生动、形象地呈现在我们面前，新闻的现场感和冲击力也倍增。而且这种多媒体功能，通过数字化技术和高速宽带传送技术，把文字、声音、图像、动画等信息合为一体，使信息之间转换更加便捷，打破传统媒体单媒体传播局限，使传播效果大大提升。2015 年被称为"超级网剧元年"，大量的网络电视剧爆红，网络媒介以其多媒体功能极大地丰富着人们的生活。

近年来，互联网还通过强大的信息技术把不同的媒体形态融合起来，比如：融合报纸运作模式产生了网络报纸，有我国的《人民日报》、美国的《华盛顿邮报》等；融合电台技术产生了网络电台，有中国之声、龙卷风网络收音机、悦听 FM 等；融合电视技术产生了网络电视台，有 PPLIVE、UUSEE 等；融合移动通讯技术产生了网络手机短信、网站，有 BQQ、雪宝宝短信在线、麻烦网等；变革编辑理念和模式产生了博客，有天涯博客、博易、DONEWS 等。基于互联网的新媒体层出不穷，异彩纷呈。

3. 网络媒介互动性强，传播者和受众之间界限模糊

网络媒体的信息传播互动性又称交互性，也就是说信息是在媒体与受众及受众之间的多向性、互动性传播，有"一对一、一对多、多对一、多对多"等传播方式，将大众传播和人际传播结合起来，这是网络媒体的特性也是优势。

一方面，网络论坛、讨论区、留言板等空间，吸引着大量网民积极参与转播信息、评论新闻、讨论新闻话题等活动，提高了网络信息传播的影响力。

1991 年，我国出现了第一个 BBS 站，到了 1996 年，BBS 以惊人的速度发展起来。国内的 BBS 站，主要分商业 BBS 站（如新华龙讯网）和业余 BBS 站（如天堂资讯站）。1999 年 5 月 9 日，人民网开通"强烈抗议北约暴行 BBS 论坛"，不久改版为"强国论坛"，目前比较有影响力的网络论坛有人人网论坛、天涯论坛、新浪论坛、未名空间（海外华人论坛）等。

另一方面，在网络中，一个人可以充当双重角色：既是信息接受者又是传播者。随着手机等讯息工具的普及和功能健全，各种即时通讯软件的开发运用，人们更好地参与进信息的制造和传播过程中，如通过微信、QQ 等晒自己的生活内容，开各种公开课直播，如育儿、理财、在线解题等课程；通过视频网站和 App 上传音视频，如地铁"绷带女""凤爪女""吐痰男"等都是通过网友爆料上传视频而引发热议的事件。传统的信息

接受者成为信息的发出者、传播者，在不同的场合、事件、时间中，人们在信息传播中担任着不同角色，丰富网络信息的内容和传播方式。

图 1-2 绘画作者：浙江省嘉兴市秀水高级中学学生：徐婧，指导老师：周丽蓉

二、网络媒介联结受众的方式

1. 主流网络媒体

我们所熟知的主流网络媒体，主要是指以中国三大门户网站新浪、搜狐、网易为代表的，兼具传统媒体功能的以传播信息为主的新闻网站和门户网站，它们日浏览量大、点击率高、影响很大。

比如搜狐公司，它是中文世界最强劲的互联网品牌之一，在中国是家喻户晓的名字，拥有过亿的注册用户，日浏览量高达几亿，是中国网民上网冲浪的首选门户网站。它的门户矩阵中包括了中国最领先的门户网站、华人最大的青年社区、中国最大的网络游戏信息和社区网站、国内领先的手机 WAP 门户、具有领先技术的搜索——搜狗、国内领先的地图服务网站——图行天下等七大网站。

新浪网，其英文名"SINA"意为"中国"，是一家服务于中国大陆及全球华人社群的在线媒体，目前新浪网在全球范围内注册用户超过 2 亿，在网民中享有极高的声誉。它拥有多家地区性网站，被称为最有价值的品牌。在 2003—2006 年间，它连续被评为"中国最受尊敬企业"；2006 年，在《中国 100 家最佳雇主排行榜》排 61 名；2007 年，新浪在门户和博客两大领域的用户年到达率指标中高居榜首，被评为"中国互联网年度成功企业"；2012 年 4 月 18 日起，新浪网联合全国 70 余家有影响力的媒体推出爆料平台，让网民们可选定所在地或其他省份媒体直接爆料。

网易作为"中国最有成就的互联网门户"之一，它为网民提供全面而精彩的网上内容，信息涵盖国内外时事新闻、财经 IT 报道、现代生活资讯和影视、明星动态等信息，成为中国网民生活中不可或缺的部分。它还是我国首家提供在线互动式社区服务的互联网公司，其社区交流平台——部落，整合了论坛、个人主页、即时通讯等多项强大功能，使网友可以建立广泛、稳定而可靠的互联网联系。

除此之外，有影响力的主流网媒，还有如腾讯网、人民网、凤凰网、新华网、微信公众号、百度百家等。

2. 自媒体

2003 年 7 月美国人谢因波曼与克里斯威理斯联合提出"We Media（自媒体）"的研究报告公布，报告中对"We Media"下了严谨的定义："We Media 是普通大众经由数字科技强化、与全球知识体系相连之后，一种开始理解普通大众如何提供与分享他们自身的事实、新闻的途径。""自媒体"就是网络媒介除了兼具传统媒体功能的、以传播信息为主的新闻网站和门户网站之外的另一个联结受众的重要方式，它给人们提供发布自己亲眼所见、亲耳所闻事件的载体。与由专业媒体机构主导的信息传播不同的是，自媒体是由普通大众主导的信息传播活动，由主流的"点到面"的传播，转化为"点到点"的一种对等的传播。在自媒体时代，我们不再接受被一个"统一的声音"所告知的信息，而是每一个人都在从独立获得的资讯中，对事物做出自己的判断。

日前我们熟悉的自媒体平台，主要包括：博客、微博、微信、百度官方贴吧、网络社区和各类个人门户类网站（如播客）等。不同于传统媒介运作的"高门槛""严测评"，互联网让"一切皆有可能"，每一个普通人成立一个属于自己的"媒体"也成为可能。就像博客、优酷播客等提供自媒体的网站上，用户只需通过简单的注册申请，由服务商提供网络空间和可选模版，利用版面管理工具，就可以基于平台规则、自由地在"自己地盘"上发布文字、音乐、图片、视频等信息，创建属于自己的"媒体"。正因为如此，自媒体大受欢迎，发展迅速。

（1）网络社区类，以微博、微信平台为例

在自媒体迅猛生长中，一些涵盖各行各业的专业人员正通过他们的公众账号，向对他们感兴趣的读者传播那些在公开世界里看到的信息，2012年 8 月，微信推出的微信公众平台就是这样的媒介。微信公众号内容的来源主要有几个方面：其一，通过信息搬运，融合自己的观点、想法等，将外部的信息变成自己的内容；其二，通过采访、参会的形式，将获取的外部信息整理成自己的内容；其三，通过广泛的阅读量及自己的实际操作经验，整理后形成自己风格的内容。

在微信自媒体成长壮大时，微博自媒体也在不断地发展。2014年6月12日，微博自媒体计划正式启动，它面向的对象是具备一定影响力的微博自媒体用户，同时还额外召集大量优秀自媒体人，入驻了几千位优秀作者。另外，还有一些科技博客，他们大多是由一些资深IT从业者凭兴趣撰写，如脱胎于门户创事记、腾讯科技等，脱胎于传统媒体、创业家、极客公园等，传统媒体人出来做的虎嗅网、川南在线等。这类平台内容的影响力主要体现在粉丝量、粉丝活跃度、评论量等方面。

（2）个人门户类网站

随着互联网的发展到了个性化的时代，个人门户成为网络发展的必然趋势。简单地说，门户网站，就是上网必经、必用的网站，而个人门户网站，就是以个人为中心的上网入口。个人门户网站与平常我们所说的三大门户网站，主要区别就在个性化和个人参与上，即每个人可根据自己的爱好，定制不同的页面样式和内容。相对于三大门户的网站决定内容，个人门户的内容，可由用户自主添加或编辑。

又如播客。播客（Podcasting）又称为"有声博客"，是集文字、声音、图像为一体的传播媒介，成为继博客之后又一风靡于世的自媒体形式。在Web2.0的环境下，播客网站为用户提供了一个平台，满足用户在收看收听各类信息之外，参与视频音频的创作、编辑过程的需求。用户可以使用RSS技术在互联网上发布文件，并制作或者订阅广播电视节目。播客是自媒体的进一步发展，它打破了自上而下的"广播"过程，形成一种受众、媒体一起互动的自下而上的"网播"过程。在播客网站中，用户的参与度和创造能力甚至直接决定了网站的景气程度。

目前中国有名的个人门户网站很多，除了一览、博客网站等Web2.0的一些网站，比如以播客为代表的视频博客类网站、分类信息网站、网摘类网站、RSS类网站、论坛聚集网站等，还有目前国内唯一一家有Web3.0的个人门户网站codyy.com（阔地网络）等。而且随着个人用户对互联网的深度使用，在微博、微信、论坛、博客等，以及新兴的视频网站构成了自媒体现存的主要表达渠道外，以阔地网络为代表的个人门户类网站成为自媒体的新兴载体。

【小结】

著名传播学家麦克卢汉提出"媒介即讯息"，即媒介本身才是真正有价值的讯息。人类只有拥有了媒介后，才有可能从事与之相适应的传播活动和其他社会活动。可以这样说，对社会来说，真正有价值的"讯息"，不是各个时代的媒体所传播的内容，而是其传播工具的性质、它所开创的可能性及由此带来的社会变革，网络媒介的意义亦在于此。

【思考题】

1. 你在生活中常用的上网方式有哪些？你认为他们各自的优势是什么？

2. 你利用网络主要做什么？

第二节　网络媒介受众的特点

第一节中我们讲到网络媒体对传统媒介产生了巨大的挑战，特别是自媒体。而其之所以爆发出如此大的能量，对传统媒体有如此大的威慑力，从根本上说取决于其传播主体，以播客等新兴形式为代表的自媒体，使得原本属于信息传播对象的受众成为信息传播的中坚力量。

我们所说的受众，它是整个传播过程的重要构成要素和重要环节，是传播过程赖以存在的前提和条件。传统媒体中传播者与受众分得很清，它们是"我传播你接收""点对面"的传播关系，然而随着信息渠道的日益通畅和人们认知水平、品味的不断提高，受众的需求日趋多元化。当科技等客观条件和受众主观条件都成熟时，受众就不再满足于被动地接受媒体抛出的信息，而是希望参与其中。网络媒体特别是自媒体的出现，则给受众提供了打破传统的不公平格局的"场地"。在网络媒体里，不再有传者和受者的界限，每个人既是受者也是传者，"人人即媒体"。比如，在播客网站上，我们不再提"受众"一词，而更习惯于叫"用户"。网络媒体的传播范围不受时空限制、传播速度及时即时性，使得我们可以在任何时间、任何地点，都可以经营自己的"媒体"，信息可以快速制作并传播至受众，作为受众，可以即时及时收到信息并做出反馈。比如在微信朋友圈，用户可随时把自己身边发生的事情发布出去，将自己的喜怒哀乐发表在上面，从而与微信圈好友的达成互动。传播和接受的平等地位，促使受众更积极地参与到传播过程中。

所以，网络媒体的受众身怀双重性，可以自由地进出不同角色。

一、作为网络媒介的传播对象

1. 由"精英贵族化"到"大众平民化"的转变

刘禹锡的诗句"旧时王谢堂前燕，飞入寻常百姓家"，我们可以借来形象地表现网络受众的变化趋势，即由"精英贵族化"到"大众平民化"的转变趋势。根据中国互联网信息中心的报告，1997 年中国互联网用户是 60 万，而截至 2015 年 12 月，中国网民规模达 6.88 亿，互联网普及率达到 50.3％。以前网络媒介在很大程度上是"贵族"（即受教育程度和经济收入较高的年轻人群）的"专利"，而随着国家经济实力的增长、上网费用的下降、电信事业的迅速发展、电信基础设施的大幅改善、电子通信产品制造业发展迅猛、计算机网络知识和技能得以迅速普及，网络受众则呈现出越来越大众化、教育程度多样化、低龄化的趋势特点。

我们所说的受众定位，是指以受众的本位为思想基础，加上确定的目标接受人群，在信息传播活动中，以受众为核心，满足受众获得信息的需要，而互联网的受众定位受限力极低。以微信为例，其受众完全不受限，上到老人下至几岁孩童都会玩儿、都能玩儿，只要拥有微信的载体——智能手机等移动平台，都可以接触微信，而如今可谓智能手机的天下。由于新媒体所提供的服务丰富，各年龄层、受教育程度等都可找到适合自己的产品，微信的受众在文化程度、性别、年龄上皆无限制，只要你想就可以实现。

2. 由接受到参与的转变

网络媒介受众的接受心理由纯粹地接受信息向综合、多维使用信息转变。受众接触信息时的基本需求标准是：信息的新鲜性、趣味性、艺术性、接近性。但面对网络世界中信息的浩瀚且碎片化、接受信息的渠道无限化，受众不再满足于单纯的好玩、好看、好用，还有了体验式、互动式的需求，如评论、链接、关注等。有受众参与体验制作的新闻节目、综艺节目常常受到追捧，比如东方卫视的《东方直播室》、江苏卫视的《走进直播室》等谈话节目中，受众直接参与到与主持人、嘉宾的对话中，亲身介入到对社会政治、经济、文化及公共事业的讨论中；综艺节目则有以湖南卫视《快乐大本营》为代表的一大批电视游戏娱乐节目。

而在网络媒介中，受众的互动参与甚至还会推动事件的发展，并迫使其往正义、真、善的方向发展。

当然，受众参与新媒体实践也有非理性化的一面。美国学者凯斯·桑斯坦曾提出过"群体极化效应"，即群体成员一开始就存在一个偏向，经过商议，人们就容易朝着这个偏向的方向移动，最后形成极端的观点。

二、作为网络媒介的传播者

网络传播者是指作为个体存在的网络传播者，网络世界里"零门槛"

的传播方式，使得任何网络用户都可以成为传播者。自媒体的出现打破了信息传播时间、地域的局限，用户也能成为信息的采集者和传播者，即受众就是新闻源。

我们可以通过微信、播客、博客、论坛等形式发表各种信息和言论，得到相应粉丝的响应，然后粉丝们又通过网络中的各种渠道对信息和言论进行传播和扩散，进而逐渐形成了较强大的舆论，引发广泛的社会关注。因着网络这个可以自由发表意见的平台，网络媒介传播者具备了以下特征：

1. 多样化、复杂化

在目前的网络媒体中，网络传播者可以分为"从事网络媒体的工作人员"和"网络个体"两个层面：前者与传统媒体的工作人员的性质类似，是信息传播活动的主体；后者是指使用智能网络终端如手机、计算机等，通过论坛、微信、博客、播客、个人空间等自媒体形式接受和发布信息的任何个体。其中自媒体的传播主体来自各行各业，覆盖面更广，在一定程度上，他们对新闻事件的综合把握可能更具体、更切合实际，甚至还更有优势。

由此可见，网络世界虽然无形却也是"江湖"，江湖中人，各色兼具，网络传播者由于其复杂性、多样化特点，所传播的信息亦复杂难辨，需要作为受众的我们，特别是中学生们细致判断、谨慎传播。

2. 平民化、个性化

网络媒体特别是自媒体，其传播者相较传统媒体的从业人员而言，有着更强烈的无功利性，他们在参与信息传播过程中带有更少的预设立场和偏见，他们对新闻事件的判断可能更客观、公正。如 2006 年年度人物是"你"，即指互联网上内容的所有使用者和创造者。

另外，网络媒体使每一个网友都可以拥有一份自己的"网络报纸"（如博客、微信、微博等）、"网络广播"或"网络电视"（如播客等），成了个人的传播载体。我们每一个网络媒体受众从"旁观者"转变成"当事人"，开始自主地在自己的"媒体"上"想写（说）就写（说）"，我们利用网络媒体来表达自己想表达的观点，展示自己生活的各个方面，构建自己的社交网络。

3. 自由化、普泛化

作为新的大众传媒，网络媒介给传统媒介带来了前所未有的冲击，它提供了信息自由流通的机会，传播的内容和形式具有开放性、随意性和更大的自由度。自媒体最重要的作用之一是：给普通人张扬自我、助力个性成长、铸就个体价值的机会，更容易体现民意，这种普泛化的特点使"自我表达"成为一种趋势。

网络自媒体的数量庞大，它的隐匿性给了网民"随心所欲"的空间，让每个个体的声音得到充分释放。再加上自媒体的内容构成没有既定的核心，基本是想到什么就写什么，只要传播者觉得有价值就可以分享出来，无须考虑太多看官的感受，所以一些优秀的自媒体文章，信息十分独特有趣，给读者留下深刻的个性印象。

三、中学生网媒受众特点分析

随着网络媒体的飞速发展，对应的终端设备从台式电脑、智能电视、笔记本电脑、平板电脑到智能手机。特别是手机，作为网络媒体的延伸，它具有信息获取更加便捷、传播和更新速度快的特点。随着时下人们对智能手机的大力推广、对其各种功能的大力开发与应用，受众对手机的依赖程度愈发增强。中国互联网络信息中心（CNNIC）2016 年发布的第 37 次《中国互联网络发展状况统计报告》表明，如今人们的上网设备正在向手机端集中，手机成为网民规模增长的重要因素。截至 2015 年 12 月，我国手机网民规模达 6.20 亿，其中 90.1％的网民是通过手机上网的，其中只使用手机上网的网民有 1.27 亿人，占整体网民规模的 18.5％。以手机为主要媒介的"拇指一族""微信超人"的人数突飞猛进，而在这个庞大的人群中，我们可以看到中学生的身影。中国互联网络信息中心（CNNIC）发布的《中国青少年上网行为研究报告》显示，截至 2014 年 12 月，中国青少年网民规模达到 2.77 亿，占中国青少年人口总数的 79.6％，且规模呈继续上升趋势。（注：本段数据皆来自"中国互联网络信息中心"的统计报告）

我们的"中学生网络媒介素养"调查组对中学生（包括初中生和高中生）展开一次调查，结果显示：中学生在电脑（包括台式、笔记本和平板）、手机、智能电视等上网工具中，使用率最高的就是手机，在初中生和高中生中分别为 89.33％、97.5％，其中初中生平均每天用手机上网 1 小时以上的占 37.5％，高中生甚至有 35％平均每天手机上网 4 小时以上。

我们的调查统计显示，初中生课余时间有 28.33％用于上网，高中生则高达 72.5％，这主要跟学习压力和年龄有关。初中生的课余时间用于学业补习、兴趣特长培养的较多，高中生由于课业压力较大，因此课余时间更多是用于压力缓解。调查结果显示，高中生以上网放松或缓解压力的达 42.59％，比初中生高出近三成，且有 42％以上的高中生把上网作为打发无聊时间的方式，可以说高中生对互联网依赖性明显高于初中生。高中阶段是我们从少年走向青年的过渡期，中学生的"成人感"、自主性增强。

学业上与初中时期相比，高中学期的科目大大增加，知识内容的难度和深度加大，很多同学的学习出现不适应现象，学习压力过大，甚至出现学习焦虑，有些同学经历了紧张的中考后则会产生歇一歇的思想。因此高中生会把课余时间更多地分配在娱乐上，其中上网就是一个重要选择。对于上网场所，在家上网是让家长相对放心的选择，因此，中学生在家上网的比例达90%以上。

其中，在获取网络信息类型上，主要以听、传音乐和网络社交为主，初、高中生在这项内容的比例皆在30%以上。因此，在社交平台的选择上，即时通讯类（如微信、QQ等）和音乐收播类（如酷我、酷狗等）是最主要的选择。其次是观看网络视频和网络游戏，其中男女生又有所区别，男生网络游戏的比例高于女生，达25%以上，网络视频观看的比例则低于女生近5个百分点。观看的视频，以电影、综艺娱乐节目、搞笑视频、动漫为主，男生较女生更关注体育类视频。网上阅读也是我们中学生比较热衷的项目，其中高中生所占比例是初中生的2倍，男生对科幻、玄幻、探险类文字更热衷，女生更倾向于言情类文字，而且在文字创作尝试上，女生的意愿高于男生。另外，高中生在网购上的比例远高于初中生，所购物品包罗万象，主要是由于高中生购物自由支配度高于初中生。在接收网络媒体所传播的信息上，四成学生表示能理解不同观点的存在，知道一些网络流行语的含义和用法，以及网络上的信息、视频、图片等的含义。但对于网上不良或不实的信息，质疑和判断辨别能力不够足，只有15%左右的中学生表示可以做到。

我们中学生作为传播者的行为主要体现在：在微信、微博、论坛等平台上转发或评论帖子、文章、视频等，利用微信等平台表达自己的观点或看法，在网上与朋友分享获得的网络信息内容，看重媒介的信息搜集功能高于传播功能。评论和转发传播意愿上，高中生明显高于初中生。

整体而言，在网络中，中学生作为接受者的角色程度远远高于传播者角色，也因此，在对网络媒介素养课程的期待选择中，同学们对网络音乐制作、网络流行文化和偶像崇拜的真人秀等综艺节目的制作参与、网络游戏制作、网络电影赏析等兴趣较大，这些项目调查所占比例皆高于50%，其中网络音乐制作居首。

另外作为中学生，同学们对媒介可信度的评价还缺乏足够的理性，对媒介传播的内容评价能力亦不高。比如调查中我们就发现，中学生中特别是高中生有35%转发过来历不明的信息，并有过发帖子或评论被屏蔽的经历。对于网上的文字、视频、图片等信息，能够知道发布者为什么这样做，知道"信息制作出来是给谁看"的中学生所占比例不足 15％。还有近 10％的同学在网络中容易轻信他人，愿意"与网友见面"等。统计中22.2％的高中生表示，在网购中遇到过虚假宣传、诈骗，24.44％在网络上受到过陌生人的骚扰。据中国互联网络信息中心（CNNIC）发布的《2014 年中国青少年上网行为研究报告》的数据，60.1％的青少年网民信任互联网上的信息。2014 年青少年网民遇到的网络安全事件中，账号或者密码被盗的比例最高，为 27.8％，超过了网民总体水平。对此，自2013 年来，国家相关部门已陆续出台了如"微信十条""账户十条"等规章制度，但由于网络犯罪具有隐蔽性强、手段智能的特点，而我们作为青少年缺乏相应的意识和阅历，网络安全意识仍然较弱，因此提高青少年群体的媒介素养成为青少年网络权益保护的重要一环。

【小结】

网络时代，网媒受众身兼受和播的双重性能，这就要求受众在接受时有选择、有取舍，在传播时有目标、有意识。中学生网媒受众由于身心特点的局限，更需要社会环境、网络环境的营造来促进其健康使用网络。

【思考题】

你有没有参与过网络事件的评论、转发等？理由或依据是什么？

第三节　从"旁观者"到"当事人"

网络媒介以其锐不可当的势力，给我们的生活带来了多方面的冲击。简单地说，一方面，它给我们的生活带来了浩如烟海的讯息资讯，让我们可以足不出户地实践各种社会行为，无限大地延伸人的各种功能，如受众对政治社会的参与积极性、受众应对危机传播的能力因着网络媒介的发展而得到大大提升，受众的日常生活方式等也因此产生了巨大的变化。另一方面，如同物理上的力与反作用力的关系，网络媒介受众在网络世界里实现了从"旁观者"到"当事人"的身份、行为转变，从而对网络媒介产生作用和影响。

一、受众从网络媒介中得到的收获

1. 受众的行为方式和日常生活方式因网络媒介而改变

"一切媒介均是人的延伸"，麦克卢汉如是说。他认为，任何媒介都是人的感觉和感官的扩展或延伸，比如文字印刷媒介是人的视觉能力的延伸，广播是人的听觉能力的延伸，电视则是人的视觉、听觉和触觉能力的综合延伸，而网络媒介则能改变人的行为方式和习惯。

比如，我们可以坐在家里进行网上购物和营销，享受"送货上门"的服务，也可将自己的产品资料等各种信息通过网络随时和世界各国用户沟通，发展潜在的用户。正因这，马云的"阿里巴巴"得以上市，"逛街族"变成了"剁手党"，快递行业迅猛发展。比如，遇到困难时，人们会向通过网络媒体求助并获得较有效、快速的解决，如微信众筹、宝贝回家寻子网、朋友圈信息转发求助等。网上就医时，只要将病情、病史输入网络，就可以得到来自国内外专家的热情帮助，特别是当咨询的人有身体或精神疾病等难以启齿的问题时，具有安全和隐匿性能的网络媒介的咨询避免了传者和受众面对面的尴尬，人们也通过网络来获知对应疾病治疗的专门性的医院、科室、医生的信息。比如，利用网络媒介来拓宽自己的社交圈，人们可以在同一款网络游戏、同一个 App、同一个视频等甚至一个评论、留言中寻找到志同道合的朋友，甚至恋爱婚姻也可以通过网络获得。比如，通过网络人们可以发挥潜在或被限制的能力，微商、淘宝、博客、专栏、公众号等，使人们的兴趣、潜能等有了施展的空间，而且还能产生一定范围的影响力，人们的工作、娱乐、生活因为网络越来越融合。

网络受众使用媒体的习惯也在网络媒介环境下发生改变，比如候车（机）厅、乘坐途中、等候间隙，随处可见人们全神贯注地盯着手机屏幕、平板电脑等。另外随着微信、微博、个人空间等自媒体的普及，作为受众，我们开始习惯了各种"晒"行为，即随时随地向他人传递与自己有关的信息和动态，包括对时事、社会热点的看法，对自己学习、工作的评价，对自我的生活、兴趣、娱乐、交际，包括悲伤、欣喜、愤怒、无奈之类的个人情绪，等等，可说是事无巨细地"晒"。

2. 受众的社会参与度和传播能力因网络媒体而提高

美国学者巴隆在 20 世纪 60 年代提出"受众传媒接近权"，即"大众即社会的每一个成员皆应有接近、利用媒介发表意见的自由"。他认为社会成员可以也应该具有利用传播媒介阐述观点、发表言论及开展各种社会和文化活动的权利。随着网络媒体特别是自媒体进入飞速发展期，加上受众本身具有渴望获得传播权利、展现自己、寻求归属感和认同感的心理需求，人们开始逐渐实现了这一权利。通过微信、短信、微博、播客、SNS网站、BBS论坛、QQ等各种渠道和方式，受众都抱以极大的热情通过各种方式参与到事件的讨论中，甚至作为事件的主力参与者，真正融入了新媒体事件的传播过程中，推动了事件的发展。

面对突发的事件，特别是危机事件，单纯依靠传统的记者现场采集新闻模式，已经难以满足受众对新闻信息的渴望与焦虑。这时普通受众的手机、平板电脑网络工具就成了重要的信息传播渠道，受众也因此成为信息传播的直接参与者，有些新闻事件的消息最初来源就是由在现场的网友提供的。

再如，政府的行政活动的透明度也通过网络媒介得到提升。政府的相关活动通过网络媒介展示给受众，并提供一些受众参与政治的方式，甚至可以和受众直接交流，例如国家主席、总理在主流网络媒体人民网等与网友在线交流。网媒缩短了受众与政府部门、国家领导人等之间的距离，为受众提供了更为全面的政治信息和参与政治进程的机会。

依靠网络媒介的发展，受众得以参与到从信息的最初发布，到信息的扩散，以及在传播过程中引发的各种讨论，到最后事件的解决的整个传播过程，在此过程中受众所投入的关注及自身获得的关注都是前所未有的。

3. 受众的价值取向和社会道德受到挑战

网络媒介促进了媒体传播领域的扩展，同时推动了社会舆论的多元化。网络媒介给更多的人自由表达意见的平台，使人们可以与不同观点的人进行交流，甚至使不同文化、语言背景的人们能自由地进行互动，可以说网络媒介交织着个性化和社会化的双重特征。与此同时，值得我们关注的是，在这个过程中，其他人或媒体的意见和观点常常可以左右个人的判断和选择，激发"滚雪球效应"和"群体极化"现象，加剧多元化观念的对立和融合。一些网媒炒作、偏离传播导向，把媒体功能的综合化转向片面的单一化、娱乐化，制造虚假信息，传播具有媚俗化导向。新闻的严肃性、传媒的社会责任感被忽视，公众利益也受到市场取向的威胁。在这样的价值导向引领下，一些信息传播者也开始了为点击率而制造信息，如"芙蓉姐姐""凤姐""郭美美炫富"及各种网络"门"事件。另一些作为信息参与者的受众，以并不科学、正面的价值取向去评论、转发信息，使舆论充满负能量。

4. 中学生受众在网媒中的得与失

网络和青少年间有着很多的契合点，因此青少年往往对网络一"网"情深。首先，青少年，特别是中学生在网络上受益匪浅。

作为中学生，我们因网络而获得求知学习的新渠道。所谓学无止境，"人生也，有涯"，人的认知自然也有限，同学们在家长、教师那所无法获得的认知，可以借助网络获得，并且还可以在学习中和老师进行教学相长促进教学发展，和同学合作探究提高学习能力。另外，目前在我国教育资源不平衡、无法满足教与学需求的情况下，网络开拓了同学们求知学习的"校园"范围，尽可能实现资源共享。

中学生的全球视野得以开拓，综合素质得到提高。网络媒介给同学们提供了与各式各样的人交流的机会，使我们的政治视野、知识范畴得以开阔，从而促进他们全球意识的形成。我们还通过网媒阅览各类有益图文信息，触类旁通，提高自身文化素养。

同时，由于网媒传播的实时性和交互性的特点，同学们可以同时和多个教育者或教育信息保持快速互动，从而提高思想互动的频率，提高教育效果，如网络心理咨询、在线教学等；而网络信息的可下载性、可储存性等延时性特点，则延长了教育者和受教育者互动的时间。网络还有助于教育者创新青少年教育的手段和方法，在网络中，教育者以网友的身份和青少年在网上"毫无顾忌"地进行真实心态的平等交流，从而更好地摸清、摸准中学生的思想和学习特点，开展正面引导和全方位沟通工作。

其次，作为一把"双刃剑"，网络媒介亦给中学生带来许多不良影响。

在思想上，由于网络信息传播的隐匿性、自由性等特点，一些"三观不正"的视频、言论会给"三观"形成期中的同学们带来潜在威胁，如各种晒奢侈品等炫富图文、虐待动物、校园暴力围观、淫秽视频等。特别是色情暴力信息，由于互联网和手机网络特殊的运营模式，色情暴力网站一直是我们成长中的主要"祸源毒瘤"，给同学们身心造成了极大的伤害。另外，网络还容易使一些同学形成自我中心的生存方式，集体意识淡薄，个人自由主义思潮泛滥。非法组织及个人也选择在网上发布扰乱政治经济的黑色信息，蛊惑中学生，弱化青少年思想道德意识，误导青少年行为，如当前很火的网络直播。

作为一种新的互联网业态，目前我国各种在线直播平台接近 200 家。而这些网络直播平台，直播的内容常是所谓人气主播吃喝炫富、秀场主播搔首弄姿、美女主播东拉西扯，甚至还有另类主播直播睡大觉，却吸引了大批青少年粉丝。许多平台甚至将用户群精准锁定为 90 后和 00 后，青少年每天花在看直播上的时间难以想象，动辄几个小时"趴"在直播间里，有时排一晚上队就为等心仪的主播念一声自己的名字。对此，央广评论就指出："一个成熟的社会有责任为青少年的成长营造健康的环境，无处不在的网络首先不能成为法外之地，对于鱼龙混杂的直播平台乱象必须严加监管。青少年是国家的未来、民族的希望，必须高度警惕一代青少年在网络直播间里萎靡、沉沦。"另一方面，网络犯罪很多，如传播病毒、黑客入侵、诈骗等，中学生为了"好玩""过瘾"甚至是"显示才华"，在无意中犯罪。

在内容上，我们的调查显示，中学生的上网选择以娱乐为主。调查中，我们发现同学们使用网络获取的信息主要是关注明星话题（28％）、网络视频观看（46.6％）等。其中观看的视频主要围绕动漫动画、搞笑视频、综艺节目、电视剧，而电视剧主要是古装玄幻剧、青春偶像剧、青春励志剧等。观看视频的主要目的是放松身心、缓解压力，虽然也有近15％的同学表示会了解、观看新闻资讯，但大部分人对新闻内容记忆不深。娱乐节目中，明星参与的综艺节目备受中学生欢迎，如《奔跑吧，兄弟》、汪涵与优酷网合作的自制综艺《火星情报局》等。听、传音乐是中学生们的娱乐首选，38.2％的学生表示经常收听、上传音乐。从调查中还可以发现，上网的同学中，听、传音乐及聊天、玩游戏等娱乐类的比例最大，其次是观看视频、网络小说、阅读查找资料，还有86％乐意写朋友圈、QQ说说等微文表达。

由此看来，引导同学们正确利用网络媒介获取知识、缓解压力、排除烦恼将成为媒介素养教育中的一个重点课题。

二、受众对网络媒体的反作用

网络媒介最大的特点之一是交互性，因此网媒不仅仅影响着受众，同样也受到受众的影响。网络媒介一方面在传播信息、最大限度地得到人们的反馈，真正实现了新闻的"传播"功能；另一方面，受众的需求口味、价值取向又在改变着其报道风格。可以说，网媒的快速发展使普通受众越来越接近话语权极限，而正是这个话语权又使得受众有机会改变事件发展的走向。

【小结】

当网络媒介从"王谢堂前"飞入"寻常巷陌"，当网络使虚拟世界里的"虚拟"越来越成为现实世界里的"现实"，当受众从"旁观者"转变为"当事人"，网络与受众在"零距离亲密接触"中，一定会产生"蜜甜的哀愁"，需要网络媒介和受众各自"珍重"。

【思考题】

1. 在转发各种网络信息时，你会不会甄别其可信度？甄别依据是什么呢？

2. 你觉得作为中学生可以对网络产生怎样的影响和作用？

附：

课堂案例："网络世界中中学生可以做什么"座谈录

【参加人员】初一到高三同学各5名，共30位中学生

【座谈话题】在网络世界中，中学生可以做什么

【活动实践】

话题引入：网络带给我们一个精彩纷呈的世界，同时也给我们一个充满诱惑和未知的世界。我们可以利用它，也可能被它利用。作为中学生，你觉得怎样做才能在网络中保持自我和主动权呢？

话题一：

日常生活中，你用电脑、手机等上网，主要是做什么？

生1：打游戏，聊天，听歌，看视频……

生2：我表姐高考考完就开始做网络直播。

生3：我有悄悄写些小说。

生4：我最喜欢看各种新闻，还有下面的评论，有时候评论也很有意思的。

生5：我喜欢明星，基本每天都会搜索各种明星新闻，看自己喜欢的明星的微博什么的。

生5：假期在家做作业时，我会上网搜索答案什么的，有时是用"作业帮帮圈"这类的解题软件。

生6：我比较爱转发有意思的帖子啊，文章什么的。

生7：我基本在固定的一个小说网站中追小说，看好发评论、给作者发发礼物什么的。

师：有没有同学有自己的网站，有固定的粉丝的？

生8：我有个同学有一个关于动漫的网站，他主要搜集相关的信息放在网站上，然后有一群一样喜欢同类动漫的网友。有时还写点文章，网友还会投稿。

生9：我们高一时班级建过一个班级网站，班里同学可以在上面写消息啊、小文章之类的，班级事件、通知等都通过网站发布。

师：看来，大家上网做的主要是关乎自己感兴趣的事，并从中收获到不少快乐。有没有同学觉得网络不是那么可靠的？

话题二：

PPT展示：目前家长、学校所担心的网络对中学生的负面影响主要

有三类：第一类是网上安全问题，主要是指黑客、病毒和网上欺诈等；第二类是指传播色情暴力和仇恨的不良信息，以及形形色色的信息污染和垃圾；第三类是中学生容易沉湎网上，做了网络的俘虏，为网络所累，耽误了学习，甚至犯罪。

同学们有没有遭遇过这些问题？对网络存在的这些问题你怎么看待？

学生分组讨论、交流。

生1：有一段时间我对网络小说非常入迷，上课都想偷偷看，所以对沉迷网络游戏的同学还是蛮理解的。我的经历告诉我，这时需要身边有个人能不断地提醒自己，当时就是班主任不厌其烦地找我谈心，我慢慢才走出来的。

生2：说实话，有时候看到有关黑客的新闻，私下里觉得黑客技术还是很高超的，但是如果没有"合法""合理"的意识，技术越高可能越危险。

生3：如果网络能对一些垃圾信息进行清理，那么我们接收的几率就会小很多，网络的副作用就减小了。

生4：我觉得在这件事上，朋友也很重要，有时候就是一起玩的朋友拉着一起玩一些游戏的，然后沉溺其中了。

师：大家从不同角度谈了在接收网络信息过程中我们应该和可以做到的行为，以便更好地收获网络作用。那么看了前段时间发生的魏则西事件后，我们看到，每个普通的网友也可以对网络产生作用。

话题三：作为中学生，你觉得我们能不能对网络媒介产生影响？

按照学生选择，进行简单模拟辩论。

正1：我们可以通过支持、转发网络上传播的正能量来正面影响网络媒介。

反1：我觉得作为中学生我们的时间、能力都有限，对网络媒介起不了多大的作用，现在网络上假的新闻不少，你不能保证你转发的就是正能量。

正2：所谓"谣言止于智者"，所以我们需要提高判断辨别能力，减少一些假消息的转发传播。

反2：看看我们的朋友圈更多的是晒一些吃喝玩乐的图片，很难传递出正能量。

正3：我们也可以发些生活中看到的、遇到的好人好事呀。

反3：我们的生活圈比较小，真正自己看到的事情其实不多，更多的还是听说，听说就有可能有误。

【小结】

综上，在转发信息前先查一下相应的新闻，或者和周围的同学老师交流一下，确保自己不传播假的负面的信息，不被坏人利用。同时还要提高判断善、恶、真、假的能力，传播正能量，提高中学生对网络媒介的影响。也许一个人的力量是微不足道的，但"星星之火可以燎原"，所以提高判断分析能力，从我做起，不制造、传播不良信息，不被居心不良的人利用；另外善于发现和传播正能量。在网络世界里，对中学生来说，这一点是更重要的。

参考文献：

[1] 王少磊. 网络传播与社会发展 [M]. 北京：新华出版社，2006.

[2] 刘新宇，王放. 试论网络媒体的受众调查 [J]. 统计与预测，2006
（2）：38－42.

[3] 彭兰. 网络受众调查的意义及其实施 [J]. 中国编辑，2009（2）：
66－69.

[4] 匡文波. 网络受众的定量研究 [J]. 国际新闻界，2001（6）：47－52.

第二章　网络媒介语言的特征

第一节　语言的形成和发展特点

一、语言的形成

语言是人类最重要的交际工具，它随着人类社会的产生而产生，伴随着社会的发展而发展，人类社会所有的活动都无法脱离语言。

起初，人类社会是没有语言的。人们和动物一样，凭借一种本能来处理问题，完全是依靠形象思维解决问题。但随着社会的发展和人口的壮大，人们和外界发生的联系越来越多，遇到的问题越来越复杂，这些本能已经不能够满足交际的需要，人们需要一种更加有效的交际工具。随着人类不断对大自然进行探索，外界事物信息对人类的大脑也不断进行刺激，因而促进了大脑的进化和发展，同时也深化了人们对大自然的认识。这些都为语言的产生打下了良好的物质基础。

在日常交往中，人类成员之间为了更好地表达、传递、交流大脑思维的信息创造了语言，并在应用中不断发展和扩充语言。由于人类发音器官的发育滞后于大脑思维的发育，所以远古人类最早是用形体姿势表达大脑信息、交流思想感情的。随着大脑的逐渐发育成长，发音器官也逐渐成熟，人们能够用简单的语音来表达一些意思。

人类社会发展的加快，使人类接触到的东西越来越多，因此他们想表达和交流的内容也越来越丰富，只靠原先形体姿势和几个简单的声音已不够用，于是就出现了最初最具特色的个别声音辅助着某种形体动作构成初步表情达意的表义语音。慢慢地，单音节词、双音节词等词汇就出现了，渐渐人们会使用短句，更多词汇相继出现，语言就随之产生了。

有人会说，"我在交际的时候，可以不使用语言。比如，可以用表情进行交际，可以使用肢体动作进行交际，可以使用旗语进行交际，也可以使用文字交际，等等。"虽然这些交际工具也都可以达到一定的交际目的，但是其一般都是在语言的基础上产生的，是非语言的交际工具。比如"察言观色"、旗语这一类的交际方式，它能够顺利完成交际任务的前提是必须有语言的交际基础，事先有了一定的约定和了解，才能够正确领会对方的意图，否则将无法完成交际任务。

语言的形成是随着社会的发展而来的，是一个极其漫长的过程。在产生的初期，语言是非常简单的。语言经历了产生期、萌芽期、发展期、成熟期、渐变期等阶段，最终形成比较成熟的语言。语言形成以后，就成为人们交际中最重要的工具。[①]

二、语言发展的特点

语言从产生到最终成熟，要经过不断的发展。在发展中不断扩充词汇，形成相应的语法规则，语言的演变和发展不是杂乱无章的，具有自身特点。

渐变性和不平衡性是语言演变发展的两大特点。"渐变性"是指语言的发展和演变是逐步发生的，不允许采用突变的方式一下子发生巨大的变化。语言的发展不能像火山爆发那样发生突变，而只能是一种逐渐变化的过程。这是因为，语言是人类最重要的交际工具，这一性质决定语言的演变发展不能发生突变，只能是渐变的。如果语言发生了突变，人们将会一下子失去最重要的交际工具，正常的交际就无法展开，社会的一切活动将会突然终止，其后果是不堪想象的。因此，语言的发展只能是渐变的，人们可以逐渐适应和接受语言的变化。

"不平衡性"主要指语言内部的不同组成部分之间及在不同的地域之间，语言发展演变的速度和方向是不一致的。语言是一个复杂的系统，它不是单一的，而是由许多单位组成的，包括语音系统、词汇系统、语法系统，这些系统相互联系，处于一定的关系当中。但由于系统内各个组成部分的特点不同，这些不同系统的演变是不统一、不平衡的。由于社会的发展速度较快，随之出现的词语就会越来越多，因此词汇变化较快，而语音和语法的发展演变相对于词汇来说则是缓慢的。但是有一点是需要我们注意，词汇中的发展也是不平衡的，语汇中的基本词汇比如"山""水""人"等是不易变化的，非常稳固的，一直流传至今都没有改变其意义。而一些一般词汇对社会发展变化则比较灵敏。一般词汇的灵敏反

---

① http://blog.ifeng.com/article/29656222.html

应和基本词汇的相对稳定是语言既要稳固又要发展这两方面要求的必然结果。

除了语言内部系统发展的不平衡之外，不同时期的语言发展变化也不平衡。当社会变革较为剧烈时，社会发展的脚步就相应较快。人们接触到的新事物和新思想就比较多，语言发展变化的速度就会快一些，比如新文化运动时期，由于社会发生了巨大的变革，人们的思想得到了解放，接触到了更多国外新的思想和事物，语言也随之发展，表现在词汇的扩大和语法的吸收与借鉴方面；反之，语言发展变化的速度就会慢一些。

最后，语言发展变化的不平衡性产生了地方方言。各种方言形成之后，在发展变化的速度和方向上也不是完全同步的。比如在汉语的各种方言中，南方的一些方言发展变化的速度相对较慢，至今还保存着较多古代汉语。而北方的方言，尤其是古代属于北方官话区的方言，发展变化的速度就相对较快。[1]

以上我们介绍了语言的形成和发展的特点，这些都告诉我们，语言不是一成不变的，而是要随着社会的发展不断进行相应的改变，只有这样才能满足人类社会交际中对语言的需求。当今社会中，计算机和网络已经逐步成为人们工作和生活中的必需品，那么语言也会随着计算机和网络的产生发生新的变化。

第二节　网络媒介语言的概念和分类

随着计算机的产生与普及，网络的广泛使用，网络对人们生活的影响越来越大。中学生在日常生活和学习中也同样离不开网络。学习中查找所需资料，课后的消遣娱乐，和老师、同学的网上交流，等等，时时刻刻都要使用网络。网络的广泛运用，使人和人之间产生了一种新的交往方式，即网络交流。在上文中我们提到，语言会随着社会的交际需要而发生改变，因此，在这种新的交际形式中，由于某些特殊的原因，也逐渐形成了一种新的语言——"网络媒介语言"。这也是语言在网络社会中产生的适应性改变。这种新出现的语言有其自身出现的背景、有着与现代汉语不同的种类和自身的特点。

---

[1]　http://www.zybang.com/question/fa72e7e47be3511afbc23c3fa11492c4.html

一、什么是网络媒介语言

对于什么是"网络媒介语言"这个问题，从出现到目前为止，不同专家和学者就一直有着不同的看法。我们搜集了多篇研究"网络用语"的文章，也证实了大多数作者对"网络媒介语言"这一概念并没有达成共识。学界的研究者对"网络媒介语言"有不同的术语，比如"网络用语""网络词语""网络语言"等，"网络语言"的英文翻译也是种类繁多，如"net language""netspeak""network language""cy-bcr languagc""int-crnct"等，由于众说纷纭，因此在进行研究之前，我们需要对"网络媒介语言"有一个明确的界定。

在相关研究文章中，有学者认为"语言，从其本质上说，是一种符号体系。因此网络语言在一定程度上泛指网络传播的一切表现手段，网络上的言论，网络中特有的支离破碎的语言表达，网络技术所带来的文化、思维方式的变化，网络上所使用的不同民族的语言文字，等等。"[①] 有学者认为，网络语言还应该包括网络技术语言，如 C 语言、VB 语言、ASP 语言等。还有学者对不同研究者具有代表性的网络语言的理解进行归纳，他们主要有以下看法："网络语言是指与网络有关和在线流通的语言；网络语言是网民用来表达他们网络情感和网民生活哲理的语言；网络语言不过是我们日常生活所使用的语言中增加了更多的数字、符号等特定含义的文字形式。"[②] 李立新在《网络语言研究》[③] 中把网络语言分为了广义和狭义两个方面。广义的网络语言泛指在网络传播中所应用或接触到的一切语言，包括人类自然语言和物理技术语言。前者指的在日常生活中为实现人际沟通与交流使用的语言，后者则指为保障网络媒体的正常运行和发展而使用的技术语言。狭义的网络语言则指人们在网络上进行信息收集、发布和交换时使用的自然语言。

以上是一些专家学者的看法，他们的论述非常专业。但是对于我们广大中学生来说，平时使用的网络媒介语言并不涉及深奥的网络技术语言，因为这些词语，在平时交往的过程中使用频率较低。因此我们在这章中所说的"网络媒介语言"是指在网络交往和互动中，网民经常使用的语言和网络流行语，而其他网络媒介的语言就暂不作为我们分析和研究的对象。

---

① 刘海燕. 网络语言 [M]. 北京：中国广播电视出版社，2002：28—37.
② 李金媚. 关于网络语言的几个问题 [J]. 华南理工大学学报（社会科学版），2006（6）：72—75.
③ 李立新. 网络语言研究 [D]. 陕西师范大学硕士论文，2007.

二、网络语言的分类

近些年来，随着互联网的迅猛发展，网络语言也进入了相应的快速发展阶段。网络语言的词汇不断得到更新和充实，其语法较之传统语法也发生了部分改变。网络语言的迅猛发展，也促使专家学者对网络语言的研究更加深入，一些关于网络语言的著作也相继出现。2001 年 6 月，于根元主编的《中国网络语言词典》出版发行。这部语词性的词典收词 1300 多条，正文约 40 万字。除此之外，正式出版的网络用语词典还有易文安编著的《网络时尚词典》。在这两部词典问世之后，众多网民也不甘落后，他们也共同编辑了网络专用词典或电子手册，如《金山鸟语通》及各类《网络语言人全》《网络用语词典》电子手册等，很多网络上流行的词语都能够在这些词典中找到。这些词典的出版也证明了网络语言正在慢慢规范化，也逐渐得到大家的认可。

2016 年 7 月 19 日的《中国青年报》中报道：日前，中国青年报社会调查中心联合问卷网对 2000 人进行的一项调查显示，89.6% 的受访者会频繁接触网络用语，66.9% 的受访者平时会使用，57.5% 的受访者认为网络语言是互联网时代的必然产物，62.1% 的受访者建议将有意义和创意的词汇收进词典。

这一报道说明，网络语言作为一种新兴的语言形式，已经深入我们的生活，大多数人对新出现的网络语言持认可的态度。我们中学生更是使用网络语言的主力军，在网上和同学、朋友的热聊中，在论坛上的侃侃而谈中，在平时生活的交际中，甚至在考试的作文中都能够看到中学生使用网络语言的现象。

我们大家都知道语言是人类交际的工具，网络语言在人和人网上的交往中，也充当着这一重要的角色。在认识网络语言的过程中，对其进行合理分类，能使我们更好地认识和分析这一现象。在《网络语言概说》一书中，于根元先生曾将网络词语归纳为十一类，包括术语、外语词语、翻译词语，中文与英文并存、缩写、数字符号、港台澳词语、谐音、按照汉语造词规律产生的新词、汉语特色的俗称、汉语特色的美称、作用于视觉的词语等。郑远汉先生也在他的论文《关于网络语言》中将网络语言归纳为七种形式，符号组会类、数字会意类、谐音替代类、缩略简称类、转义易品类、双语混杂类、重字赘语类等。其他学者如麒珂和劲松将"网络语言"分为图形符号、文符兼用、英语汉说、自由缩略、新词新语、童言童语。周口安将其分为缩略语、汉语新词汇、数字代语与网络形语。其他还有很多人的文章都对"网络语言"进行了分类，如毛力群、李剑冲、檀晶晶、师岚等。他们所持标准不同，因此对网络媒介语言的分类也不尽相同。其实，语言是无法分类的，我们所说的分类，只是对于网络语言的词汇进行分类。

网络语言纷繁复杂，我们把网络媒介语言分为网络词语和网络语句。网络词语是指在网络的交际中新出现的一些词语。而网络语句则是在某个时段内，网上比较流行的一种说法。网民对社会上和互联网中的热点非常敏感，这些热点会使一些网络语句产生，如"待我长发及腰，少年娶我可好"出自网络上一首诗词，"我爸是李刚"则是由一则重大的社会新闻引发的，类似的还有"元芳，你怎么看？""我和我的小伙伴们都惊呆了！"等，随着这些句子的走红，人们赋予了它们更多的内涵。

1. 网络词汇

在百度百科的词条中是这样定义网络词汇的：网络词汇是在互联网上使用的一些特殊语言或文字，它们是伴随着互联网诞生和发展而产生的；以简洁明了为主。在对网络词汇进行了整理和分析之后，我们把网络词汇主要分为以下几类：

（1）数字表意类

数字表意类，顾名思义，就是利用数字或数字符号来表达要表述的含义。数字表意与文字表意相比较而言，数字表意更简单，更直白。比如中国人历来喜欢 6、9、10 这些数字，因为中国传统文化中 6 代表着"顺利"，9 代表着"长久"，而 10 则代表了"圆满"，有十全十美之说。在交际中，网民经常会用数字来表达某些含义。比如现在淘宝上比较火的"双十一"节（即 11 月 11 日），由于这一天是由四个 1 组成，而 1 又代表了孤独、孤单，因此"双十一"节又被称为光棍节。所以，在网络中，数字也担负起了表意的功能。

（2）符号表意类

键盘上有着各种各样的符号，这些符号本身并没有表意的功能。但是在网络语言中，符号也可以用来表达一定的含义。比如，在网上交流的过程中，由于某些原因需要暂停一下，我们除了用"稍等"告诉别人之外，也可以用"＝＝"来表达。"：－（"表示"不开心"，"：－O"表示"惊讶，张大口"，"%＞_＜"表示"我要哭了"。由于符号表意形象、生动、直接，因此用符号来表情达意，是中学生比较喜欢的一种方式。

（3）表情类

人有七情六欲，网上交流的时候，或开心、或愤怒、或得意、或尴尬……这些情感的表达，除了文字之外，在网络交际中，网友常常选择用表情来表达自己当时的心情，这种表达更为直观。

图中的笑脸表示此时心情愉悦，撇嘴表示不开心，黑墨镜撇嘴表示得意。所以在交流中，人们不必再去反复斟酌和选择合适的词语来表达自己的心情，使用这些图片，可以让对方一目了然。表情的运用在网络的交际中经常出现，而中学生的聊天对话中，各类表情更是无处不在。

（4）谐音替代类

a. 数字的谐音替代，就是利用阿拉伯数字的汉语读音来表现某种含义。比如刚刚过去的"520"，虽然 5 月 20 日对大多数人来说是个普通的日子，但是在网络语言中，"520"的谐音和"我爱你"相似，因此在当天，很多人利用这一机会表达爱意。其他也有很多这样的用法，例如用"9494"表示"就是就是"、用"4242"表示"是啊是啊"、用"88"表示"拜拜"、用"1314"表示"一生一世"，等等。和汉字书写相比，数字表意的优势就更加明显，它比汉字更加简洁明了。但值得我们注意的是，数字表意功能的实现是建立在汉语交际的基础之上的。在通过数字表意的过程中，之所以简单的阿拉伯数字能够表意，大都是借助于谐音来完成。如果失去了社会语言、民族文化的依托，它们也将随之失去自身存在的价值，就无法完成特定的交际任务。

b. 汉字的谐音，在网络词语中，除了数字谐音可以用来表意，网友也常常利用汉字的同音"假借"来表情达意。比如"斑竹"在贴吧里就是"版主"的意思，"偶"代表了"我"，"碎觉"等于"睡觉"，"果酱"等于"过奖"，等等。如果有人在网上跟你说"很嗨森"那就是告诉你，他很开心。汉字的谐音是网络语言非常重要的一种类型，很多网络词汇都是根据汉字的谐音产生的。

（5）词语重组类

词语重组类，就是把不同的词语重新组合在一起，用一个词语表达几个词的含义。比如前几年流行的"喜大普奔"，是"喜出望外、大快人心、普天同庆、奔走相告"的缩略形式，表示一件让大家欢乐的事情，大家要分享出去，相互告知，共同庆祝。"药电睡"是"吃药，电击，睡觉"这三个词语的重组。类似的网络流行语还有很多，不胜枚举。不懂得网络语言的人，听到以后会觉得莫名其妙，无法理解其含义。

（6）汉字重叠类

汉字重叠类主要是指在网络的交际中，有的时候出于发嗲、装可爱的需要，故意用重字法模仿儿童语言，如：什么东东？＝什么东西？很漂漂＝

很漂亮，一般般＝一般，坏坏＝坏蛋，一下下＝一下。汉字重叠这类的网络词语由于讲起来让人觉得比较可爱，深受中学生的欢迎。

2. 句意缩略类

句意缩略类也是网络词语的一种类型。这种类型的特点就是把完整的句子意思进行紧缩，将其概括为四字音节。"男默女泪"是2010年初出现的网络用语，它的意思全称为"男生看了会沉默，女生看了会流泪"，常用来形容某篇文章的主题，多与情感爱情有关，是把"男生沉默，女生流泪"的句意进行了紧缩。2013年的网络流行语"不明觉厉"表达"虽然不明白你在说什么，但是听起来感觉很厉害的样子"的意思。表面词义用于表达菜鸟对专业型、技术型高手的崇拜，引申词义用于吐槽对方过于深奥不知所云，或作为伪装自己深藏不露的托词，它也是把句子的意思进行了紧缩。类似的网络词语还有很多，比如"累觉不爱""人艰不拆""思细恐极"等。

3. 缩写

缩写这一类型和我们上文中提到的句意缩略有所不同，句意缩略是把句子完整的意思紧缩成四字短语，而缩写则是汉语拼音或者英语单词首字母的缩写。

（1）用汉语拼音的开头字母代替相应的汉字

如PLMM—漂亮妹妹、GG—哥哥、JJ—姐姐、DD—弟弟、MM—妹妹、RMB—人民币、RP—人品等。

（2）用英语的开头字母代替相应的英文

用英语单词或者词组的首字母进行缩写，也是我们常见的一类网络词汇。比如BB（bye bye）表示再见的意思，BBL（be back later）准备离线时的用语，BTW（by the way）顺便问一下，BRB（be right back）马上回来，HAND（have a nice day）祝好，O（oh!）哦，PLS（please）请，HRU（How are you）你好，PM（Pardon me）原谅我，对不起，VIP（Very important person）贵宾、大人物。

另外，在现代汉语中，利用英语开头的字母代替相应的英文的用法也非常广泛，如一直都非常热门的研究生入学资格考试，被写作GRE，这个词语是由Graduate Record Examination的首字母构成，CEO（首席执行官）由Chief Executive Office的首字母构成，相似的还有WTO（世界贸易组织World Trade Organazition），CET（大学英语考试College English Text），中央电视台简称为CCTV，这是由China Central Television这三个单词组成的。

网络词语的种类比较多，以上我们举出的例子只是对常见的词汇进行的大致的分类，还有其他的类型我们没有完全列举出来。除了网络词语之外，每年网络当中还有一些流行语句也相当有趣。如果不知道这些网上流行语句，那你也被别人认为是"out"（落伍）了。

三、网络语句

除了新出现的网络词汇之外，每年网络当中还会出现一些网络流行语。这些语句流行速度之快，影响范围之广是我们难以想象的。它们一时间会红遍大江南北，上至六七十岁老人，下至几岁孩童，无人不知。比如当年比较流行的"你妈喊你回家吃饭""我和我的小伙伴都惊呆了"等。人们在网络上甚至在网络下的交流中都会自觉或者不自觉地使用它们，它们具有鲜活的生命力。有时候，一个不懂得网络流行语的人，会觉得自己与社会脱节，甚至闹出很多笑话。熟悉、明白、懂得网络流行语，也是能跟中学生有效交流的前提。所以，对于家长和老师来说，知道一些网络流行语也可以拉近与学生的距离。网络流行语句也非常多，但是出现的原因各不相同，我们从这个角度出发，也对其进行了分类。

1. 社会某些事件造成新用语的产生

一部分网络流行语的产生跟当时社会上发生的某些事件有直接的关系，在这些事件中，某人的某种行为、说的某些话、表现出的某种态度，都可能成为网络流行语产生的原因。对于中学生来说，虽然学习是第一要务，但是也不能"两耳不闻窗外事"，很多同学都非常关心国家大事，时时刻刻关注社会上的某些现象。因此，这些流行语一旦产生，就立刻会被我们同学熟知并使用。

有网友认为，2008年是网络语言发展过程中的一个里程碑。在这一年中，不仅中国互联网蓬勃发展，而且网络语言也随之有了突飞猛进的增长，出现了非常多的新的网络词语和网络流行语。这些新词语和流行语的出现，记录了当时社会的大事，也让我们看到了整个社会思想文化的变迁，感受到了人们人生观和价值观的变化。教育部语言文字信息管理司司长李宇明认为，从社会语言学角度看，2008年的新词语呈现出明显特点：重大社会事件催生新词语"群"、网络助推了新词语的产生和发展。因此重大的社会事件是网络流行语出现的一个重要的原因。

2008年的汶川地震让我们每一个中国人记忆犹新。地震的惨烈、地震救援中涌现出的英雄、地震中的突发事件等，都让我们无法忘怀。而随着这些事件的发生，也涌现出了不少的网络新词。

"猪坚强"这个词语，在 2008 年可以说是无人不知，无人不晓。当时，这个词语以极快的速度蹿红网络。被称为"猪坚强"的小猪在汶川大地震后，俨然成了明星。这头猪是何方神圣，竟然能够引起这么多人的关注？"猪坚强"原来是一头小猪，它的主人是市龙门山镇团山村村民万兴明，汶川大地震后被埋废墟下 36 天，2008 年 6 月 17 日被成都军区空军某飞行学院战士刨出来时，还坚强地活着。当得知这一事件时，许多市民、网友被这头猪的求生欲望和它的坚强感动，一致呼吁，不要把这头猪变成人们餐桌上的美味，并为其取名"猪坚强"，让它的余生在博物馆快乐度过。后来"猪坚强"就变成了网络流行语，被人们用来相互鼓励在逆境中应该不放弃，应该好好地活着。

2. 受方言影响产生的新网络词汇

除了受到社会事件影响出现的网络流行语之外，在网络语言中，也有很多新用语是受方言的影响而产生的。我们经常使用的"杯具"—"杯具"、"斑竹"—"版主"、"大虾"—"大虾"，都是普通话中的谐音而来，这些网络新词语，我们在前面谐音的类型当中，已经进行了论述。除了普通话之外，还有很多的网络新词是来自方言。

在 20 世纪 90 年代中期，当别人问你一件事情，你不知道的时候，经常会有人回答"母鸡了"，这个就是受广东话的影响而产生的。受西北方言区语音的影响，在网络中"油饼"代表了"有病"，而"虾米"代表了"什么"，则是从闽方言中借用来的。

因此，某些地域方言中的词或短语由于某种原因在网络上流传开来，并得到大多网友的认可而被广泛使用，也形成了新的网络用语。木有、给力、神马都是浮云等就是这一类。

【思考题】

1. 你还知道那些网络流行语？
2. 你觉得网络流行语的出现还有哪些原因？

第三节　网络语言的特点

语言不是固定不变的，同样，网络语言在不断地变化、不断地扩充、不断地消失。新词汇的产生与旧词汇的消亡，使网络词汇的类型纷繁复杂，我们不可能把网络语言中出现的新词汇和短语都完整地归类，我们只是对常见形式进行了分析，而在实际运用中网络词汇的类型远不止这些。网络语言主要通过网络进行传播，网络传播不受时间和空间的限制和约束，互动性强，具有及时性、便利性，因此与传统现代汉语相比，网络语言也具有了自身的特点。

有些网络语言中的词语出现得快，消失得也快，具有时效性，更新速度特别快。网络语言还非常生动有趣，这使得网络语言幽默、诙谐，让人们在和谐愉悦的氛围中交流。另外，网民对词汇进行不断地创作和创新，让网络语言具有创新性。网络语言的简约性让人们在有限的时间内交流的内容更加多。

一、创新性

创新，是网络语言第一大特点。新词汇的产生层出不穷，每年都会有不同的网络流行语，而这些流行语都是网民在不停地进行创造。网民们能够在网络上最大限度地发挥自己的想象力和创造力，网络上发生的任何事情，只要流行开来，都会有新词语的出现。这种创新性主要体现在词汇和语法两个方面。

1. 对词汇的创新

词汇的创新可以包括两种情况，一是现代汉语中本来没有相关词语，而由网民自己创造出来的；二是本来词语就存在，而网民根据某种特殊的事件，对于已经存在的词语赋予它新的含义。

我们曾经看到过 2013 年 8 月 7 日《重庆日报》用整版的篇幅来报道网络新词语的出现。

近日，著名主持人蔡康永在微博上写道："瘦子有瘦子的宿命，胖子有胖子的宿命，瘦子就算饿到皱起了眉头，也仍然被当成是忧郁；胖子就算忧郁到皱起了眉头，也仍然被当成是饿了。"

此番关于瘦子和胖子的调侃一出，让许多胖子网友感受到了"敌意"，纷纷转发并发表了评论："人艰不拆，不要这样残忍啊！""胖子已经如此的可怜，跪求人艰不拆！"……笔者注意到，在 4 万多次的转发量中接近半数网友使用了"人艰不拆"这个词。

不仅是在微博上，笔者发现，"人艰不拆"也常常出现在不少网站的回帖中。那么，"人艰不拆"究竟是什么意思？经查，该词语的解释是："人生已经如此的艰难，有些事情就不要拆穿。而这正是歌手林宥嘉代表作《说谎》中的一句歌词。（2013 年 8 月 7 日《重庆日报》）

这篇报道中"人艰不拆"就是原来没有，后来网友根据需要新造出的词语。这个词语来源于林宥嘉的《说谎》，其中有一段歌词是这样的："别说我说谎，人生已经如此艰难，有些事情就不要拆穿。"网友根据自己的需要，把这句话的意思重新创造了一个新的词语"人艰不拆"。还有像"喜大普奔""累觉不爱"等词语，都是把几个词组合在一起，取其几个词共同的含义。"累觉不爱"的意思就是"好累，感觉自己不会再爱了"。网络上很多的新词都是网友这样创造出来的。

2. 对语法的突破

现代汉语有固定的语法，中学生在语文学习中也有修改病句这一类的题型。什么是病句呢？顾名思义，病句就是不符合语法规则的句子，有语序的问题、搭配的问题等。在网络语言中，经常会出现这种对汉语语法有突破的现象。网络语言中，有采用方言语法或外来语的说法，例如"渴死掉了""你走先"（你先走）、"不睬你"等。

请看下面一组对话：

甲：哪儿？乙：上海，U

甲：北京。见到 U 真高兴

乙：me 2！ 呵呵

甲：家？乙：no. 公司

甲：MM or DD？ 乙：D！我有事，走先，886！

甲：O I C，BB！ （对话来源于网络论文中）

对广大中学生来说，这段对话并不难理解。但在现代汉语中，我们几乎是看不到这样的对话的，这段对话是典型的网络语言。在对话中，完全突破了现代汉语的语法规则，在不影响沟通的前提下，把各种材料随意组合，英语和汉语混杂，符号和字母混用，等等。这种表达方式，在网络交际中已经十分普遍，被广大网民广泛使用。

二、简约性、生动性

网友不断对网络词语进行创新，使网络词语越来越多。网络语言除了创新性之外，还具有简约性、生动性。一次，跟学生聊起当今网络语言的流行这一现象，当我问到中学生为什么喜欢使用网络语言时，学生的回答是："事实上我们都不太清楚网络用语的概念，感觉就是自己平时聊天，觉得打字太麻烦就使用了那些简化了的语言"。从这一回答中，我们看出了网络语言的第二大特点"简约性"。"简约性"也使网络语言更广泛地传播。

在网络上进行交流的过程中，需要进行汉字输入，这就对使用者打字的要求比较高。怎么能在较短的时间内表达更多的信息，提高交流的效率，省时省力，广大网友就开动了脑筋。他们把汉语中的词汇进行简化，利用数字的谐音，利用英语的缩写，甚至利用表情等来传达纷繁复杂的意义。例如"88"（英语"byebye"的谐音）表示"再见"、用 5201314 这一串数字的谐音表达"我爱你一生一世"的意义、用图形👍来表示"强"的意思，表达对别人的赞赏，等等。还有比较火的"淘宝体"，"淘宝体"中对别人的称呼为"亲"，这其实是对"亲爱的"的一种缩写。这也和淘宝客服每天要和大量的客户沟通有一定的关系。这种表述更加简洁，可以节省大量的时间，因此在淘宝上快速流行起来，沟通双方也对这种约定俗成的表达方式有了一致的肯定性。和表达复杂的传统现代汉语相比，网络语言追求用更简洁的词语表达更丰富的含义，因此，简约性是网络语言的又一特征。

南京理工大学"淘宝体"录取短信："亲，祝贺你哦！你被我们学校录取了哦！亲，9月2号报到哦！录取通知书明天'发货'哦！亲，全5分哦！给好评哦！"2011 年 7 月，南理工本一录取正式开始，而这条颇为另类的录取短信也"火热出炉"，还用上了时下最流行的"淘宝体"模板，不少学生看完短信都"噗"地笑出声来，学校和考生之间的距离一下子被拉近。

这样的"短信报喜"在南京高校中算是首创。而该校用"淘宝体"来"报喜"，也算是个大胆尝试，一改理工科院校的古板面目。

这种风格的录取通知书大家以前没看过，这也是网络语言渗透到我们日常交际中的一种表现。淘宝体的录取通知书比传统的通知书语言更简洁，也更生动，让人们感觉更加亲切和温暖。

三、符号、表情和文字交叉使用

传统的交际是通过语言和文字进行的，而在网络交流当中，网络语言不仅仅包含文字，还包括符号、表情、文字等。这种交叉使用的表达更加形象和直观，给人们的网上交流带来更多的便利。例如"&（ ^ _ _ ^）& 你的 RP 太好了，我们都要给你👍"这句话中，我们看到除了文字之外，有表示笑容的符号，还有字母和图片。这些交叉使用非但不影响人们的理解，反而让交流更加形象，充满了人情味。

四、幽默诙谐

网络语言的幽默诙谐是广大网民有目共睹的，中学生也深有体会。人们在网络交际中，除了语音和视频聊天之外，大多是使用文字。在网上各大论坛中，更是以文字交流居多。平时生活中人们的交际可以看到对方的表情、肢体语言等，但网络交流就只能是冰冷的文字。怎样使人们在网络上交流更通畅，语言更能够吸引其他人，网络新词的创造者们就开动脑筋，创造出许多幽默诙谐的网络用语，使网络语言形式多样、不拘一格。比如，网民利用键盘上的各种特殊符号，创造了许多风趣幽默的表情动作图形，来表达人们交际中的喜怒哀乐。例如：用"@_@"表示"深度近视"，"(*^__^*)"表示"开心"，"..@_@｜｜｜｜｜.."表示"真尴尬"，"(o)(o)"表示"非常吃惊"，等等。另外，网民们为了增强语言的色彩，还经常使用反语和比喻等常用的修辞手法。例如："宅男、宅女"比喻"足不出户的男子和女子"，"白骨精"是"白领＋骨干＋精英""我经常跳槽，国内不少城市我都待过，每当朋友问我在何处就职时，我都会说在'中国移动'"，等等。这些幽默诙谐的网络语言给人们留下了深刻的印象，让人觉得耳目一新、过目不忘。网络语言的诙谐幽默，满足了人们猎奇的心理，让更多人愿意去使用，这些网络语言也有了更加顽强的生命力。

五、更新速度快，有时效性

网络语言发展速度快，更新速度神速。有些词语随着时间的流逝已经消失不用，而新的词语却层出不穷。近些年来，每年都有网络流行语的汇总。每个年度都有新的网络流行语成为主流，被人们广泛使用。比如几年前广为使用的网络词语"菜竹、青蛙、美眉"等，在近几年中使用频率明显下降，取而代之的是"PLMM、RP、人艰不拆"等。我们来看看每年的流行用语，2014十大网络流行语的榜单中，包括"且行且珍惜""也是蛮拼的""只想安静地做个美男子""你家里人知道吗""也是醉了""不作死就不会死""承包鱼塘体""带我装逼带我飞""画面太美我不敢看""有钱就是任性"等。而到了2015年，则变为：重要的事情说三遍；世界那么大，我想去看看；你们城里人真会玩；为国护盘；明明可以靠脸吃饭，却偏偏要靠才华；我想静静；吓死宝宝了；内心几乎是崩溃的；我妈是我妈；主要看气质等。通过比较，我们可以看出，每年网络词语在不停地变化发展。但是有些词语具有顽强的生命力，一直被广大网民使用。比如2014年流行的"小鲜肉""节操""心塞""么么哒"还具有顽强的生命力，大家还在使用。而像"喜大普奔""十动然拒"这样一些词，在流行了一段时间之后，由于晦涩难懂，使用的人越来越少，就丧失了生命力，慢慢地被社会淘汰。因此，不同的网络词汇的命运也是不同的。

山东艺术学院管理学院教授刘家亮认为，网络热词存在时间的长短，其实与词汇产生的原因、词汇本身代表的语言魅力等有很大关系。一些新的网络词语能够填补目前汉语当中某些词语的空白，具有顽强的生命力，这样的词语就被保存了下来，比如"你懂的""心塞""我也是醉了"。而有些词语只是因为某些特殊的原因出现比如"duang""不明觉厉"等，因为出现的背景已经不复存在，这些词语就失去了生命力。因此，网络词语出现得快，消失得也快。

网络媒介语言的概念、分类和特点，在这一章中我们均有所涉及。网络对人们的影响，语言自身的发展变化，都促使了网络语言的产生和发展。新词语的产生、新流行语的出现给人们的生活带来了乐趣与思考，但任何事物都具有两面性，网络语言的流行也引发了社会上一些人的争议。

【网络语言小拓展】

古文变网络流行语

古文：涸辙遗鲋，旦暮成枯；人而无志，与彼何殊。

原文：人要是没有理想，和咸鱼有什么区别。

古文：富贾，可为吾友乎？

原文：土豪，我们做朋友吧！

古文：寡人倍感爱之所失。

原文：感觉不会再爱了。

古文：请君莫羡解语花，腹有诗书气自华。

原文：主要看气质。

古文：中华儿女多奇志，不爱红装爱才智。

原文：明明可以靠脸吃饭，偏偏要靠才华。

古文：心如死灰，灰厚几何？

原文：求心理阴影面积～

古文：吾与众卿皆瞠目结舌。

原文：我和我的小伙伴们都惊呆了！

古文：城中戏一场，山民笑断肠。

原文：你们城里人真会玩。

古文：天高地阔，欲往观之。

原文：世界那么大，我想去看看。

古文：玉树临风美少年，揽镜自顾夜不眠。

原文：每天都被自己帅到睡不着。

古文：一言难尽意，三令作五申。

原文：重要的事说三遍。

古文：家有千金，行止由心。

原文：有钱，任性。

古文：昼短苦夜长，何不秉烛游。

原文：别睡了，起来嗨。

古文：腰中雄剑长三尺，君家严慈知不知。

原文：你这么牛，家里人知道么。

古文：君莫欺我不识字，人间安得有此事。

原文：我读书少，你不要骗我。

古文：斯言甚善，余不得赞一词。

原文：说得好有道理，我竟无言以对。

古文：堪惊小儿啼，能开长者颐。

原文：吓死宝宝了。

古文：长鬟已成妆，与君结鸳鸯？

原文：待我长发及腰，娶我可好？①

第四节　对网络语言说 "Yes" or "No"

一、网络语言在中学生中的使用

中学生是使用网络语言的一个庞大的群体，处在网络时代，他们从早上睁开眼睛到晚上睡觉，几乎每时每刻都能接触到网络，因此网络语言不断地渗入中学生的日常生活和学习中，影响到他们的方方面面。如今语言的大环境发生了极大的变化，学生字写得少了，电脑用得多了，很多的知识和信息都是来自于网络，上网的频率和上网的用途，都会影响中学生对网络语言的使用。中学生交际的对象大都是同龄人，因此在使用网络上的热词时，是没有障碍的。他们接受新事物快，网络的便捷也给他们提供了更多获得网络词语的机会，使他们使用起网络语言来游刃有余。

我们先来看看中学生群里的一段对话，这整段对话，不仅包含了汉字，还有数字和标点符号。虽然对话并不完整，但也不影响我们的理解。

在对话中，一位同学问"今天要不要回校？"对于这一问题，回答的同学并没有给出正面的答复，而是用了一串"。。。"，如果不了解网络语言

---

① 来自教育百事通手机 APP。

的人，肯定是一头雾水。句号代表了一句话结束，但在这里，一串的句号代表了什么？网络语言中，"。。。"表示对这个问题很无奈。

再来看看中学生在网络上对某张照片的评论，不同的人都用了不同个数的"6"来表示对这张照片的赞叹，这些"6"就相当于我们所说的"赞"。中学生使用网络语言跟他们的年龄特点有极大的关系，他们这个年纪对任何事物都充满了好奇，易接受新事物，因此，在他们上网的过程中，网络语言是经常会被使用的。

不仅在平时的网上聊天当中，在语文学习的过程中，网络流行语也层出不穷。在学生的作文当中，网络语言已经非常流行。符号、数字、新的词汇都会出现在学生笔下。

不光在平时的学习中，甚至在正规的考试当中，学生也会用到网络用语。在2014年浙江省的高中语文会考试卷中，现代文阅读有这样一道题"脂砚斋评点王熙凤出场：第一笔，阿凤三魂六魄已被作者拘定了。"这"第一笔"是指文中哪句话？它勾勒出王熙凤什么样的形象特征？"在阅卷的过程中，阅卷老师就发现很多同学使用"霸气侧漏"这一短语。这一答案，让阅卷老师哭笑不得。这个短语用来比喻锐气和才华等全都显露在外面，显得不成熟，但骄傲，甚至盛气凌人。这个词语最早出现在晋江论坛上，后来尹琊写了同名小说《霸气侧漏》，让这个词语广为流传，到了2010年姜文自导自演的电影《让子弹飞》让此词又火了一把。在电影中，黄四郎（周润发扮演）说道："霸气外露！"这个从网络而来的词语，经过一次又一次的传播，成了上至成年人，下至中学生都无所不知的"明星"。

综上所述，网络语言对中学生的影响是巨大的。学生在潜移默化中不断受到新的网络语言的影响，对一些网络当中的热门的词和短语也在争相使用。

二、关于网络语言的争论

网络语言虽然在交际中具有表述生动、沟通便捷、人情味儿浓、个性化强的优势，但网络语言的出现及快速传播也让很多人产生了忧虑。一些网络语言品位较低，会对中学生产生不利影响，一些不规范的使用也影响了汉语的规范化教学。网络语言到底利大于弊，还是弊大于利，对此的争议一直不停。2006 年 5 月，教育部、国家语委发布了《中国语言生活状况报告》，在报告中，专门对网络用语做了详细介绍，提出该如何正确认识和评价网络语言，网络语言将向什么方向发展，它将会给母语带来什么样的影响等值得我们深思的问题。

虽然很多人对网络语言是认可的，但同时持反对态度的人也比比皆是。

面对网络语言的流行，很多家长和老师不免产生了忧虑。一方面，新出现的词语让家长和老师摸不着头脑，产生沟通和交流的问题，另一方面，网络语言的不规范、自由性也会影响学生对汉语的正规的学习，这样的话，在学习语文的过程当中就会困难重重。该发现的错别字发现不了，有语法问题的说法也被认为是正常的。对现代汉语的学习有着很大的冲击，同时对中国传统文化的传承也会出现问题。

而另外一些人对网络语言的产生与传播则是持肯定的态度。他们觉得网络语言的出现有极大的好处，网络语言的流行是对现代汉语的有益的补充，极大地丰富和扩充了汉语的词汇，让语言更加生动、简洁，推动了文化和社会的发展。网络语言的形象传神、标新立异体现了其独特的创造性，让人们的语言更具有个性，符合新时代人们的需求。网络语言的幽默诙谐，也使在网络中人与人的交流更加的融洽与和谐。

上面两种观点都有其合理的方面，但任何一个新生事物的出现都是具有两面性的，有其有利的一面，也有不利的一面。我们在面对新生事物的时候，一定不能够片面地去对待，而要全面地看待问题，这样才能够更好地知道自己应该怎样去做。

三、中学生应该如何正确对待网络语言

网络文化的产生，对人们思维方式和生活方式产生了极大的改变。人们的交流从面对面更多地转向网络。在网络中，人们更能够表现出真实的自己，不虚伪、不做作，这也更好地满足了人们交流的需要。交流方式的转变，使更多的网络语言产生并介入人们的交际、交流中。

但网络语言的出现有好的，也有不好的。比如有一些比较低俗的语言，不合规范的语言都会随之而生，这些问题也愈显严重。网民中的中学生群体是一个特殊的群体，他们年纪轻，生理、心理等方面还没有成熟，有猎奇心理和盲从心理，不能够对事物有很好的鉴别能力。他们不会对网络语言进行甄别，不分场合地随意使用大量不规范的网络语言。如果不对其进行引导的话，对中学生的负面影响就很大，严重的话也许会阻碍他们健康的人格发展和正确的道德意识的形成。那作为中学生，面对纷繁复杂的网络语言，我们应该怎么办呢？

1. 擦亮眼睛，仔细辨别

对于网络语言，中学生应该有辨别优劣的能力。新出现的网络语言中，不乏有对我们有益的表现形式。哪些丰富了现代汉语词汇，对于我们的交际有帮助，哪些是由于网上一些负面情绪而产生的低俗的词语，我们都要仔细去辨别。网络是一把双刃剑，网络语言同样也是。使用得当，可以促进交流，使用不当的话，网络上的不良文字会使中学生的心理和情感扭曲。一些"少儿不宜"的文字，将导致中学生语言出现扭曲和变形，走向粗俗化、庸俗化。因此，中学生应该擦亮眼睛，对于网络语言不能够全盘接受，而应该有自己的辨别。坚决抵制不健康的网络语言，使用健康的网络语言。作为中学生要端正上网的动机，不能抱着求奇、求新的心态，对网络语言没有选择。使用的过程中要取其精华，去其糟粕，自觉剔除不好的网络语言，打下良好的语言基础，对低俗网络语言坚决说"No"。

2. 掌握和运用相对规范的网络语言

网络时代中，我们没有办法脱离网络语言，就只能正确地认识和使用它。网络语言的出现对现代汉语的冲击很大，虽然其方便了网络世界中人与人之间的交流，但同时它也让传统汉语变得面目全非。比如打破了现代汉语的搭配规则，把符号、表情、字母等都融入交流的语言中，等。这些现象使越来越多的正处于语言文字积累和强化阶段的中学生茫然不知所措，一些网络语言的不当使用对生理、心理尚未成熟的中学生在学习、生活、思维方式等方面造成了不良影响。

中学生使用网络语言，应该从学好规范的现代汉语入手，对网络语言不能滥用，不能片面追求"奇""怪"，以造成沟通、理解的困难，要以看得懂为原则。

3. 正确选择使用的场合和对象

作为老师和家长，我们也不能坚决阻止中学生使用网络语言。一方面是处在网络时代，我们阻止不了，另一方面某些网络语言还是比较有生命力的，有其存在的价值。我们应该对学生的使用进行合理的引导。"网络语言"顾名思义是在网络交际中使用的语言，因此这些语言使用的范围应该是在网上，比如聊天室、论坛、和别人在网络上的交流中。而在一些相对正式的场合，比如考试中、作文中、课堂上等，我们就尽量避免使用这些语言。

另外，在使用网络语言的时候，要看你交流的对象是否也了解网络语言。如果对方和你一样是一个网络语言的高手，那么你们交流和沟通起来就没有问题，但如果对方对网络语言一无所知，那么你们之间的交流就很难正常进行。因此，选择正确的使用场合和对象是非常重要的，否则就会影响你的交际。

对网络语言的利弊一直都有人争论，但是无论怎样，网络语言的出现都是一种势不可挡的潮流，我们没有办法阻挡它的发展。面对这一问题，中学生要从自身出发，提高自身的媒介素养，明辨是非，合理使用网络语言，把网络语言的优势发扬光大。

【思考题】

1. 当你发现你的朋友在网络交际中使用的语言低俗时，你应该怎样劝导他？

2. 中学生获得网络语言的渠道有哪些？

参考文献：

[1] 董天策. 网络新闻传播学 [M]. 福州：福建人民出版社，2004.

[2] 李杰. 媒体新闻语言研究 [M]. 北京：中国传媒大学出版社，2009.

[3] 马丽. 网络新闻标题的语言特点及规范研究 [D]. 大连：大连理工大学，2010.

[4] 林雪漫. 网络新闻语言特点及良性发展思考 [D]. 广州：广州大学，2011.

第三章　网络媒介的媒介再现

现在的人们熟悉地利用互联网交友、学习、旅游、谈判、治疗及互动沟通。经天纬地的互联网扩展了人们之间信息交流的平台和范围，迅速地改变了人们的交往行为和交往方式，影响着人们的实践活动和思维方式。但互联网进入中国的时间比较短，1987 年钱天白教授发出我国第一封电子邮件"越过长城，通向世界"，标志着中国人使用互联网的序幕拉开。1994 年，中国正式介入互联网。互联网虽然在中国起步较晚，但是发展迅速，中国现在有 6 亿多网民，是世界网民数量最多的国家。随着互联网的普及，大量的信息扑面而来，有用的信息，无用的信息；真实的信息，虚假的信息；正能量的信息，负能量的信息。如何获得最有价值的信息？如何甄别虚假的信息？对我们世界观、人生观、价值观还在形成中的中学生而言尤其重要。网络中海量呈现的信息并不一定都是真实和正确的，需要甄别和选择能力，判断和洞察能力，这告诉我们青少年掌握一些网络媒介中媒介再现的知识就尤显必要。

第一节　网络媒介的媒介再现含义和形式

一、什么是媒介和网络媒介

"媒介"一词在《现代汉语词典》里的解释是"使双方（人和物）发生关系的人和物"。我国学者明安香认为："媒介是指直接为接受者传递或运载特定符号的物质实体（即载体）。"简单说，媒介就是古代时的烽火狼烟，晨钟暮鼓，驿寄梅花，鸿雁传书，现代的报纸杂志，广播电视。随着科技的发展和互联网的产生，以智能手机、平板电脑等电子终端的出现，微博、微信等社交媒介平台的诞生，网络媒介就应运而生。网络媒介的产生使得信息更易获取，人与人的交流更加容易，真是"天涯若比邻"，人人都可以成为新闻的制造者和传播者。

二、什么是网络媒介的媒介再现

媒介再现，也叫媒介呈现，是沃尔特·李普曼在其代表作《公众舆论》中指出的观点，他说在信息化高度发达的社会里，主要存在以下三种现实：一是"客观现实"，这种"现实"是客观存在着的、不以人的意志为转移的真实现实，就是事实本身；二是"拟态环境"，而这种"现实"是经过媒介选择、加工、过滤后向公众展示的"象征性现实"；三是"主观现实"，这种"现实"存在于人们意识中的"关于外部世界的图像"。"主观现实"是在人们对客观现实的认识的基础上形成的，而且这种认识在很大程度上依赖于媒介所提供的"象征性现实"。经过这种中介后形成的"主观现实"，已经不可能是对客观现实"镜子式"的反映，而是产生了一定的偏移，成为一种"拟态"的现实。因此李普曼认为媒介再现不是对其现实的客观反映。

但是由于受地域、时间、金钱等多种因素的影响，人们不可能从自己所处的社会环境中获取所有需要的信息，需要媒介的呈现，而按照李普曼的看法媒介再现的是一种"拟态环境"，是一种象征性的现实，不是对现实的客观反映。因此人们对媒介再现提出了真实性要求，即这个信息看起来真实，必须和人们的日常生活比较接近，能够引起共鸣；媒介再现又能呈现出比人们真实社会多一点的信息，否则人们就不需要媒介提供，生活中直接就能得到的。美国学者詹姆斯·波特提出用三个维度来判断媒介再现的真实性：

其一，神奇的窗口：媒介内容真实发生过且超越了真实的存在；其二，社会效用：受众是否相信在生活中能用到这个信息，认为越荒诞越不真实；其三，身份识别：受众对特定角色的社会参与感，角色距离自己越近越真实。

根据这个标准，波特提出"下一步真实"概念，"下一步真实"的意思简单点说就是"源于生活又高于生活"，媒介再现出来的信息看起来要真实，能引起受众的共鸣但又经过了加工，比受众的日常生活经验多出一点，能使受众感受到万花筒般的万千世界，精彩又神奇。网络媒介的媒介再现就是新闻信息通过各种网络传播载体如微博、微信、各种网站，搜索引擎从类似于生活的地方开始，经过媒介幕后的选择、加工、重组之后呈现出来的"拟态环境"。它带着受众逐渐远离真实又不会迷失，使受众自发地跟进，感受"下一步真实"，为自己的生活加一点额外的"甜点"。

三、网络媒介的媒介再现的形式

媒介再现对于我们认识世界、获得更多有用信息功不可没。根据媒介再现真实性的程度，媒介再现分为真实再现和非真实再现两种形式。真实再现：如纪录片、新闻报道、实况传播、现场直播等。非真实再现：艺术的再现：如电影、电视剧、话剧、戏剧、小说等；错误的再现：虚假广告、虚假新闻、网络诈骗、视频恶搞等。网络上扑面而来的众多信息必然有真有假，我们一定要有一双慧眼去分辨这变幻莫测、摇曳多姿的世界。

【思考题】

1. 网络媒介的媒介再现的含义？

2. 活动建议：选择一本你熟悉的小说和一个根据这小说改编的电视剧，分析这其中有哪些真实的因素，有哪些虚构（非真实）的因素，两者的真实和虚构是重叠的吗？

第二节　影响网络媒介的媒介再现的因素

一、中国互联网情况现状

中国互联网络信息中心（CNNIC）发布第 37 次《中国互联网络发展状况统计报告》。《报告》显示，截至 2015 年 12 月，中国网民规模达 6.88 亿，我国网民以 10－39 岁群体为主，占整体的 75.1%。其中 20－29 岁年龄段的网民占比最高，达 29.9%，10－19 岁、30－39 岁群体占比分别为 21.4%、23.8% 。中学生网民占总网民数的五分之一多，这是一个庞大的数据。

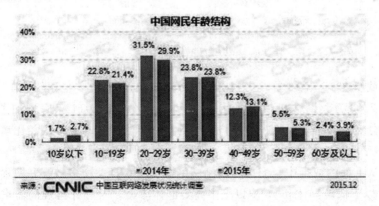

来源：CNNIC 中国互联网络发展状况统计调查　　　　2015.12

中国网民通过台式电脑和笔记本电脑接入互联网的比例分别为 67.6％和 38.7％；手机上网使用率为 90.1％，较 2014 年底提高 4.3 个百分点；平板电脑上网使用率为 31.5％；电视上网使用率为 17.9％。

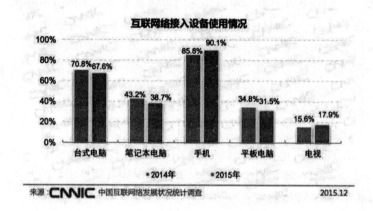

截至 2015 年 12 月，我国网络新闻用户规模为 5.64 亿，其中手机网络新闻用户规模为 4.82 亿，与 2014 年底相比增长了 6626 万，增长率为 16.0％，网民使用率为 77.7％，相比 2014 年底增长 3.1 个百分点。

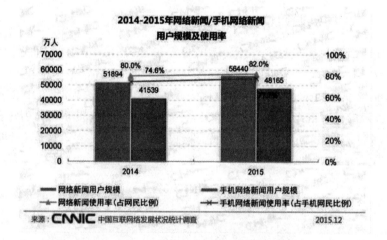

截至 2015 年 12 月，中国网络视频用户规模达 5.04 亿，较 2014 年底增加 7093 万，网络视频用户使用率为 73.2％，较 2014 年底增加了 6.5 个百分点。其中，手机视频用户规模为 4.05 亿，与 2014 年底相比增长了 9228 万，增长率为 29.5％。

从上面的数据中我们可以看到网络媒介受众日益增多，互联网逐渐向 10 岁以下低龄群体和 40 岁以上中高龄群体渗透。对媒介再现的需求也很旺盛，看网络新闻、上网看视频的比率也在逐年提高。网络媒介技术和工具的产生改变了人在信息制作、传播中的地位和作用。以前媒介掌握在少数人手里，大多数受众只能通过媒介被动地接受它传播出来的信息。现在不同了，随着网络媒介的发展，只要你愿意，任何人都可以成为既是信息的接受者同时又是信息的制作者和传播者，信息交往的人人媒介时代已经到来。不管我们自己承不承认，实际上我们都生活在信息的海洋之中。网络媒介的"双刃剑"功能也日益凸显，网络媒介传播的正负功能同时放大，真假信息同屏出现，大量讯息需要辨析，关于媒介再现中真实性的问题比以往任何一个时期都更加突出的摆在了人们的面前。

二、影响网络媒介的媒介再现的因素

1. 社会制度、意识形态的原因

著名传播学者赫伯特·阿特休尔认为：媒介在任何领域都成为政治、经济或社会权力的代言人。社会制度、意识形态的不同会影响媒介再现的表现。由于经济全球化和信息网络技术的发展，为各种思潮的传播提供了更加广阔的空间。

意识形态，一般是指在一定的社会经济基础上形成的系统的思想观念，代表了某一阶级或社会集团（包括国家和国家集团）的利益，又反过来指导这一阶级或集团的行动。依据这个定义，可以说意识形态就是一种思想观念，但不是一般的思想观念，它有三个特征：第一是群体性，即不是个别人的思想观念，而是已经被某个群体（阶级或社会集团）所接受的思想观念，代表这个群体的利益并指导其行动；第二是系统性，即不是支离破碎的想法和观念，而是形成了体系；第三是历史性，即是在一定的社会经济基础上形成的。意识形态的核心内容是价值观。

2. 追逐商业利益的原因

在市场经济下，由于市场的自发性和趋利性，媒介开始遵循商业规则，追求卖点。有些个人和组织通过网络媒介搞一些"营销策略"实现自己利益的最大化。

南昌大学新闻与传播学院教授王卫明认为，网络从来不是法外之地，虚假内容的发布，基于虚假内容不加甄别而渲染社会情绪，损害的是社会的公信力，突破的是法律和道德的底线。"营销，可以用事件营销，但不能以欺骗的方式。如果是第一种炒作方式，显然是欺骗网友感情，后续，会有多少网友受骗，还不得而知。如果是第二种炒作方式，那么，为了一个手机的拍照功能，把一个虚假事件搞出来，真的有商业良心吗？建立在虚假基础上的营销，都让人对其幕后的产品质量担忧。"界面记者总结如此说。

3. 媒介机构所有制多元化的原因

在所有制结构多样化的现代，网络媒介背后的实际控制人身份也是多种多样的，既有代表国家意志、作为政府"喉舌"的国家传媒，也有自成一家、为自己一派利益传声的传媒。传媒掌控人背后所代表利益的不同，同样的事情报道出来的角度和眼光也不同，它打上了媒介机构所有制的烙印。

人们往往相信眼睛所看到的一切就是真实的——眼见为实，但实际上，网络媒介为受众制造的"现实"与真实现实世界相当不一致。凡是通过媒介再现出来的"现实"也称为"拟态现实"或"虚拟现实"，它远比我们真实世界里的更加精彩，更加迷幻（见第一节二的内容）。尽管纪录片、新闻报道被称为真实再现，然而报道过程本身就包含选择、策划、取景、选框、剪辑等环节，里面体现了新闻制作者的意识形态、知识结构、兴趣爱好、道德素养等因素，似乎并没有使我们更接近真实，因而媒介再现的是虚拟的现实，是"下一步真实"。我们不得不承认社会"真实"是由媒介建构再现的。

第三节　网络媒介再现的现实影响及措施

一、网络媒介再现中的墨菲法则

与以前的时代相比，当今互联网开创的是一个全新的时代。美国学者爱德华·特纳在《技术的报复——墨菲法则和事与愿违》中说道：当前科学威力征服整个世界的结果，使所有领域均无法预测。学识的这种强有力的侵蚀往往能改变人类环境和人类本身——我们简直无法了解这种改变的程度及它的危险性，偏离生命永续的基本条件有多远。当今世界，由于网络媒介技术的发展，由这种技术引发的一些不良事件也日益增多，媒介的"双刃剑"作用已使人们开始理性思考，减少和避免由于技术的进步带来的文明的退化也提上了议事日程。

"墨菲法则"告诉我们凡是可能出错的事总会出错，在网络媒介技术无限发达的环境下，人类生活中出现过的一些谣言、暴力、诈骗等行为通过网络媒介再现。

1. 网络谣言

"谣言"是没有事实依据、无中生有的信息传播。"网络谣言"是在网上生成、传播的未经证实的信息。网络谣言的传播渠道众多，它借助于博客、贴吧、微博、微信、论坛、短信等网络平台，使得传播速度更快，影响范围更广。在这个自媒体、微信息的时代，互联网的"去中心化""去权威化"使人人均有麦克风，都可成为网络舆论的重要主体，几乎每一个人通过移动网络就可以成为信息的接受者、发布者。网络谣言严重损害政府形象，摧毁社会信任体系，严重干扰民众的生产和生活。

2. 网络暴力

暴力，是暴露出来的力量，用强制手段达到自己的目的，与血腥、武力相关。网络暴力不同于现实生活的暴力行为，而是借助网络空间用语言文字、视频照片对人的身心及生活造成不良影响。网络暴力最初的表现形式是"人肉搜索"，中国青年报社会调查中心通过民意中国网和益派咨询对 1839 人进行的一项在线调查显示，55.1% 的受访者直言"人肉搜索"被滥用。网络暴力随意践踏公民权利，不断触碰社会的道德底线。

3. 网络诈骗

网络诈骗就是违法分子利用互联网骗取数额较大的公私财物的行为。网络诈骗的社会危害性相当大，受骗者损失也巨大，官方数字很难统计。据《2016 年第一季度网络诈骗趋势研究报告》显示，2016 年第一季度，猎网平台共接到来自全国各地的网络诈骗举报 4254 起，涉案总金额高达2850.8 万元，人均损失 6701 元。

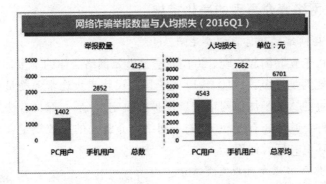

近年来，网络诈骗方法越来越多，手段也越来越高明，这是互联网技术发展的悲剧，善良的人们要不断学习，时刻防范。

4. 网络围观

有人认为网络围观是一种典型的网络暴力，这个看法有偏颇之处。我认为网络围观是个中性词，在网上人们可以找到自己关注的事件、表达自己的观点看法。网络的自由使网络围观所涉及的事件范围广阔，既有"怀念乔布斯"等社会科技新闻，也有关注"房叔""表叔"等政治新闻的，很多时候，网络围观也发挥着舆论监督的作用，对现实社会产生不可估量的影响力。所以网络围观是一支不容忽视的社会舆论力量，代表着社会舆论的发展方向。

我们在看到网络围观积极作用的同时，也要看到它带来的一些不利影响。比如一些人会发布一些吸引眼球的虚假消息；被围观者的隐私往往会无情地遭到暴露。我们要对网络围观现象一分为二地进行分析，对网络围观要进行正确的舆论引导，而不是一味地打压和批评。

【背景知识】

"墨菲定律"是一种心理学效应，是由爱德华·墨菲（Edward A. Murphy）提出的，他是美国爱德华兹空军基地的上尉工程师。"墨菲定律"诞生于20世纪中叶，主要内容有四个方面：

1. 任何事都没有表面看起来那么简单；

2. 所有的事都会比你预计的时间长；

3. 会出错的事总会出错；

4. 如果你担心某种情况发生，那么它就更有可能发生。

"墨菲定律"的根本内容是"凡是可能出错的事有很大几率会出错"，指的是任何一个事件，只要具有大于零的几率，就不能够假设它不会发生。

二、网络媒介再现的净化措施

1. 净化网络媒介再现需要法治

我国由于互联网起步晚，专门、直接涉及网络法律的不多，地方、全国性的法规倒是很多。2012年12月全国人民代表大会常务委员会第三十次会议通过的《关于加强网络信息保护的决定》，是一部具有法律意义的专门性文件，其他还有近60个关于网络媒介管控的行政规定，对净化我国的网络环境有巨大作用。

2. 净化网络媒介再现需要文治

法律是道德的最低限。人们在现实生活中除了受社会法律约束外，还受道德伦理的约束，网络上的有些言论虽不违法，但有愚弄和欺骗感情之嫌，是对广大网友的不尊重，比如像"标题党"所发布的新闻。对这种游离于法律法规边界的不良现象，就要靠人们的道德伦理去约束。

2013 年 8 月，北京首都互联网协会发布了第一个行业自律书《坚守七条底线倡议书》，共守七条底线：法律法规底线；社会主义制度底线；国家利益底线；公民合法权益底线；社会公共秩序底线；道德风尚底线；信息真实性底线。这个行业协会颁布的"七条底线"不仅仅针对网络经营者，也针对所有网民，因为每个个体都可成为互联网信息的发布者和传播者。"底线意识"告诫人们要有担当，要树立社会责任感，从心里建立起强大的道德底线。网络媒介的健康再现依赖所有传播者和受众营造的文化环境。依靠我国法律制度的日益完善和网民"底线意识"的日益提高，使我国成为网络媒介大国和强国。

【思考题】

1. 网络围观和网络暴力有何区别？

2. 活动建议：上网查阅网络暴力、网络谣言、网络诈骗等具体案例，并谈谈自己上网时应遵循什么原则？

参考文献：

[1] 周兵. 互联网的诞生 [EB/OL]. http：//wenku. baidu. com/link?url＝YmnEPgdmf _ qY6 _ ZuhMwq0ctEZH08hnDcByRe _ g9cYjC-f4vlUT1Fv3x8On9W9TQYXpszqx5iK4l4e1EX7B3oLPwjfLIuAKiv7PWtEblcJd7.

[2] 明安香. 关于传播学几个基本概念的界定 [J]. 新闻界. 1994 (6)：6.

[3] [美] 沃尔特·李普曼. 公众舆论 [M]. 阎克文，等译. 上海：上海人民出版社，2002.

[4] [美] 詹姆斯·波特. 媒介素养（第四版）[M]. 李德刚，等译. 北京：清华大学出版社，2012.

[5] 高萍. 当代媒介素养十讲 [M]. 北京：中国人民大学出版社，2015.

[6] [美] 赫伯特·阿特休尔. 权利的媒介 [M]. 黄煜，裘志康译. 北京：华夏出版社，1989.

[7] [美] 爱德华·特纳. 技术的报复——墨菲法则和事与愿违 [M]. 徐俊培，钟季康，姚时宗，译. 上海：上海科技教育出版社，2012.

[8] 黄欢. 台湾电信诈骗真面目大起底 [N]. 人民日报（海外版），2016-04-15.

[9] 王文君. 浅析网络围观现象 [J]. 时代报告，2011 (9).

第四章　网络媒介的信息素养

司空见惯的互联网已成为当代中学生日常生活中唾手可得的一种工具，获取信息、认知世界、参与生活，在与网络同步成长的中学生心目中，网络的地位远远凌驾于广播、报纸、电视等传统媒体之上，学生们愉悦地享受着网络给学习和生活带来的乐趣和便利，对其有一份强烈而特殊的情感。中国互联网络信息中心 CNNIC 发布的《第 37 次中国互联网络发展状况统计报告》中提道：截至 2015 年 12 月，中国网民规模达 6.88 亿，互联网普及率为 50.3％，中国有半数人已进入互联网，中学生作为使用网络的主力军，这个数据还在不停地呈上升趋势。而当下鱼龙混杂的网络环境，一方面成为青少年的交往利器和学习帮手，而另一方面也正是引发某些病症的导火索。因而，促进青少年在网络时代的健康发展，网络媒介信息素养的培养不可或缺。

第一节　网络媒介信息素养的含义及构成

一、什么是网络媒介的信息素养

信息素养（Information Literacy）的概念最早由美国信息产业协会主席保罗·泽可斯基（Paul Zurkowski）提出。1974 年，保罗·泽可斯基提出的第一个定义认为，"所有经过训练把信息资源运用于工作中的人，都称为具有信息素养的人。他们已学会利用大量的信息工具及主要信息源使问题得到解答的技术和技能。"这个定义侧重从技术、技能角度出发，认为信息素养的培养内容是学会运用大量的信息工具来解决问题。这一定义为日后对信息素养的定义奠定了基础（杨允，2006）。

在国内，对于信息素养研究虽起步较晚，但随着时代发展，对其的研究也日益深入，颇有一些高屋建瓴的见解。南京师范大学的李艺教授等把信息素养界定为"个体（人）对信息活动的态度及对信息的获取、分析、加工、评价、创新、传播等方面的能力。它是一种对目前任务需要什么样的信息、在何处获取信息、如何获取信息、如何加工信息、如何传播信息的意识和能力"（李艺，2002）。董玉琦教授认为，信息素养是新的"读、写、算"，所谓"读"不仅仅是阅读之意，也是信息的获得、索取；"写"也不仅仅是写作之意，是信息的发布、交流；"算"更不仅仅是计算之意，而是信息的转化、变化（董玉琦，2006）。

顾名思义，所谓"网络媒介的信息素养"就是抛却传统媒体，建立在"互联网"这个新兴媒介之上，个体应具备的基本素养。面对繁芜庞大的网络信息，如何把这些信息准确地化为己用，如何在网络巨大信息的影响下坚持正确的价值观，如何维护和打造和谐的网络环境。"网络媒介的信息素养"是一个综合性概念，不仅仅指诸如信息查找、检索、交流的单一技能，同样注重探索、理性、批判精神，伦理道德以及强烈的社会责任感。

二、网络媒介信息素养的构成

那我们身处网络这个旋涡之中，应用哪些信息素养来武装自己，让我们面对网络能够趋利避害且游刃有余呢？

张倩苇教授认为，信息素养主要由信息意识与信息伦理、信息知识以及信息能力三部分构成（张倩苇，2001）。南国农先生认为，"教育应以培养和提高学生的信息素养，不仅是信息能力，也包括信息态度与情感、信息知识、信息道德（南国农，2001）。"综合国内外的定义及我国专家的观点，可以认为信息素养的内涵包括了信息态度与情感（意识层面）、信息知识（知识层面）、信息能力（能力层面）和信息道德（道德层面）四个方面。

让我们来认识了解这四个方面的具体内容：

（一）网络信息意识

指学生对网络信息及信息素养能力抱有正确的情感和态度，能意识到这两者在自己学习、生活中有着至关重要的作用，并能积极地借助网络信息来获取有效信息，传递正面思想。

（二）网络信息知识

指学生对网络信息的理论知识的了解和掌握，一方面是理论知识，比如对 bbs、email 等这些网络媒介概念及历史演变的了解；另一方面则是技术知识，主要是对网络具体操作的技术掌握和运用，如网络信息的检索查找和传播发散。

（三）网络信息能力

作为网络媒介信息素养的重中之重，我们又可以把其分为以下几个方面：

1. 信息的检索与获取

主要是指青少年能否安排并实施有效的检索策略，熟练快捷地运用最合理的检索方式，通过检索系统来获取自己所需要的信息。

2. 信息的评价与吸收

主要指中学生面对检索获取的信息，能独具慧眼，运用正确的价值观和伦理道德对其做出正确评价，能评价所获信息的相关性、可信度、有效性、准确性、权威性。面对良莠不齐的信息，能取其精华，去其糟粕，把正确有效的信息化为己有，能分辨负面信息并保证不受其侵害。

3. 信息的交流与创造

这是对信息素养的最高要求，在获取、评价的基础上，能将搜索到的信息经过整理转化，融合到自己的知识体系中，形成自我的全新的解决方法。用这样的信息资源解决日常难题，改善生活方式，并能把这些资源共享到网络上，表达正面的声音，参与日常事务，如能制作个人网页展示自己。

（四）网络信息道德

指中学生在获取、吸收、创造、传递网络信息过程中，应具备的基本道德素养，要时刻谨记国家相关伦理道德和法律法规，不违反国家规定，不损害他人利益，合理合法运用网络，尊重他人知识产权，抵制不健康的网络信息，注意网络用语文明，自觉维护网络安全。

以上四大要素构成了网络媒介的信息素养，他们各司其职，各有作用，但又相辅相成，缺一不可。而其中信息意识是先导，信息知识是基础，信息能力是核心，信息道德是保障（2010，贾贵玲）。

第二节　网络媒介信息素养的现状和归因

一、中学生网络媒介信息调查情况

有调查才有发言权，为了更客观有效地了解当代中学生的网络媒介信息素养状况及接受信息素养教育的实情，充分开展调查，获取真实的数据和材料，挖掘其中存在的问题，进而针对性地提出提升策略，因而设计开展了一次问卷调查为主、访谈为辅的调查活动。

（一）调查目的

1. 了解中学生的网络媒介信息素养的现状，考察学生实际掌握了哪些信息素养，对网络媒介的认知、理解、辨识、利用情况。

2. 了解中学生所受到的信息素养教育的现状，让我们更明确加强信息素养教育的途径，对症下药，切实提出提升策略。

（二）问卷设计

在收集中学生网络媒介信息素养相关资料基础上，分别从四大信息素养角度：信息意识、信息知识、信息能力和信息道德四个方面出发，并结合信息素养教育现状设计问卷，拟定访谈提纲。问卷题目以选择题为主，问题多但从学生角度出发，客观、明确、浅显，便于作答。

（三）调查过程

1. 试测：为提高问卷的有效性，抽取一所学校的 30 名同学进行测试，测试的结果差强人意，学生们反映对大多数题目都能充分理解并清楚解答，因而在保留大多数问题基础上对个别题目进行调整。

2. 测试：笔者对本市城市及农村的中学生进行随机调查，发放问卷 200 份，收回 188 份，回收率 94%，男生 90 份，女生 98 份，男女比例较为平衡。初中生 89 人，高中生 111 人。在测试过程中，提醒学生避免讨论，独立完成，使问卷更具真实性。

3. 数据处理：收集整理问卷，本着严谨细致的原则，借助 excel 等计算工具及时进行数据处理。本次调查分初中和高中两部分进行，但调查问卷是一致的，为了能够反映中学生普遍的信息素养状况，最后核算的数据是初中和高中调查数据的平均值。

4. 分析：在拥有数据基础上，对学生具备信息素养情况和信息素养受教育程度进行详细分析，理性看待客观现状，并深思潜藏的缘由。

（四）数据分析

1. 中学生使用网络基本情况（表 4-1）

题　目	答　案			
1. 你常用的电子设备是	电脑（43%）	手机（56%）	其他（1%）	
2. 你首次触网年龄	6 岁以前（3%）	6～12 岁（67%）	12～16 岁（26%）	16 岁之后（4%）
3. 你常去的上网地点	家里（77%）	学校（3%）	网吧（19%）	其他（1%）
4. 你上网的主要目的	娱乐消遣（74%）	收集学习资料（12%）	看新闻资讯（8%）	网购（3%）	其他（3%）
5. 你一周上网时间	0.5 小时以下（16%）	0.5～3 小时（44%）	3～6 小时（33%）	6 小时以上（7%）

随着网络的日益繁盛，网络设备也随之壮大，电脑作为上网的传统工具仍备受青睐，智能手机因其便捷的优势而异军突起，有超过半数的中学生选用手机作为其上网神器，因而学会对手机的正确使用和有效管理就显得尤为重要。随着电脑和手机在家庭的普及，接触门槛越来越低，70％的同学在小学期间已接触网络，网络低龄化现象日益显著。绝大多数学生都选择在家里上网，而在学校上网的同学仅占3％，可见学校基本上都不支持学生在校期间接触网络，即使在信息技术课上也以学习技术知识为主。而有近两成的同学会选择网吧上网，网吧对于学生来说环境相对复杂，师长们也难以加以控制，尤其值得注意。在上网目的上，高达74％的学生认为上网是为了娱乐消遣，对其他功能未真正挖掘利用。在上网时间上，大部分学生能做到合理安排，加之中学生课业繁忙和高中阶段住宿情况，平时接触网络的时间少之又少，很多同学都是趁放假回家一玩尽兴。

2. 网络媒介的信息意识（表4-2）

题　目	答　案			
6.网络对我们来说	非常重要（76％）	有些帮助（22％）	可有可无（1％）	有害无利（1％）
7.网络对你拓展视野的影响	很大（29％）	较大（55％）	较小（14％）	很小（2％）
8.网络普及对政治、经济、文化等领域等发生的深远影响	非常同意（54％）	比较同意（42％）	不太同意（3％）	说不清（1％）
9.你认为网络对社会发展的作用	促进民主和平等（8％）	促进开放和自由（59％）	造成混乱和犯罪（9％）	说不清（27％）
10.沉溺虚拟世界会给人带来负面影响	非常同意（43％）	较同意（36％）	不太同意（17％）	说不清（4％）

从中学生对网络媒介的信息意识来看，绝大多数同学已认识到了网络对我们个人生活和社会发展至关重要，八成同学认为对自我拓展视野也有着举足轻重的作用，92％的同学认为网络已经渗透社会的经济、政治、文化之中并发生了深远影响。而在看待网络对于社会发展的具体作用时，近六成同学认为促进了开放和自由，这也是网络最本色显著的特点；也有近三成的同学持说不清的观点，之所以说不清，是没有意识到网络作为科技发展的产物，在社会发展中所起的巨大作用；而那些认为网络导致混乱和犯罪则是以偏概全，本末倒置，看法过于狭隘；一大部分同学认为沉迷虚拟网络给人带来负面影响，也正说明一些同学遭受过或目睹过这些不利因素，对于网络信息的合理运用和正确看待需要加以管理和控制。

3. 网络媒介的信息知识（表4-3）

题 目	答 案			
11. 你知道网络中 com. edu. gov. net. org 分别表示哪类组织吗	全部知道（5%）	一半以上知道（41%）	一半以上不知道（51%）	都不知道（3%）
12. 你的家庭的网络服务供应商	中国电信（74%）	中国移动（10%）	不清楚（3%）	其他（13%）
13. 你会使用以下哪些软件的操作（可多选）	Word（100%）	Excel（100%）	Powerpoint（98%）	Frontpage（89%）
	Flash（90%）	Photoshop（89%）		
14. 你能否经常独立完成网购	可以独立（69%）	需要旁人指导（31%）		

在网络媒介信息知识上，前两题侧重基础知识，后两题侧重技术知识，从这些数据来看，学生具备了一定网络基础知识，但还是比较薄弱，有待加强。在技术知识方面，由于信息技术的考试压力及平时的频繁运用，大部分同学对其较为精通，从调查中也可见学生对有些软件操作的高度自信，这归功于中学信息技术课的知识传授，但还是不应浅尝辄止，像常用的办公软件，可加以拓展延伸，让学生能更全面地开拓功能，提升操作的熟练度和精准度。

4. 网络媒介的信息能力（表4-4）

信息的检索与获取				
题 目	答 案			
15. 你经常使用的上网搜索工具	百度（59%）	Google（22%）	Sohu（13%）	其他（6%）
16. 在使用搜索引擎时，使用关键词能很快找到你想要的信息	很快（32%）	较快（49%）	一般（16%）	较慢（3%）	很慢（0%）
信息的评价和吸收				
17. 在网上，你会文本、文件、图片的上传和下载	会（87%）	不会（13%）		
18. 当你找到很多资料时，会如何处理	直接复印或拷贝（16%）	归类、整理、保存（48%）	分析、筛选、整理、保存（36%）		
19. 对网上发布的信息，你认为	半真半假（57%）	大部分真实（35%）	大部分不真实（8%）	完全真实（0%）	完全虚假（0%）

题　目	答　案			
20. 你对网络信息的看法是	内容丰富健康 （2%）	内容丰富，健 康多有害少 （86%）	内容丰富，健 康少有害多 （12%）	内容既不健康 也不丰富 （0%）
21. 大多数同学能对网络信息有正确判断能力	非常同意 （11%）	比较同意 （57%）	不太同意 （28%）	很不同意 （4%）
信息的交流和创造				
22. 你经常通过邮件、论坛、微信等手段与同学交流	经常（32%）	偶尔（58%）	不太交流 （10%）	
23. 你会对感兴趣的话题在网上发布表达你的观点和看法	经常（30%）	偶尔（67%）	从不（3%）	
24. 能否利用计算机技术展示自己作品与学习成果	会（38%）	不太会 （62%）		

　　网络信息呈几何级式爆炸式增长，中学生们在面对海量无穷的信息时，是否可以查找信息也是素养的重要体现。从网络媒介信息的检索和获取来看，绝大部分同学在掌握信息知识的基础上，具备了一定的信息查找能力，而且对搜索的速率有着较高的自信。

　　在对信息的吸收方面，一半同学对下载的信息有整理组织的意识，还有近 40% 的同学懂得要先进行分析筛选，说明具备一定的吸收能力，但需要进行更深入的培养教育，使查找的信息更高效。大部分同学能正确评价信息，认为网络信息内容丰富，健康多有害少，对于评价不全面的同学应加以引导。总的来说，中学生对网上信息具备了一定的判断能力，而且我们相信，这种能力会随着年龄增长、阅历丰富而逐日提升。

　　在信息的交流和创造上，学生们主观上乐于通过网络交流信息，特别是随着微信的广泛运用，它越来越成为学生之间联络感情的工具。97% 的同学有在网上发布自己观点和看法的经历，可见交流展示欲望之强烈，但创生信息能力就较为薄弱，有 62% 的学生尚未掌握利用计算机技术展示自己作品或学习成果的能力，需要大力培养。学生可通过各种途径创造信息，但由于繁重的学业暂时无暇顾及，要对其正确引导，并创造机会，让学生在网络上更积极地发出正面声音。

5. 网络媒介的信息道德（表 4-5）

网络自控力			
25. 你对上网时间（具体多长）做出计划	经常计划（12%）	偶尔计划（37%）	不太计划（41%）	从不计划（10%）
26. 上网时间超出预算时间	经常（37%）	偶尔（40%）	较少（15%）	从未（8%）
27. 上网浏览信息时容易忘记最初打算	经常（10%）	偶尔（37%）	较少（50%）	从未（3%）
网络道德自我约束			
28. 你认为网络暴力、色情等消极内容对你的影响	没影响（42%）	影响不大（50%）	影响很大（8%）	
29. 你了解《中华人民共和国全国青少年网络文明公约》吗	非常了解（0%）	较了解（8%）	不大了解（22%）	完全没听说过（70%）
30. 能自觉抵制上网垃圾信息，自己也自觉不违法制造传递	能（98%）	不能（2%）		
网络用语文明			
31. 网络是自由的，不需要约束网上言行	非常同意（10%）	较同意（26%）	不太同意（46%）	很不同意（18%）
32. 在网上讨论时，能自觉遵守规则，如不发布诽谤、侮辱、恐吓等消息	完全能（63%）	经常能（33%）	很少能（4%）	
33. 网上聊天时，如有网友对你说脏话，你会	以牙还牙（69%）	立即离开（25%）	向其他网友宣告他的丑行（6%）	
34. 上网时，使用由字母和数字组合的离奇古怪另类文字	非常频繁（26%）	比较频繁（34%）	有点频繁（22%）	不频繁（18%）
尊重知识产权			
35. 当你引用别人信息和资料时	严格按照引用标准（1%）	按自己习惯标明（18%）	没有标注习惯（81%）	
36. 如何看待盗版	强烈反对，严厉打击（24%）	大多数情况支持正版（25%）	可以接受盗版（51%）	
维护网络安全			
37. "网络黑客"水平高	非常同意（17%）	较同意（18%）	不太同意（35%）	很不同意（30%）

随着网络的日益普及和影响力的日益增强，网上五花八门的信息让人眼花缭乱，网络道德应运而生。只有恪守道德，遵守规则，才能游弋于网

络的海洋受益无穷，否则会在网络的深潭里沉沦迷失。

要礼待别人，先要学会自我约束。从网络自控力上来看，对上网做出计划的只有 49％的学生，很多同学上网是毫无目标和计划的，也正是由于茫无头绪，一半以上的同学上网时间会超出预算。且在浏览各种信息时，在打开各种链接之中，时间就匆匆而逝，容易忘记最初的打算。因而时常有些同学感叹，上网的时间总是转瞬即逝，本来只要花半个小时完成的资料查找，而最后的情况却是在电脑面前坐了半天之久。有些家长也会抱怨，学生经常借着学习之名打开电脑，最后总要在家长的催促之中才能让学生离开网络。可见中学生虽然具备一定的网络自控力，但能力亟待加强。

中学生因其心智的逐渐成熟已经懂得在大是大非面前约束自己，懂得抵制不良信息，面对暴力色情等信息，也懂得规避它的害处，不受干扰。但是也有部分同学出于猎奇心理而步步沉沦，深受其害，对这种青少年特别要加强关注和指导。在大方向上能明辨是非，但是具体细节上还是含糊不清的，问及对《中华人民共和国全国青少年网络文明公约》的了解程度时，仅有 9％的学生较为熟悉，而 70％的学生根本闻所未闻，数目之大，令人彷徨。所谓"没有方圆，不成规矩"，心中没有衡量的那把戒尺，何以指导上网时的一言一行。

一部分同学喜欢在虚拟世界与人谈天说地，而在现实交往中却显得木讷沉闷，很大程度上正是网络带来的随意和轻松更能让人放下"武装"。部分同学认为网络世界可以放下条框和面具，随心所欲地与人交谈，殊不知，网络文明用语也是网络道德的其中一个方面。可喜的是，中学生中多数还是能做到出言有礼，相谈甚欢，但在遭遇挑衅时，有七成同学还是会还击。可见，在具体情况下，还是存在知行脱节的问题。在网络用语方面，我们的中学生还有一种独创的文字——"火星文"，它由符号、繁体字、日文、韩文、冷僻字或汉字拆分后的部分等非正规化文字符号组合而成，从字面根本无从猜测它的意思，借助辞典也无济于事。在调查中，发现有 60％的同学正在频繁并不亦乐乎地使用这种不规范用语，如果单是朋友之间偶尔交流玩乐，也无伤大雅，但如果变成了群体性和普遍性现象，久而久之，势必造成学生的语言匮乏，更不利于中国汉语文化的传承。

在知识产权方面，大部分同学在获取知识时不尊重他人劳动成果，不考虑版权问题。有 81％的同学在下载文章时没有标注出处的习惯，51％的同学可以接受盗版。如今，网络资源应有尽有，学生获取资源固然日益方便，但是免费下载使学生形成了不尊重他人劳动、没有责任感的习惯，令人颇为心忧。

对于维护网络安全，一部分同学面对网络黑客尚存盲目崇拜感，这是思想不够成熟的表现，而大部分同学还是能做到抵制黑客，是具备一定的网络正义感的。

6. 网络媒介信息素养的教育（表 4-6）

题　目	答　案			
38. 学校对你上网的态度	提倡（7%）	严禁（60%）	指导（30%）	不闻不问（3%）
39. 学校开展过媒体素养教育活动吗	经常开展（15%）	偶尔开展（54%）	从不开展（31%）	
40. 你父母对你的上网态度	支持（9%）	不管（6%）	约束（52%）	要求正确使用（33%）
41. 父母对网络的了解	很多（18%）	很少（32%）	一般（19%）	不感兴趣（31%）
42. 你对网络媒介信息素养概念有了解吗	完全没概念（79%）	知道一点（20%）	了解较多（1%）	
43. 你是否希望获得相关素养的教育	很希望（38%）	无所谓（55%）	没必要（7%）	
44. 你认可的获得信息素养的学习途径	学校开设专门课程（28%）	老师在教学中涉及（32%）	主题讲座或短期培训（14%）	传播媒介的介绍（8%）
	父母指导（1%）	同学交流（13%）	自己摸索（4%）	

学校一直是信息素养教育的主阵地，但如今学校碍于升学的压力，把网络视为羁绊学生学业的障碍物，在调查中有 60% 的学校严禁学生上网，与此相对的，学校从不开展素养教育的占 31%，可见学校对学生网络媒介信息素养的不重视，网络发展已势不可挡，一味堵塞不如疏导。而家庭教育也是素养教育的得力帮手，但家长们能教导孩子正确上网的仅占 33%，绝大多数家长采取严加管束的态度，而家长的媒介素养方面的知识欠缺削弱了家长的管理能力，而习惯于采取强硬态度也造成了父母和孩子之间的尖锐矛盾。也正是学校和家庭教育的忽视，中学生心中对网络媒介信息素养全无概念，有高达 79% 的同学对此全然不知，现状令人担心。更让人忧心忡忡的是，学生对于获得信息素养的兴趣并不大，55% 的同学抱有无所谓的被动态度，7% 的学生更是觉得没有必要开展，学习的欲望并不强烈。如果要开展素养教育，在学生认可的学习途径中，学校统一指导还是受到了广大学生们的欢迎，可见在学校设置相应课程和培训的必要性。除了学校，家庭、传媒更应发挥特长，勇担责任，为学生提供多角

度、全方位的学习形式。

（五）访谈内容

访谈一：

1. 你喜欢上网吗？会经常上网吗？

答：喜欢，就是平常都在学校没什么机会，一般都是在周末和节假日上网。

2. 节假日上网会给自己控制时间吗？

答：打开电脑的时候会想着要克制，但是玩着玩着就忘记时间了。

3. 那你上网一般做些什么呢？

答：跟朋友聊聊天，玩玩游戏，逛逛论坛，看电影之类的。

4. 那上好网之后觉得自己有什么收获呢？

答：放松心情，知道了一些比较新鲜的咨询，比如娱乐信息。

5. 你觉得网络对你的学习帮助大吗？

答：实话说，并不是很大，我有时题目解答不出来了会借助网络查下资料，而且现在搜题类的软件很强大，用起来比较快捷。

6. 你在网络上会遇到粗话脏话、诽谤攻击之类的情况吗，你是怎么对待的？

答：会遇到，特别是在贴吧里，或者明星微博里，经常看到一些掐架谩骂，我基本上不去理睬，但是遇到攻击自己喜欢的偶像的情况，还是忍不住回应。

7. 你对学校开设的信息技术课感兴趣吗？希望在课上还能了解到哪些知识？

答：我比较喜欢上信息技术课的，操作性比较强，希望老师们能再教我们一些最新的技术。

访谈二：

1. 你喜欢上网吗？会经常上网吗？

答：一般吧，平时学习太忙了，也没时间上网，回家休息的时候爸妈管得比较严，我一般就手机上上网。

2. 假期休息时控制手机上网时间吗？

答：不控制，时不时地看一看。

3. 那你上网一般做些什么呢？

答：跟朋友微信啊、qq啊聊聊天，看电影电视剧，听音乐，看新闻，看小说，等等。

4. 那上完网之后觉得自己有什么收获呢？

答：主要是让自己轻松下，平时压力太大了，这样娱乐下心情就好一些。

5. 你觉得网络对你的学习帮助大吗？

答：不是很大，在我感觉里，学习和上网正好是两码事。

6. 你在网络上会遇到粗话脏话、诽谤攻击之类的情况吗，你是怎么对待的？

答：偶尔也会遇到，我一般是不去参与的，觉得这是一种低素质、很不文明的现象。

7. 你对学校开设的信息技术课感兴趣吗？希望在课上还能了解到哪些知识？

答：一般般吧，老师一般在讲完知识点后让我们自己操作，相对其他科比较有趣味性一些。希望老师能把教授我们的知识和现实网络的操作联系起来，能做到学有所用。

从访谈来看，大部分同学还是对上网有着较浓厚的兴趣，特别是因着手机的便利，用手机上网的情况越来越普遍。青少年上网以娱乐为主，看电影、电视剧，了解新闻，听音乐，聊天，等等，成为其娱乐的主要内容，上网的主要收获在于放松心情。基本上都认为网络对学习的帮助微乎其微，访谈中发现了个比较棘手的现象，随着各种搜题软件的出现，学生习惯借助它们直接得知作业答案，这对学生的学习是贻害无穷的，希望能正确对待，摆正态度。在网络上，很多同学还是会遇到脏话粗话这些不文明的现象，特别是在青少年群体中，会出现在贴吧互相争执，在粉丝群里互相诽谤这些不良情况，大多数情况下我们的学生还是能理性对待，置之不理，不参与谩骂，但是在遇到自己的偶像被围攻的情况下而会丧失理智，也加入了这个不道德的行列之中。学生对信息技术课的感情各不相同，但都比较喜欢不光听讲，还能动手操作的这种模式，希望在课上还能了解到更新的技术，也表达了希望这些知识技术能真正学有所用的诉求，而这正是同学们希望获得信息素养教育的心声。

二、网络媒介信息素养的现状

综合问卷调查和访谈，可见我们的中学生还是具备一定的网络媒介信息素养能力的，大部分学生还是掌握了基本的筛选吸收信息的能力，逐步参与到网络媒介的信息交流中去，并且具备一定的道德自律。但是我们也应该清晰地看到，中学生在信息素养上还是存在一些不足，这正印证了美国学者詹姆斯·波特（James Potter）的话，"我们全部都在媒介素养的连续统一体上占据某个位置。这个连续体没有下限，我们不能说谁没有素养，它也没有上限，我们也不能说谁完全有素养，因为总是会有需要提升的空间"（詹姆斯·波特，2012）。只有明了现状和原因，才能有的放矢，让青少年在网络环境下健康成长。

（一）娱乐化取向严重

在问卷调查显示中，有 74％的学生上网目的是为了娱乐消遣，在个人访谈中，中学生上网主要内容也是看电影电视剧，看新闻，听音乐……学生们把网络看成了一种娱乐的工具。一方面，在繁重的学习之余暂时抛却负担，放松自己也是情有可原，离苦得乐也是一种人的本性所趋，但是这种娱乐化成为一种常态却令人心忧。美国学者尼尔·波兹曼（Neil Postman）在 1985 年指出："现实社会的一切公众话语日渐以娱乐的方式出现，并成为一种文化精神。我们的政治、宗教、文化、体育、教育和商业都心甘情愿地成为娱乐的附庸，毫无怨言，甚至无声无息，其结果是我们成了娱乐至死的物种。"这正是另一现状，媒介们正争相以娱乐的方式在夺人眼球，而青少年恰恰卷进了这股娱乐风潮，而正是抱着对网络的娱乐精神，学生欠缺了利用网络媒介来发展自己的能力，很多学生失去自控力，在网海遨游时忘记时间。特别是学习方面，网络没有成为青少年发展的动力反而成为阻力，即使在用网络搜集学习资料的时候，同学们也会想到的是借助搜题软件来投机取巧地解决难题。

（二）批判解读信息能力和道德素养有待提高

网络因其空前的自由性，网民的能动性大大释放，许多普通网民借助微博、微信等常用工具大展拳脚，通过视频、歌曲、文学等在网络上传播各种参差不齐的信息，信息过载和碎片化扑面而来。而青少年正处于叛逆、追求个性时期，追求新潮和奇异，这些信息正好迎合了中学生的内心需求，带来的不良影响让人不寒而栗。学生们对网络媒介上的信息缺少质疑能力，当面对海量信息时，很容易迷失方向，失去自己的判断标准和能力，甚至不经思考，被动接受，选择盲目轻信，比如面对一些标题党的新闻，不去挖掘背后的真实性，而是着重表面的新鲜感和震撼力，易造成学生对信息以偏概全、断章取义的误解。而也正是这种自由性，一部分学生在网络面前完全放松了自己，放下了法律法规的训诫，无理谩骂，寻衅滋事，无视知识产权，标新立异，甚至让一些负面信息影响在心里生根发芽、肆意蔓延。如果让这些网络的负面信息肆意侵蚀学生的心智，势必会让孩子的身心受到重创。

（三）缺少对网络媒介信息素养的意识

在调查中发现一个惊人的现象，大部分同学对信息素养处于无意识的状态，更有甚者有些同学对"信息素养"这四个字闻所未闻，那要在平时参与网络活动中，以这些素养来严格规范自己行为，这又从何谈起呢？也有两成同学知道一些，但是谈到具体内容时，也是支支吾吾，只能言其一二，可见在平时学习和生活中，学生接触这些知识的途径之狭窄。造成这种现象的原因固然是多方面的，学校、家庭、媒体、社会自有不可推卸的责任，而严峻的现实正是给我们敲响了警钟，对学生开展全面的素养教育已是势在必行。

三、网络媒介信息素养缺失归因

纵观国外信息素养教育的蓬勃发展，而我国却迟迟未落实到位，到底是什么在阻碍网络媒介信息素养的开展呢？

（一）无规划

相对国外的重视，我国在信息素养教育上就显得相形见绌了，我们没有相应的教学机构来专项负责这一教育，也没有正式纳入教育规划。中学阶段是青少年学习知识的最佳时期，接受和消化的能力强，效率高，不少专家学者也提出要把这项教育纳入课程的建议，如中国传媒大学刘京林教授 2013 年就提出："把媒介教育作为一门课程列入到教学大纲中去"。北京师范大学周星教授也曾建议："网络时代要正视媒介教育。"（周星，2009）但是这些理念目前在现实中尚得不到全面实施，希冀相关部门能排除万难，让这些想法能尽快在中学教育中得到普遍性开展。

（二）无地位

中学的信息技术课作为信息素养教育的主阵地，但是教师在信息课上注重的是信息技术操作方法的传授，比如 word、excel、Flash 等软件的操作练习，鲜有注重信息素养其他层面的培养，以致学生对这个内容茫然不知。究其原因，我们的信息考试考察一些软件的操作、对基本编程的了解，对信息素养其他方面的考察并不在其中。因而，教师对这些和升学率无多大关联、对考核没有多大贡献的教育也就蜻蜓点水而过甚至略过不提。即使在信息技术课上也难以接触到信息素养教育，更不用说其他尚不成熟的途径，信息素养教育的地位实在堪忧。

（三）无兴趣

正是在无规划、无地位的大环境下，学生自身表现出来的便是对信息素养教育的无兴趣，反正不涉及考试，哪怕对该领域知识全然不知，哪怕深知自己在这一方面做得远远不够，也表示对接受这项教育的兴味索然，抱有无所谓甚至没必要的被动态度。事情成功的主要因素在于内因，这个内因的不积极让人头痛万分，所以，我们更要改变大环境的思想导向，让学生改变这种功利主义，让其认识到这一教育对求学之路、踏上社会乃至一生，至关重要。

第三节　网络媒介信息素养的提升策略

《史记》曰："善战者，因其势而利导之。"面对信息素养教育的现状和问题，我们只有对症下药，因势利导，方能事半功倍，取得成效。

一、学校——网络媒介信息素养培养的主阵地

学校，是学生接受知识、养成价值观的一个重要学习场所，应当仁不让地担负起信息素养教育这一重任，而学校可从两方面来切实开展这项工作。

（一）重视师资的培养

中学生面对纷繁复杂的网络世界，本身不够成熟的认知和叛逆的思想，在无人引导的情况不容易提升本身素养，甚至走向极端，而教师作为学生学习、生活中的引路人，因而师资力量是学校顺利开展信息素养教育的关键。首先，教师要更新观念。网络媒介信息素养教育不同于其他教育，更要求与时俱进，教师应该意识到，网络已经成为新时代中学生的必备工具，上网技术也是必备的技能，如不能切实掌握相关技术，以后会被社会淘汰，所以教师不要把网络看成洪水猛兽，上网和违纪犯罪、玩物丧志是不能画上等号的，因上网引发的种种症状而禁止学生接触网络是极端的做法。教师应认识到对网络的使用已经是大势所趋，与其一味盲目地堵，不如合理地疏。其次，要提高教师个人的信息素养。要让学生有一碗水，首先自己要用一桶水，教师的专业素养是毋庸置疑的，但是信息素养却未必人人具备。所以，相关部门要积极提供机会，比如定期开展培训，让教师高效率地拥有知识，而教师也要有不停学习的理念，阅览书籍，提高修养，为学校开展素养教育提供人才保障。

（二）探求教育的可行模式

增加信息技术课的内容。信息技术课是学习的主要场所，信息老师的教授方式也有较大的说服力，所以，信息老师们应抓住这一契机，改变传

统只传授上网操作技术的课堂模式，让更多的信息素养教育走入课堂。比如道德教育，信息搜索鉴别技术在现实生活中的运用，并借助上课和电脑的本身优势，图文并茂，引用案例，结合当下，娓娓道来，学生必会有不小的收获。

与其他学科紧密结合。如若只让信息技术课孤军奋战未免势单力薄，我们大可寻找契机，在其他学科的教学中渗透信息素养的教育。比如在政治课上宣扬正确上网的法律法规，让学生加强上网的法纪意识，能文明上网；在语文课上，对新闻类的篇目大可加入信息素养教育内容，加深学生对新闻的正确认知，并结合现实，能正确分辨评价新闻的真实性，培养求真精神。只要用心探求，处处都是渗透教育的佳机，这就拓宽了学生获得素养教育的渠道。

开设专门的课程。如若有条件的学校，在了解学生的基本需求上，可以利用校本课程和选修课程专门开设相关课程，提倡学校根据自身特色创编教材，有的放矢，促进学生的发展。

创造氛围，校园文化建设同网络素养通行。校园是宣传教育的有效园地，可以开展一系列的知识竞赛、个人网页展示等活动，可以让学生参与校园网的建设、校园贴吧的管理，提高学生积极性。班会课上，可开展网络文明相关的主题活动，如果觉得传统的班团形式不够直观新颖，可以在学校机房里，让学生切身了解到网络的复杂，正确对待网络的必要性。让学生在活动中愉快学习，会有意想不到的效果。

二、家庭——网络媒介信息素养培养的第二课堂

从调查中可知，中学生的上网时间和地点主要在家里，控制学生上网，家长们的监督指导显得尤为重要。而如今网络的日益发达，青少年遇到学习上的难题、生活上的困扰，第一时间想到的不是找家长们请教商量，而是借助网络得到答案，家长们的权威地位正受到前所未有的挑战；另一方面，学生对网络的日益依赖，网络已成为孩子形影不离的玩伴，与家长的距离反而越来越疏远，造成感情上的冷淡，甚至因在使用网络上不同的观念而产生家庭矛盾。可见，家长面对棘手的现状，要及时地有所作为，方可让一些矛盾不愈演愈烈。

（一）与时俱进，更新观念

在调查中知晓目前很多家长是不具备信息素养的，或所知甚少，很容易对孩子上网盲目干涉或者干脆不闻不问，也就无法做好孩子的引路人。而家庭作为孩子信息素养培养的第二课堂，如果缺失了这一关键环节，孩

子在家上网的状况会存在很多隐忧。因此家长们要与时俱进、更新观念，不要把网络看作耽误孩子学习的罪魁祸首，应认识到网络毕竟是一个工具，它发挥利弊在于人能否正确应用，如利用得当对孩子开拓视野、丰富生活是大有裨益的，不可一味排斥。反而，应该在闲暇之时多学习掌握知识，甚至可以向孩子请教，在互动中增长自己见识，提高自身信息素养。在此基础上，可指导青少年如何正确使用网络并共同解决一些难题。

（二）约法三章，正确引导

所谓"没有方圆，不成规矩"，家长可和孩子约法三章，当然制定规则时，父母不能"一言堂"，强权实施，应和孩子共同探讨，互相补充，共同制定"上网守则"。守则里面，不仅要合理安排学业与上网娱乐的时间，更要筛选上网内容、约束上网行为。家长要提醒孩子，面对一些不健康信息，骚扰、迷惑性内容，不要贪图新鲜而给予回应，应及时清除并和家长及时反映；为了人身安全，不要在网上随意透露自己的真实姓名、地址、联系方式，不要轻易和网友见面；自己也要约束上网行为，不要无理谩骂，不要在网上发布诽谤攻击的语言，做到文明上网；并劝诫孩子：网络不仅供我们娱乐消遣，也应该成为我们学习生活的小助手，给予我们知识，教会我们技术，增加我们阅历。

通过家庭的种种努力，既可以让家长减少焦虑，又可让孩子安全正确上网，为孩子信息素养的培养提供了强有力的保障。

三、社会——网络媒介信息素养培养的坚实后盾

提高信息素养，应该形成社会合力，才能既快速又有效。针对目前信息素养的现状，实行从上而下的模式，会更利于素养教育的开展。在社会因素里，政府和教育科研机构起着举足轻重的作用。

政府可以凭借自身权威性，对信息素养教育给予重视和关注。首先，加大投入，政策倾斜。政府应在人力、资金上加大对信息素养教育的投入和支持，让相关部门积极研发一些可以过滤黄色暴力等不健康信息、保证网民健康上网的软件并进行推广使用。相应的可以多组织专题活动，积极宣传，发挥舆论，为人们创设一个良好的社会环境，也让全社会都认识到实施青少年素养教育已经迫在眉睫。同时在政策上应对农村及经济欠发达地区加以倾斜，加大对这些地区的扶助，让那些学生也都能受到相同教育。其次，加大监督，规范管理。对于网吧这些学生上网的另一个选择地，政府应规范对它们的管理。有些网吧主为了利益不择手段，无视未成年不能入网吧的法规，并在网吧里提供吃住，让青少年长驻网吧，沉溺网

络无法自拔。相关部门要加强监督，对违规操作者应严加惩治，净化网络环境。再次，重视教育，设置课程。政府应让信息素养课程进入课堂，让教育部门科学设置课程内容，精心设计教材，确保教学顺利进行。

教育科研部门凭借自己的专业性的优势，成为信息素养教育的重要力量。首先，响相应号召，设计课程。教育部门应积极响应政府的政令，设计网络媒介信息素养的专业课程，编写相关教材等资料。其次，培养人才，学术交流。据了解，现在我国在新闻传播专业课程中有着对信息素养内容的专业教育，在专业学习上，不局限于基础知识的介绍，一般技术的掌握，也应对网络意识、道德、能力层面加以补充和重视。教育科研部门对这些专业的学生应加强教育，培养后备人才，并定期举行论坛、学术交流，取长补短，在全社会掀起交流学习的热潮（闫巍，2012）。

四、自身——网络媒介信息素养提高的决定因素

无论从学校、家庭还是社会，都是属于信息素养教育的外因，为青少年素养的提高创造了有利条件，但是事物取得成功的决定性要素还是在于内因，因而青少年加强自身教育是决定性因素。

（一）中学生要理性定位自身上网行为

上网是为了适当地娱乐身心，但并不是唯一目的，要不断用理性的态度审视自己的上网行为。懂得在老师父母的指导下，合理安排上网时间和内容，不把娱乐视为上网的唯一目的。可以多浏览新闻知晓国家大事，关心民生百态；可以在自己思考的基础上，对自己的学习难题通过网络得到解答，分析解题思路，摸索思考规律，而不是通过搜题软件一搜了事；可以活学活用，借助信息课上学过的技术，设计一个精美的个人主页，记录生活点滴，分享人生心得；另外也要阅读网络媒介信息素养的相关书籍，增加自身积累。

（二）中学生应增强法律意识

随着年龄和阅历的增长，青少年要越来越熟悉法律法规，并有意识地让这些条规来约束自己的行为。当下载音乐或文件时，要懂得尊重他人知识产权，不把享用别人的劳动果视为理所当然的事情。理智地看待黑客身份，这些人确实有着超越常人的技术，但是有些黑客没有把本领用在正确途径上，反而无视国家法律，给社会的正常运行带来极大阻碍。当然，在自己的合法权益受到侵犯的时候，也要拿起法律武器，维护自己和更多人的正确利益。

（三）中学生应强化自身内省能力

虽然有了各方面的支持，但是信息素养能力的提高是个漫长的过程，不是一蹴而就的。学生也要允许自己犯错，但要有意识地培养自己反省纠错的能力。比如不经意地点击了一个不安全的链接，因为好奇打开了一封陌生人的垃圾邮件，由于鲁莽回了一个口不择言的帖子。学生在这些事情发生后，要反思自己的错误，回想这些举动给自己带来了什么后果，以后应如何避免。中学生要有一日三省吾身的精神，定期回顾自己上网行为并认识到自己错误，在错误中不停增加认识，不断规范自己行为。

【小结】

我们现在处于千变万化的信息时代，网络既给我们带来前所未有的便利，而良莠不齐的复杂信息也给人们带来莫大的困扰。而承载着民族未来和希望的中学生，因其身心特点在网络面前难免无所适从甚至受到伤害，因而提高青少年的网络媒介信息素养迫在眉睫，刻不容缓。我们在了解现状基础上，指出存在问题，分析原因，对症下药，提出策略。相信在共同努力下，能为青少年创设和谐文明的网络环境，切实提升中学生的网络媒介信息素养。

【思考题】

1. 你知道"网络媒介信息素养"的含义吗？作为中学生的我们，应该具备哪些信息素养呢？

2. 对照此文，你觉得自己已具备哪些信息素养，需要提高哪方面的信息素养呢？

3. 你认为通过何种途径最有利于提升自己的网络媒介信息素养？

4. 学习了此文后，当你在网络上面对"黑客""网上下载""无理谩骂"这些情形时，认为自己可采取怎么样的正确做法？

【实践活动】

1. 我的旅游我做主

请借助网络为全班设计一次旅游，为合理安排行程，全班分工，通过一些常用网站（如"携程网""大众点评网"）和众多驴友的建议，确定旅游地，然后做好景点勘察、交通设计、住宿安排、美食推荐攻略。在设计方案过程中，培养自己能借助网络快速有效地搜索吸收信息并能辨别网上信息真伪的能力。

2. 网络，爱你，恨你

以"网络，爱你，恨你？"设计一次主题班会，全班参与，各抒己见，客观分析网络给大家带来的利与弊，学会扬长避短，理性对待网络，并能提高驾驭网络的能力，使其为自己的学习、生活服务。

参考文献：

［1］中国网信网．中国互联网络发展状况统计报告［R/OL］. http：//tech. sina. com. cn/i/2016-01-22/doc-ifxnuvxh5133709. shtml.

［2］陈维维，李艺．信息素养的内涵——层级及培养［J］．电化教育研究，2002（11）：7—10.

［3］张倩苇．信息素养与信息素养教育．电化教育研究［J］．2001（2）：11—12.

［4］沙红．要重视信息素养教育．中小学管理［J］，1995（5）：3—8.

［5］杨允．初中生网络素养现状及教育研究对策研究——以锦州地区为例［D］．大连：辽宁师范大学，2006.

［6］贾贵铃．中学生信息文化素养培养的调查研究——以浙江部分中学为例［D］．金华：浙江师范大学教师教育学院，2010.

［7］闫巍．当代中学生媒体素养现状调查与培养策略研究——以长春市部分中学为例［D］．长春：东北师范大学，2012.

［8］［美］詹姆斯·波特．媒介素养．李德刚，等译．北京：清华大学出版社，2012：158-200.

［9］［美］尼尔·波兹曼．娱乐至死．章艳译．北京：中信出版社，2015：98-200.

第五章　网络媒介的新闻意义

第一节　网络新闻概述

一、网络媒介新闻的内涵及种类

网络媒介的新闻简称网络新闻，也叫"消息"，是从事网络新闻工作或受过专业培训的人及时报道的有价值的新鲜事。其内涵是借助互联网载体传播的新闻，以多维模式呈现文字、音频、视频、动画及声色光，在视觉、听觉、感受、互动方面别于传统模式传播的新闻，给受众多方面体验。其提供者主要是媒体网站，其源头供者主要是网络媒体专职人员，纸质媒体新闻工作者，自由撰稿人，等等。

网络新闻种类，依据不同标准，可以做不同分类。以发生地为依据可分为：国际新闻、全国新闻、地方新闻；以内容为依据可分为：政法新闻、经济新闻、文教卫生新闻、体育新闻、社会新闻；以时间依据分为：突发性新闻、延缓性新闻；以与读者关系来分类：硬新闻（题材严肃）、软新闻（偏向娱乐性）。以下是新浪网的新闻，它是以内容划分为主。

二、网络新闻的特点

网络新闻具备哪些因素呢？之所以称网络新闻，只不过其载体为网络而已，其新闻的实质依然遵循五个"w"因素，即必须具备何时（when）、何地（where）、何事（what）、何因（why）、何人（who）五个基本因素。

与传统新闻一样，网络新闻具有真实性、客观性、时效性等特点。其特殊性之处还有以下几个方面。

第一，较之传统新闻单向的输出，网络新闻更具有互动、共动的特点。网络平台上，人们可以通过电子邮件、BBS、聊天室、动态论坛、留言板、QQ 聊天等模式，发表自己看法，新闻发布者有时候也会通过特约来宾与网友交流，有时候会通过受众调查反馈了解相关读者的想法，简单投票方式就属于简单明了的一种。以人民网为例，其留言板、链接就是互动模式，通过留言等方式实现互动，这是传统媒体难以在短时间内实现的。

第二，网络新闻还有一个特点，其呈现方式为多媒体。音频、视频、Flash，还有文字直播等，声色光影的刺激吸引眼球。

第三，网络新闻信息增长迅速，网络信息几乎涵盖了传统媒体信息，还具有传统媒体无法表达的动态信息，海量信息让人们对于信息关注度持久性产生影响，容易导致对新闻解读浅尝辄止。

【思考题】

1. 你平时比较关注的网络新闻一般是哪些类型？你比较熟悉的网站有哪些？

2. 面对网络新闻信息的迅速增长，如何在短时间内锁定你要获取的信息？

第二节　我国网络新闻现状

一、我国网络新闻的发展

（一）网络新闻最初是作为传统媒体新闻的延伸和补充

讲述我国网络新闻发展史，需要提及《神州学人》，1987 年 5 月北京创刊，面向我国在外留学人员的综合性刊物。创办之始为传统媒体。为适应网络环境，《神州学人》创办了网站，时间定格在 1995 年 1 月 12 日，这是中国首家网络新闻媒体，是中国教育部主管的全国性面向留学人员的综合性媒体。网络新闻早期，《神州学人》推出的是电子周刊，网络新闻业务，其诞生之初，是传统新闻业务的一种延伸和补充。

（二）网络新闻发展中记忆点

记忆点之一：自媒体开创了网络新闻的新来源。自媒体，又称"公民媒体"或"个人媒体"，个体的新闻传播者，借助电子、网络，向不特定的大多数或者特定的个人传递信息的新媒体的总称。自媒体平台有博客、微博、微信、百度官方贴吧、论坛/BBS 等。传统的新闻媒体将传播者与受众分得很清楚，采用"自上而下""点对面"的传播方式，网络将这种格局打破。

记忆点之二：时间跨度缩小到极点。2000 年的奥运会，网络实时报道。催生一种新的报道形式，出现"文字直播"，如录像一般，在事件发生的同时现场报道，采用的手段是文字。尽管是文字，发生事件与报道几乎同步，时间跨度正在缩小。2003 年 3 月 20 日 10 时 30 分左右，美国向伊拉克开战。新华社驻巴格达记者就向全世界发出第一条英文快讯，时间是 10 时 34 分，新华网就在全球互联网上第一个播报了这条消息。4 分钟的时差，几乎同步。

记忆点之三：网络新闻作品的平面化向多维化转变。网络新闻作品通常的层次有：标题、内容提要、新闻正文、关键词或背景链接、相关文章或延伸性阅读；呈现模式多维：文字、视频、音频、链接等。早期，新闻网页界面简单，以报纸的版面为单位，标题中有下划线，打开就是详细内容，这实际上，就是把读报模式从纸质转化为电子而已。之后有专题，新闻专题在中国网络媒体的新闻业务中已经被推到了十分重要的地位。在网络中，专题是在某一主题或某一事件下的相关新闻、资料及言论的集纳。与传统媒体的专题不同的是，网络专题时空上是开放的。网络的多媒体报道，已成为常规。Flash 动漫新闻有奇效，可以模拟或再现新闻现场特，特别是针对突发性新闻，Flash 在一定程度上弥补第一手素材无法直接获得的不足；涉及版权保护的图片和视频资料时，用 Flash 再现，可以解决新闻素材来源的问题；还能够排除无关元素，突出主题。Flash 动漫新闻的趣味性也受到人们的认可和兴趣。

记忆点之四：网络新闻的真实性受到挑战。新闻需要审核，因为各个网站竞争，争取发布神速，其真实性、准确性在一定程度上受到挑战。复制、粘贴的便利程度，也让新闻真实性受到挑战。部分新闻在网站中转瞬即逝，事后查证棘手；还有些新闻片段式地展示事件，甚至断章取义，考证其真实性也是困难的。

记忆点之五：评论新闻更具有开放性。新闻评论最初只出现在报纸上，有专门评论人。随着网络时代的来临，原有格局被打破。网络新闻评论时效性强，方便快捷，逐渐成为影响人们生活和大众舆论的重要信息。

网络评论不像报纸评论那样死板，没有字数限制，每一个网民都可以成为"网评人"，都可以对网络形成舆论做出自己的贡献。网络评论范围很广，涉及各种社会新闻、时政新闻的体育、美食、股票、财经。世界观价值观不再是围绕某些中心，更具有开放性，网络评论影响人们的生活态度、价值观。网络评论平台有很多，例如：人民观点、新华网评、凤凰网评等。

评论涉及内容广、开放。借着互联网，话语权从专业人士到普通网民。这就需要我们对评论进行筛选，而不是通盘吸收或者拒绝。

二、网络新闻中存在的一些问题

随着互联网迅猛发展，网络新闻给我们带来全新体验的同时，也带来一些困扰。

问题之一：网络新闻的信度困扰。

新闻的重要因素之一是真实性。网络新闻事实发生的环境和条件、过程和细节、人物的语言和动作（包括心里活动和思想活动）都不能进行"合理想象"式的报道，更不能搞"创作"式的报道。

众多事件引发人们对网络新闻信度大打折扣。一项调查显示，网络新闻可信度低于 45%，一些商业性网站发布的新闻可信度更低。网络的快速传播需要转播者素养提升，辨别真假。

问题之二：网络新闻产权维护困扰。

关于网络维权，20 世纪已经受到关注。行政行为：1997 年 5 月，国务院新闻办公室下达了《利用国际互联网开展对外新闻宣传的注意事项》；2003 年 8 月 1 日《互联网出版管理暂行规定》开始正式实施。

媒体行为：1999 年 4 月 15 日，国内新闻界 21 家网络版媒体（经济日报、科技日报、新华社、中央电视台、人民日报等）聚集北京，共同探讨怎样发挥传统媒体信息资源丰富的优势，抓住网上发展机遇，拓展新的事业，本着"合作、公平、发展"的精神，原则通过了《中国新闻界网络媒体公约》。我们且看公约中的两条："五、各公约单位应充分尊重相互之间的信息产权和知识产权，呼吁全社会尊重网上的信息产权和知识产权，坚决反对和抵制任何相关侵权行为；十一、各公约单位签约自由，退约自由。"从中看出公约的约束力之薄弱，一旦产生侵权纠纷，公约很难成为维权依据。

法律行为：自 2008 年《国家知识产权战略纲要的通知》颁布之后，我国陆续出台了《商标法》《专利法》《技术合同法》《著作权法》《反不正当竞争法》等法律法规文件。从宏观层面上讲，国家已经在法律制度层面为企业知识产权权益的保护提供了较强的法律依据。

尽管从行政层面、媒体本身层面、法律层面上保护知识产权，但依然不如人意。比如，现行著作权法所保护的九类作品中，没有涵盖互联网上流通的数字作品，民众对知识产权保护意识也很薄弱。

目前网络新闻传播中，不规范的转载行为十分严重，相关的法律纠纷不断发生，商业网站无自己记者，新闻来源主要是转载。转载需要申请授权、注明来源、事后付酬。但现实中，大量网络媒体未做到，集体侵权转载时有发生。侵权成本低，维权成本高，以致被侵权单位放弃维权行动。很多著作权人和单位感叹"除了发出一纸公告和声明外，还能怎么做"。

问题之三：网络新闻对公民权利困扰。

迅捷的信息传播速度、广阔的信息接收面，能在分享信息资源上产生良好效果，也使网络新闻对公民权利产生困扰。可能造成公民人格权受侵害，主要包括名誉权、肖像权、隐私权。尽管我国《宪法》和《民法通则》没有明确提及"隐私权"这个术语。

问题之四：网络新闻舆论导向的困扰。

北京市互联网信息办谈道，一些网站为追求点击率，随意刊载未经核实的新闻，甚至故意隐去新闻要素制造轰动效应，这不仅是新闻素养的缺失，更是新闻职业操守的缺失。以点击率论英雄的做法，让经济效益凌驾于社会责任之上，这种做法对社会导向起着负面作用。

【思考题】

1. 网络新闻较之传统媒体呈现哪些特殊性？请你选择某一特殊性作为小课题进行研究。

2. 就目前网络新闻传播中存在的某一问题，发表自己看法。

第三节　对待网络新闻的态度

网络新闻发展过程中，是是非非，利弊同存，在了解当下网络新闻现状后，我们对待网络新闻的态度应该怎样？

一、独立思考，克服盲从

现在中学生浸润在信息海洋中，独立思考必不可少。倘若缺乏独立思考，缺乏关于动物的某些常识，就信了，而且转发或者转载，结果是什么？存伪去真。《刑法修正案（九）》在现行刑法第 291 条中增加了一款："编造虚假的险情、疫情、灾情、警情，在信息网络或者其他媒体上传播，或者明知是上述虚假信息，故意在信息网络或者其他媒体上传播，严重扰乱社会秩序的，处 3 年以下有期徒刑、拘役或者管制；造成严重后果的，处 3 年以上 7 年以下有期徒刑。"2015 年 11 月 1 日正式实施，最高获刑

7年。

二、权利意识和义务意识

权利意识是人们对于自己所享有的权利的了解、理解和态度，对于实现其权利方式的选择以及当权利受到损害时，以何种手段来维护的心理反映。公民权利包括：政治权利、经济权利、文化权利和社会权利等。在政治权利方面，宪法规定，包括选举权和被选举权、监督权、政治自由；在文化权利方面，有接受义务教育的权利、享受医疗卫生服务的权利等。网络背景下，公民权利并没有发生变化，只是公民权利在网络空间行使和实现，渠道有所拓展而已。公民有利用信息、联系沟通、生产经营、表达交流、舆论监督等发展性权利。

新华网发布《2015年第二季度热点舆情报告》称，二季度以来，网民表达个人观点日趋理性：尽管仍有人肉搜索、网络语言暴力、网络谣言等现象发生，但情况已大有改观。很多网民已从重大舆论事件中学会了深刻反思并慎重参与网络事件。《报告》称，网民在参与网络话题的时候已不像之前那般"跟风"，而是主动引领新风尚——独立思考、深入分析、理性表达。而且，网民表达观点的意愿日趋强烈，权利意识日趋增强。这与网络秩序的不断完善和网民素质的进一步提高是分不开的。

网络为民众表达和思考打开一扇窗，我们在行使舆论表达自由的同时，不要忘记恪守的义务。我国宪法第52条至第56条规定了我国公民的基本义务：维护国家统一和民族团结义务；遵守宪法和法律的义务；维护国家安全、荣誉和利益的义务；依法服兵役的义务；依法纳税的义务。

普通公民可以行使互联网权利，权利行使必须有界限，其界限就是公民应该履行的义务。权利与义务统一的。

国家秘密的密级分为"绝密""机密""秘密"三级。一切国家机关、武装力量、政党、社会团体、企业事业单位和公民都有保守国家秘密的义务。违反《保密法》规定，故意或者过失泄露国家秘密，情节严重的，处三年以下有期徒刑或者拘役；情节特别严重的，处三年以上七年以下有期徒刑。为境外的机构、组织、人员窃取、刺探、收买、非法提供国家秘密或者情报的，处五年以上十年以下有期徒刑；情节特别严重的，处十年以上有期徒刑或者无期徒刑。

三、自我保护意识

针对目前自媒体现状，交流平台多多，每个人都可以是网络新闻传播者和转发者，通过博客、QQ、微博、微信等，"晒"行踪、心情还转发信息。在这里介绍一些保护措施：不要登入一些陌生的网站或一些小网站、小论坛；尽量不要在一些网站上透露你不想透露的信息，如你的姓名、住址、电话及即时聊天的号码；给自己的电脑上装上杀毒软件和安全卫士；密码设置强度一定要高。要有隐私意识，保护自己隐私的同时，不要侵害他人隐私。

【思考题】

1. 在涉足网络新闻过程中，我们应该有哪些正确态度？

参考文献：

[1] 雷跃捷，辛欣．网络传播概论 [M]．北京：中国传媒大学出版社，2010．

[2] 丁和根．试论网络媒体的社会责任 [J]．信息网络安全，2006（5）．

[3] 何阿敏．网络新闻的选择性报道对青年思想道德素质的影响与对策 [D]．武汉：华中师范大学，2013．

[4] 卢家银，张慧子．网络新闻和娱乐使用对青年政治认同影响——基于对北京三所高校的调查 [J]．现代传播（中国传媒大学学报），2015．

[5] 韩妮．网络媒体的新闻传播对电视新闻传播的影响 [J]．科技传播，2014（23）：4—5．

[6] 沈丽娜．浅谈网络媒体对新闻传播的影响 [J]．西部广播电视，2014（23）：64．

第六章　网络媒介的视频文化

第一节　网络媒介中的电影

一、电影的诞生与艺术特点

1895 年 12 月 28 日，法国卢米埃兄弟在巴黎"大咖啡馆"（当年的咖啡馆如今已成为史怀柏饭店）放映电影，买票入场的观众不只对此新科技感到新鲜刺激，甚至惊吓到夺门而出——这一天，被公认为世界电影诞生日。

1895 年 12 月 28 日晚上，法国巴黎罗尔乌丹剧院的老板梅里埃受朋友卢米埃尔的邀请，到大咖啡屋去看"一件意想不到的事"。

晚上 9 点，他走进大咖啡屋的地下室，发现墙上挂着一条白色床单，地下摆着 100 多把椅子，稀稀拉拉地坐着一些人。他刚坐下，灯光就熄灭了，墙上张挂的白色床单上出现巴黎科德里埃的画面，画面静静地凝固在那里。

"让我来看的居然是它呀！"梅里埃愤愤地叫道，"这种东西我十年前就会做了！"要知道梅里埃本人是一名魔术师。但是，他话音刚落，科德里埃广场突然动了起来。一匹马拉着一辆车经过广场，后面还有其他车辆、行人，大街上车水马龙。这一切都在那白布上显示出来，让那位魔术师惊得目瞪口呆。第二天的放映引起更大的轰动，当放映到火车出站的场面时，惊慌失措的观众们尖叫着，纷纷离座躲避火车，生怕会压到他们，虽然每次放映前已再三声明是安全的。

这是世界上第一次电影与观众见面的场景。电影从人们的惊奇中走来，而开始它的历程。下面就让我们来走进电影媒体，了解它的产生、特点及表现手段。

（一）电影的产生和发展

1. 电影的产生

法国是世界电影的诞生地。1885 年 3 月，卢米埃尔开始制造"活动电影机"——它具有拍摄、冲印、放映三种功能,可以随身携带。1895年12月28日,卢米埃尔兄弟的电影公映引起轰动,人们第一次为看到现实世界的影子而兴奋不已,因此,这一天便被定为电影诞生的日子,卢米埃尔兄弟也被誉为"电影之父"。

电影的发展的浪潮催生了另一位电影先驱——梅里埃。1897年,梅里埃在巴黎郊外建立了第一个电影棚,开始了电影特技的探索。与此同时,在美国,鲍特发展出电影剪辑原理,这个原理是电影艺术的基础。因此他被认为是把电影引上电影道路的第一人,被公认为是电影故事片之父。1903年他拍摄的《火车大劫案》,是美国第一部故事电影(也是美国西部片的鼻祖),首创了情节曲折变化的电影风格。

从世界电影的发展史来看,取得最令人瞩目成就的是美国好莱坞电影。

20世纪20年代到40年代,好莱坞成为世界电影生产的中心,好莱坞建立了一整套制片场制度与明星制度,并将影片生产规范化,随后出现了数十种名目繁多的类型电影。通常所见的主要有喜剧片、西部片、歌舞片、恐怖片、战争片、犯罪片、科幻片等,可以说,好莱坞已经成为美国电影的代名词,其确立的电影片种也已成为世界各地电影制作的"范式"。经过半个多世纪的发展,目前,美国电影已经成为美国的支柱产业之一。

中国的电影事业是从放映外国电影开始的。1905年,北京丰泰照相馆的老板任景丰主持拍摄了中国第一部无声电影《定军山》,由京剧泰斗谭鑫培主演,这是中国电影的起点。20世纪90年代以来,随着市场经济大潮对电影的冲击,中国的电影创作出现了多元化的发展,不仅对电影艺术的探索,而且认识到电影的商业性特性,出现了各种类型的影片。在"弘扬主旋律"的同时,商业化、娱乐化电影也逐渐成为电影市场的主体。

值得一提的是被称为"东方好莱坞"的香港电影。香港电影作为中国电影的重要组成部分,它首先使中国电影真正走上国际影坛,并顺利进入西方国家商业市场的主流。香港电影题材灵活多变,形式自由,制作完全遵循企业法则和商业规律,繁盛一时。从1970年起,新派武打片由古代刀剑武侠片变为近代武打片,并伴随李小龙的崛起,成为世界知名品牌。成龙独创功夫喜剧的风格,成为在西方有影响的影星。周星驰主演的无厘头电影,成为香港喜剧电影的一道风景。

2. 电影的发展

(1)从无声到有声

早期电影,全部是无声的,因此这一阶段在电影史上又被称为默片时代,大约持续了30余年。

卢米埃尔兄弟在第一次电影放映时，就已经在放映室摆上了一架钢琴进行伴奏，然而那仅仅是为了用来遮掩放映机所发出的噪音。1878年，爱迪生发明了最早的留声机，一种用带钢针的滚动膜片录下滚筒内声波振动的装置，到了1889年，这种技术真正成熟，这为后来有声电影的诞生提供了新的灵感。1898年，法国人奥古斯特·巴龙利用自己拥有专利的"声像同期录制系统"，在自己的工作室内录制了片长为4分钟的有声电影，但由于经济拮据，这一研究工作在不久之后即被迫放弃。真正的有声电影的出现，一直要到20世纪20年代后期录音设备的完善。1927年，美国华纳公司拍摄了《爵士歌王》，虽然只是在片中加进了部分对话、四支歌和音乐伴奏，但它却是电影史上第一次技术革命，标志着电影史上一个全新的阶段——有声电影时代的开始。而1928年的《纽约之光》才标志着世界上第一部真正意义的有声片的诞生。

（2）从黑白到彩色

有了声音，人们还希望电影能够还原大自然丰富多姿的色彩。电影发展的早期，在专门为照相底片与幻灯片上色的作坊中，工人用事先调好或在底片上直接调和的颜料给每幅画面分别上色。1903—1904年，根据胶片每个画面上各种需要的色彩进行切割镂花模板的上色技术被采用，随后，这种染色技术的色彩运用得到了相应的规范：黄色代表太阳，蓝色代表夜晚，绿色用于外景，红色为夕阳或大火……1935年，世界上第一部彩色电影《浮华世界》在美国首映。从黑白片到彩色片，是电影史上第二次技术革命。从此以后，构成电影独立艺术品位的三个最基本要素——画面、声音与色彩已经全部齐备，电影艺术进一步走向成熟。

（3）数字电影

电影发展进入21世纪，随着数字技术的发展，数字电影开始出现，创造了一个新的视听时代。《阿甘正传》开头羽毛的飘落及剧中阿甘与已故美国总统肯尼迪的握手；《侏罗纪公园》中恐龙在大自然中嬉戏，《终结者Ⅱ》中晶莹剔透、流动多变的水形透明人……所有这些，都在很大程度上依赖于数字技术的介入。

美国好莱坞1997年出品的《泰坦尼克号》曾轰动全球，共获得11项奥斯卡大奖。而尤其值得一提的是它以极具视觉冲击力的船体设计及沉船场面获得奥斯卡"最佳视觉效果奖"，这具有重要的象征意义，它标志着技术与艺术的真正融合。数字技术的出现，使得电影在摄制、制作、存储与放映诸方面发生了革命性的变化，也使人们的认知与生存空间得到了极大拓展。也正因为如此，有人预言，数字技术进入电影产业，是21世纪最伟大的革命，也是继无声变有声、黑白变彩色之后，电影业发生的第三次革命性变化，同时也使其具有更具魅力的强大感召力，成为无所不能的艺术形式，从而为人们带来全新的电影制作与观赏理念。

（二）电影的艺术要素

1. 影视的第一艺术要素：形象

影视创作的主要目标是创造形象，而形象的塑造，又贯穿于影视创作的全过程。

形象，既是影视创作的目的，又是手段，是必须高度重视的艺术要素。

银幕屏幕形象：视觉形象和听觉形象，以及视听融合、声画合一的影视艺术形象。呈现在画面上的视觉形象，又由人物形象和景物形象所构成。

2. 影视的第二艺术要素：动作

所谓动作，不仅仅是指演员表演的戏剧动作，更主要的是指影视片中主体的活动方式，是指故事所组成。

3. 影视的第三艺术要素：结构

结构是影视创作者根据对生活的认识，按照塑造形象和表达主题的需要，运用电影思维，主要是蒙太奇思维，对动作等诸种艺术元素进行的有机的组织和安排。

结构有内部结构和外部结构。

影视艺术的结构：

题材结构：对各类题材的素材，进行选择、剪裁、组织和构成。

剧情结构：主要是指故事片、电视剧的结构问题。

戏剧式结构：运用戏剧的冲突规律和结构法则而形成的影视结构。

时空结构：对影视的时间和空间、电视剧中揭示人物内心世界和刻画人物性格的基本手段。在某种意义上讲，动作就是情节、细节和故事线索。

动作分为画面主体动作和摄影摄像镜头动作。主体动作由人的戏剧动作和景物的景物动作两个部分间元素及它们之间的关系，进行的有机设计、处理、组合和构造。

时空交错式结构是打破现实时空的自然顺序，把不同时空的场面，按照总体艺术构思交叉衔接组合起来，在时空程序上表现为大幅度的跳跃和颠倒，将现在、过去、未来和回忆、联想、幻梦有机地组接，造成一种独特的叙述方式，获得一种奇特的艺术效果。

（三）电影媒体的艺术特征

电影是兼具视觉和听觉艺术表达的传播媒介，电影以画面作为传播的主题，以直观、生动、形象和通俗吸引着人们欣赏的目光。电影的简单复制使得电影的传播可以超越时间和空间的局限，而通过字幕或者配音，电影可以超越语言的障碍受到世界各地人们的欢迎，更凭借对人类社会多彩的描绘和人类情感多样化的表现赢得了人们的认同。

电影媒体的特征，主要有以下几点：

1. 直观视像性

电影主要提供的是由银幕或屏幕锁显示的直观视觉形象，"看"是电影观众的最基本的心理需求。电影所展示的直观视像，几乎可以是无所不包，直观视像这一特性，使它更容易超越国界和民族被大家理解和接受。

2. 幻觉逼真性

银幕和屏幕上的形象是一种"影子"、一种"幻象"，这些形象所组织构造出来的，具有统一性的时空，也是一种幻觉，但是它们却具有高度的真实感。

3. 时空再造性

摄影技术和剪辑技巧的发展，使得保存在胶片上的影像可以自由地分切和组合，实质上这就意味着可以从特定的艺术材料中抽取时间和空间来重新构造。这就是所谓的"蒙太奇"。

4. 画面运动性

电影靠连绵不断的运动着的画面，增强其巨大的魅力，抓住观众的感知和注意力。这种画面运动有两层含义，一是指被拍摄对象自身的运动，二是指包含着因摄像机的移位及镜头焦距的变化所造成的运动感。所谓"摄像机的移位"，不仅可以追随正在运动着的人物和其他事物，也可以使事物活动的背景不断变化，这就可以造成一种特殊的运动感，这种运动感并非来自事物自身的运动，而是由镜头的推、拉、摇、移与变焦所造成的运动的幻觉。

(四) 电影的基本表达手段

电影绚丽的画面是由诸多的表达手段共同构成的，主要有：

镜头——电影摄影机在一次开机到停机之间所拍摄的连续画面片段，是电影构成的基本单位。镜头由以下几个因素构成：画面，包括一个或数个不同的画面；景别，包括远景、中景、近景和特写；拍摄角度，包括平、仰、俯、正、反、侧几种；镜头的运动，即摄像机的运动，包括摇、推、拉、移、跟、升、降和变焦，有时几种方式可结合使用；镜头的长度；镜头的声音，包括画面内的和画面外的。

蒙太奇——法语 Montage 的音译，原是建筑学生的名称，含有组合连接的意思，后来应用于电影，成为电影创作的主要叙述手段和表现手段。电影将一系列在不同地点、不同角度，以不同方法拍摄的镜头排列组合起来，叙述情节，刻画人物。但当不同的镜头组合在一起的时候，往往又会产生各个镜头单独存在时所不具备的含义。例如，卓别林把工人群众进厂门的镜头与被驱赶的羊群的镜头组接在一起，就使原来的镜头表现出新的含义；普多夫金把春天冰河融化的镜头与工人示威游行的镜头组接在一起，其效果"不是两数之和，而是两数之积"。电影正是通过蒙太奇手法进行镜头的分解和组合来实现影视表达的，是电影创作的基础。

造型元素——构图、光线、色彩。构图是摄影人员拍摄电视画面的一个主要环节，是摄像机将现实形象转变为屏幕形象时采用的画面结构形式。光线是画面构成的重要元素，它可以创造影像的戏剧效果，表现其整体结构，促进剧情的发展，增加画面的空间效果，还可以烘托气氛、创作意境。它可以分为自然光和人工灯光。色彩是创造者传达心灵体验、表达思想情绪、塑造艺术形象的有力武器，电影由"黑白"到"彩色"，使银幕成为五彩缤纷的世界。

声音——早期的电影是没有声音的，因而被人们称为"伟大的哑巴"，1927年，《爵士歌王》的问世，电影这个"伟大的哑巴"终于开口了。电影的声音主要包括语言、音响、音乐三个部分。语言分为对白、独白、旁白三种。电影语言的录制可以通过前期录音、后期配音、同期录音三种方式完成。音响可以分为动作音响、自然音响、背景音响、机械音响和特殊音响几种类型。

二、网络环境下的电影（欣赏要素与传播）

（一）电影的欣赏要素

1. 影像：电影的视觉元素

（1）镜头

①景别镜头

景别镜头是指拍摄主体在画面中呈现出来的范围，有远景、全景、中景、近景、特写。

②运动镜头

运动镜头是指通过移动摄像机机位、改变镜头焦距进行拍摄的镜头。运动镜头是相对固定镜头而言的，有5种形式：推、拉、摇、移、升降。

③视点镜头

以某种观察者的视点角度来对镜头内容进行区分，分为主观镜头、客观镜头。

主观镜头，从剧中人物的视点出发来叙述的镜头叫主观镜头。代表了剧中人物对人或物的主观印象，带有明显的主观色彩，可以使观众产生身临其境、感同身受的效果，进而使观众和人物进行情绪交流，获得共同的感受。

客观镜头，从"第三者"或"旁观者"视角出发来客观描述人物活动和情节发展的叙事镜头叫客观镜头。这类镜头拍摄的画面，大都是代表观众的眼睛，它将事物尽量客观地展现给观众，在一般影片中，大部分镜头都是客观镜头。

④长镜头

指用比较长的时间对一个场景、一场戏进行连续拍摄，形成一个比较完整的镜头段落。摄影机从一次开机到这次关机拍摄的内容为一个镜头，一般一个时间超过 10 秒的镜头称为长镜头。

（2）画面

所谓"画面"，一般是指一幅静止的视觉形象，就如同照片一样。画面的造型要素：构图 、光影 、色彩 。

①构图

主体：构图的中心；陪体：主体的陪衬物；

环境：主体或者包括陪体所处的环境。

一般来说，画面构图的要素包括：线条、形状、光线、色彩等。电影画面构图中的要素主要涉及光线、色彩。

②光线

影像是以光影成像的。用光不仅仅是为了便于拍摄而提供照明，而且是一种艺术表现形式。电影中的光线有自然光线和人工布光。光线通过两方面对画面造型产生影响：光的质量和方向。

光的质量，指光线相对集中的程度，分为两种。硬光：光源较集中，方向性较明显的布光，射在画面的光不均匀，各个区域分割明显。柔光：光源较分散，方向性较弱的布光，射在画面上的光均匀、和谐。

光的方向，光源的位置与被摄体形成的不同连线，也就形成了不同的光的方向，包括正面光、侧面光 、逆光、顶光 、底光。

③色彩

色彩的配置组合主要取决于画面中不同色彩的比例、面积、位置之间的搭配关系。不同的色彩搭配，表达不同的思想情感。

画面色彩的功能：表情（情绪、氛围）达意（象征、隐喻）功能。

2. 声音：电影的听觉元素

声音与画面一道构筑银幕空间，推动叙事，完成艺术形象塑造。电影的声音主要分为人声、音乐和音响三大类型。

（1）人声

人声也称"人物语言"，指演员在创造角色形象时发出的各种声音，包括：对白、独白、旁白。对白：指影视作品中人物之间的对话；独白：指影视作品中人物的自言自语或心里话；旁白：画面时空以外的人所发出的声音，也叫画外音。

（2）音乐

从发音种类上讲，电影音乐包括器乐和声乐两部分；从音乐形态上讲，电影音乐分为有声源和无声源两大类。

有声源音乐也称画内音乐、客观音乐，即画面内的声源提供的音乐；无声源音乐也称画外音乐、主观音乐，指音乐来自画面叙述场景以外，创作者根据影片需要提供的音乐。

（3）音响

在影视艺术中，音响是指除了人声和音乐以外的所有声音。

音响分类如下：

自然音响：风雨雷电声、草木虫鱼声、水声、动物发出的声音；

机械音响：汽车、火车声，机器运作声；

社会环境音响：电视、收音机、叫卖声、脚步声特殊音响；

电子合成音响。

音响的作用：还原和创造逼真的环境效果；渲染情绪、营造气氛；交代行为过程，推动剧情的展开；产生象征、隐喻等意蕴。

3. 蒙太奇：电影的基本语法

蒙太奇是电影艺术反映现实生活的一种独特的思维方法；蒙太奇是电影艺术基本的结构手段和表现方法；蒙太奇是电影剪辑的具体技巧和技术。

（1）平行蒙太奇

平行蒙太奇是指两条或两条以上情节线索的并列表现。这两条或两条以上的不同线索可以发生在同一时间、不同地点；或是发生在不同时间、同一地点；还可以发生在不同时间、不同地点，但它们必须是统一在一个完整的故事结构中。

（2）对比蒙太奇

即通过镜头或场面、段落之间在相反相对内容和形式上的强烈对比，产生相互强调、相互冲突的作用，表达影视创作者的某种寓意，强化所表现的内容、情绪和思想。

（3）复现蒙太奇

复现蒙太奇又称"重复蒙太奇"，它相当于文学中的重复叙事方式或艺术作品中的重复手法，就是有一定寓意的镜头、场面、人物、动作、物件、音响、光影、色彩等在关键时刻反复出现，造成强调、对比、呼应、渲染等艺术效果，以突出人物命运、性格、心理的变化，达到刻画人物、深化主题的目的。

（4）心理蒙太奇

是影视艺术中人物心理描写的重要表现手段，它通过画面镜头组接或声画有机结合，形象生动地展示出人物的内心世界的活动景观。常用于表现人物的梦境、回忆、闪念、幻觉、想象、遐想、思索等精神活动。

（5）隐喻蒙太奇

它是通过两个以上的镜头对比、交叉，从而产生出一种比喻，揭示内涵。这种手法往往将用以类比的不同事物之间所具有某种相类似的特征凸现出来，以引起观众联想，既可表现创作者的寓意，又可引起观众的联想，从而增强影片的情绪色彩。

三、微电影的鉴赏与制作

在学会微电影拍摄与制作之前，必须先学会分析鉴赏微电影，知道微电影中拍摄好的与不好的地方，为以后自己制作微电影打好基础。

（一）微电影鉴赏指导

微电影鉴赏一般从 10 个维度去分析，分别是主题、结构、人物、场景、景别、空间、机位、光线、影调、对话。

1. 主题

主题是微电影中内容的核心与内涵，正是微电影所要表现的主题思想。微电影的主题往往是多元化的、多侧面的、多切入点的。

2. 结构

结构是影片的组织排列的方式和叙事组合的构造。影片的结构、框架，就是微电影的风格。导演根据影片的主题、内容、人物塑造的需要，运用各种手段、方法，将各要素合理、有机、完整地组成一个视听整体，达到艺术上的统一。

影片的结构是导演风格和主题思想表达的最重要的手段。经分析发现，微电影的叙事结构、剧作结构，可以是多种多样的。但是，影片最终结构的选择与确定，一定是有利于影片的主题，有利于人物的塑造，有利于风格的体现，有利于叙事的多样化。

3. 人物

微电影中的人物，是微电影创作中的核心，也是作品的核心。反过来讲，人物的塑造是微电影导演创作的重中之重。

对于微电影的基本要求，我们希望是在一系列的场景中、事件中、动作中、对话中看到的不是一般的人（具体的演员），而是鲜活的、有性格的人物。

世界微电影中的常规情况是，观众对于微电影中的人物（其实是对演员）感兴趣，对于微电影中的故事感兴趣，对于微电影的主题感兴趣，才会全方位地对微电影给予关注。

4. 场景

场景是影片叙事的基本载体和影片特定的空间环境，是影片重要的造型元素。现代电影的场景，可以是现实空间环境，也可以是非现实空间环境，但是，这两种场景的存在，都要求要体现和反映剧本中规定的情境。

影片中场景存在的方式和种类，大体上可以划分成如下六种：内景、外景、实景、场地、外景特技合成景、计算机模拟景。

5. 景别

在微电影中，通常使用到的景别有 5 种，分为大远景、远景、中景、特写、大特写。

6. 空间

电影空间指由银幕体现的基本空间世界。主要包括两种基本方式：

一是再现空间，即逼真复制某个真实场景或写意场景，强调摄影机的记录功能。虽然就银幕的物质属性而言，它只是屏幕上的宽度和高度两个向度，但由于影响的透视感、人或物在纵深向度上的复合作用，观众在生活经验的基础上产生视觉幻觉，银幕上的画面就有了宽、高、深的三维空间。

二是创造空间，即是通过蒙太奇手段将零散拍摄的一系列个别场景组合成一个统一的完整场面，强调蒙太奇的创造功能。这种空间是在蒙太奇作用下在观众的心理中形成的，是一种假定的空间，实际并不存在。

7. 机位

机位是微电影的创作者对摄影机拍摄位置的称呼，也是影片分析中对摄影机拍摄点的表述。实际上，机位是影片导演风格中最为重要的语言形式。机位的运用是微电影的叙事形式，机位的变化是微电影的镜头形式，机位的变化规律是影片的视觉形式。

8. 光线

微电影光线是微电影视觉风格的重要表现形式。微电影光线的使用，体现了导演和摄影师对未来影片画面视觉形式的追求。光线的感觉表达了摄影师对导演摄影技术掌握的程度。而光线的形式决定了影片的人物形象风格。微电影的光线处理有的追求"自然、真实的效果",有的追求"唯美、戏剧的效果"。微电影中的光线首先是一个技术的问题,其次,才是一个艺术的问题。

9. 影调

影调——是微电影画面色彩关系与黑、白、灰关系的一种视觉感觉和整体的效果。影调的概念,是一个微电影摄影中的技术问题。

影调在影片的拍摄过程中的具体实施,实际上是摄影师对场景中各种亮度关系的分配。而影片中各种影调的处理,完全是导演、摄影师根据影片的内容与影片的风格来决定的。例如:有的摄影师将整部影片的画面影调关系控制得很暗,大部分的景物控制在胶片低密度部分,形成一种压抑和沉闷的感觉。影片《花样年华》中,叙事的要求和大部分的场景是夜晚,使得影片本身更加伤感和充满了怀旧、悲剧的色彩。

10. 对话

在我们的影片分析中,分析对话场景的存在形式、出现的次数、控制的方法,都是我们对影片对话处理的宏观把握。

(二)微电影制作

微电影的拍摄技巧其实很简单,掌握了这些技巧相信你以后的拍摄技术肯定会上一个层次。

1. 剧本:一个可操作的好故事

想拍微电影,光有点子当然不行,你得写出一个可以操作的剧本。但要注意,和长片不同的是,微电影没有太多的时间给你去铺垫剧情,所以剧本一定要干净利落。如果对剧本的吸引力没有十足把握,可以考虑约上几个朋友一起探讨,集思广益总比闷头苦想见效要快。要知道,好莱坞的优秀剧本也都是经过很多编剧多轮动刀修改出来的。如果你技术在手,拍片愿望强烈,但自己又无特别想法,那就考虑去网上看看现成的微剧本、微小说,或许能从中生出灵感。

2. 拍摄:快、狠、准

如果你的微电影不是在自家后院开机,那提前选景也绝对不是一件轻松的事情。内景要主要顾虑如何打光和收音,外景则更复杂,还要涉及交通工具、衣食住行等,面包车和方便面都要备足。实拍开始以后,指导演员表演都在其次,不穿帮才是最大的挑战,总的原则是快、狠、准,但也一定要考虑周全,因为补拍是非常不现实的。

3. 后期制作

(1)剪辑画面和对白

剪辑画面是进入后期制作的第一项工作,一般意义上,我们将画面剪辑笼统地分为两步：初剪和精剪。精剪是一项创造性的工作，要求剪辑师在剪辑过程中具备蒙太奇思维，掌握蒙太奇语言，通过剪辑创造最佳的画面叙事效果。初剪工作完成后，留给剪辑师的只是一堆原料，一个优秀的剪辑师能在这个基础上创造出令人赏心悦目的视觉效果。

（2）制作声音

后期录音的工作分为三个部分：录制对白、录制音响效果、录制音乐。录音师要在导演的整体艺术指导下，确定影片的声音造型。从录音部门的工作方式来看有同期录音和后期录音两种方式。采用同期录音的制作方式，对白和音响在拍摄现场与画面同步录制完成。在现场录制效果不理想的声音，有可能在现场补录，也可能留到后期录音时再对不理想的部门进行补录和加工。同期录音的方式，优点是声音的真实感强，演员表演时也不必拘泥于限定的台词，可以有很大的发挥余地。缺点是对拍摄现场的录音条件要求比较高，有时因为录音效果不好，容易导致重拍。

（3）制作特技、字幕、片头片尾

在非线性系统中，字幕和特技可以在画面全部编辑完成之后再添加，也可以两者同时进行。字幕的制作主要包括制作片头片尾出现的演职员表和剧中人物的对白、独白。必须使用国家公布的规范的语言文字，并按电影播出单位对字形、位置、大小等要求制作，不能出现错字、别字。

4. 混合录制

混录合成是将影片中所有的声音、画面按照其应有的位置、效果混合录制完成，之后影片最终的面貌就定型了。

第二节　网络媒介中的电视剧

一、电视剧的诞生与艺术特点

（一）电视的产生和发展

电视是二十世纪人类的重大发明，他运用电子技术透过空间传播影像和声音，把全世界的起居室变成了观众厅。电视剧伴随着电视而诞生，在最初的电视试播中，就有了最早的电视剧。1928 年 9 月 11 日，美国通用电器公司试播的独幕剧《女王的信使》是美国历史上第一部电视剧，也是世界范围内出现的最早的电视剧。1930 年，英国广播公司 BBC 在伦敦播出的意大利剧作家皮兰德罗的《花言巧语的人》，又称《口叼鲜花的人》，被视为世界上第一部完备的电视剧。1936 年 11 月 2 日，设立在伦敦市郊亚历山大宫的 BBC 电视台正式播出电视节目，这一天后来被定为电视的诞生日。人类也由此为自己开启了又一扇全新的艺术之门，二十世纪的"电子缪斯"登上了人类艺术的舞台。

从世界范围来看，对于这门新兴的"电子缪斯"，不同的国家之间有着不同的称呼。电视剧这个名称是我国在电视发展初期自行确定的，我国从 1958 年第一部电视剧《一口菜饼子》起，就将这一新兴的艺术类别定名为电视剧，之后包括港澳台地区在内就一直沿用这一名称，但并非世界通用。比如，在美国将我们通常所说的电视剧再进一步划分为电视戏剧和电视电影及电视广播剧等三大类；在苏联，有电视艺术片和电视剧之别，在日本又有电视小说之称。

电视剧是一门十分年轻的艺术，它诞生于二十世纪三十年代，发展于五十年代以后。电视剧以电视技术的发展为依托，到目前为止，可分为直播剧、单本剧和连续剧三个阶段。

1. 直播剧时期

在电视剧兴起之初，由于电视技术条件的限制，即还没有磁带录像设备的情况下，在演播室里演出并即时播出的电视剧。直播剧借助多机拍摄、镜头分切等艺术处理，演出、摄像、录音合成同时进行，并运用电子传播手段直接传达给观众。世界各国在电视剧诞生之初，几乎都进入了直播剧这一发展阶段。我国也不例外，我国电视剧从 1958 年至 1966 年，经历了八年的直播电视剧时期。这一阶段直播电视剧的主要特点是：剧情单一、场景变换少，人物少且动作性不强。直播剧遵循戏剧的模式，有着很强的舞台假定性，与戏剧不同的是电视剧要经过镜头加以表现。但是，由于直播剧的播出与收看同时进行，所以播出不能中断，这就要求创作者高度配合，很多参加过直播剧创作的人都不亚于一场战斗来形容当年的直播。

由于电子技术的不完备，这时期的电视剧还是一种不完善的艺术形式，电视剧还没有走进普通人的生活当中，也还没有成为商业竞争的对象。

2. 单剧本时期

到了二十世纪六七十年代，随着电子技术的发展，便携式摄录设备、电子编辑机、彩色电视剧相继出现，为蒙太奇手法的灵活运用创造了有力条件，电视剧开始重视镜头的剪辑和租借。电视剧制作由室内走向了室外，由演播室场景走向了实景拍摄。这时，电视剧创作出现了明显的电影化倾向。这时期，电视荧屏上播出的电视剧主要是依据电影的方式拍摄的电视单本剧，当时电视连续剧等形式还未出现，故而这一时期被称为电视单本剧时期。我国的"文化大革命"，使这一阶段的电视剧创作推迟至70年代末80年代初才开始。

单本剧时期所录制的电视剧摆脱了狭隘、单调的演播室和舞台，走入了现实生活，开始在拍摄现场采用多机拍摄、现场切换的录制方式，在叙事方法和表现技巧上也多采用电影的模式。这时期的电视剧，由于直播的局限而带来的与戏剧的天然血缘关系，被扑面而来的生活流所冲破。技术上的解放使得电视剧的制作与电影有了更多的相似性，于是，人们便认为电视剧是一种变了形的小电影。

这时期，随着科学技术和电视事业的飞速发展，电视剧开始显示出它强大的威力。从世界范围来看，1952年世界上仅有少数的国家拥有电视机；但到了1970年拥有电视机的国家已发展到127个，服务观众约13亿；到八十年代，电视机便迅速普及到了世界各个国家，除了美、英、苏、德、法、日等国外，中国、墨西哥、意大利等也进入了电视大国的行列。这时期是电视剧大普及、大发展的时期。

3. 连续剧时期

进入七八十年代，电视剧开始逐步进入以连续剧为主的多元化时代，越来越多的优秀的电视剧作品从根本上推动了人们对电视剧观念的思索和突破，从创作上确立了电视剧作为一种独立艺术的地位，并且促使人们从电视媒介特征、从电视剧的制作方式、内部艺术构成手段等方面全面探索电视剧独立的内涵。

电视连续剧的出现，是对电视剧观念的又一次更新。这种更新，不仅扩大了电视剧观念本身的范畴，而且更重要的意义在于：创造了最具电视剧特征的新样式，促成了电视剧自身独特的艺术观念。连续剧是最具有也是最能发挥电视剧艺术特质的电视剧形式。单本剧在时空构成方式上拉开了电视剧与古典戏剧的距离，连续剧在时间上疏远了电视剧和电影的联系。电视剧发展到连续剧阶段，证明它终于跨越了模仿戏剧、模仿电影的历史阶段，在自身的艺术发展历程中找到了它自己。电视剧是在戏剧、电影两个巨人的肩膀上逐步成长起来的新的艺术巨人。

这一时期是世界范围内电视艺术的大普及时期，也是电视剧艺术的大发展时期。表现在：电视剧的制作水平不断提高，数量成倍增加，电视剧艺术开始自觉寻求自身的特性，探索本身所特有的表现手法，并摆脱对戏剧、电影的依赖而逐步成为一门独立艺术；特色各异的连续剧、系列剧占据了主流地位，点数据开始得到广大观众的接受和喜爱，电视剧逐渐成为社会最普泛的审美文化形式；商业竞争的大渗入，一方面扩大了电视剧的社会效应和影响力，另一方面是出现了单纯追求收视率的偏颇，在一定程度上导致了电视剧质量的滑坡。

我国的电视业出现在新中国成立后不久，1958 年，北京电视台（中央电视台的前身）开始试播。目前，我国已拥有由卫星、有线、无线等多种技术手段组成的世界上覆盖人口最多的广播电视综合覆盖网。

自从数字技术运用到电视产业以来，出现了新型的电视：

（1）网络电视，利用宽带有线电视网或电信运营商的宽带网络为用户提供包括数字电视在内的多种交互式视频节目的新型电视传播媒介。

（2）手机电视，利用具有操作系统和视频功能的智能手机作为电视节目接收终端的新型电视传播媒介，其最大的特点是可以随身携带。结合了 IP 技术的手机电视是继家庭电视机和电脑之后的"第三块"影像屏幕，可以用于提供任何类型的数字内容，从而拓宽了广播电视的内容。

（3）移动电视，采用世界最先进的数字电视技术，通过无线发射、地面接收的方法进行电视节目传播，观众可以在任何安装了接收装置的移动载体中收看到清晰的移动电视画面。

当国际互联网成为国际媒体之后，许多电视台都建立了自己的网站。数字化和网络化不仅大大扩充了节目容量，而且把单向传输变为双向互动。网络为电视新闻的传播也提供了极为宽广的空间。世界各国的电视业都在努力全方位介入互联网络，尽快实现电视新闻传播的网络化，从而具有更强的竞争力。

（二）电视媒体的优势

电视是运用电子技术手段传输图像和声音的现代化大众传播媒介，被誉为 20 世纪人类最伟大的发明之一，是媒体中的第一媒体。电视以其视听兼备的独特传播优势，在当今各种传播媒介中占据极其重要的地位。今天，电视的迅速普及已使其强大的威力渗透到人们生活的方方面面，成为人们生活中一个举足轻重的组成部分。

1. 视听兼备

电视使受众可以同时接收到不同符号的信息，从而也产生相应的特殊参与感。受传者对电视、电影的接触是在家庭或其他小群体中进行的，因而电视对各种小群体的影响十分巨大。而群体对个人又有着很大的影响，群体成员之间的交流与互动会使电视的效果更加突出。大众传播与群体传播结合起来，其效果是非常显著的。

2. 现场感和真实感

电视能借助声像手段来重现具体的事件场景，具有极强的现场感和真实感，使受众产生亲临其境的感觉。

3. 适于传播商业信息

电视以其强烈的视听觉冲击力使广告真实化、生动化，并以其广受欢迎的节目增强了广告的可接受性。

（三）电视节目的类型

从电视节目的类型来看，主要可以分为非虚构类电视和虚构类电视两大类。

非虚构形态主要包括：新闻类节目，主要有消息性新闻、评论性新闻、调查性新闻等；纪实类节目，主要有专题片、纪录片等；谈话类节目，主要有论辩式、访谈式、讨论式等；娱乐类节目，主要有娱乐资讯、游戏节目、真实电视等；服务类节目，主要有服务资讯、生活报道、消费调查等。

虚构形态主要包括：文艺类节目，主要有电视文学节目（小说、散文、诗歌、报告文学等），电视艺术节目（音乐、舞蹈、戏曲等）、音乐电视MTV、综合文艺节目等；剧情类节目，主要有电视电影、电影故事片、动画片等；广告类节目，主要有商业广告、公益广告等。

（四）电视的传播手段

电视的传播手段包括三大内容，即图像、声音和文字。其中图像和声音的结合使得电视成为三大传统媒介中唯一的"视听两用媒介"，也正是凭借这个优势，电视奠定了其独特的强势地位。

电视图像：电视图像是由一帧一帧的画面（图像）或者一个一个运动的镜头组成的。电视画面最关键的在于它不是一个静态的过程，而是一个影像运动的过程，因此，在画面的运动中电视镜头有了不同的表现，电视镜头根据景框的范围分为远景、全景、中景、近景、特写等形式，它们各有千秋，服务于电视画面。

电视声音：包括语言、音响和音乐三个部分。语言包括解说词、人物同期声、台词、画外音等；音响包括和电视节目有关的现场音响和效果音响；音乐氛围器乐和声乐。

电视文字：是直接出现在电视上的所有文字的总称，包括台词、歌词、人名、地名、节目预报、新闻的内容摘要，滚动字幕新闻等。电视中的文字可以帮助更准确地传递信息。

二、形形色色的"网剧"

网络剧是专门为电脑网络制作的，通过互联网播放的一类连续剧。与电视剧一样，网络剧一般分单元剧和连续剧。

网络剧与电视剧区别主要是播放媒介不同。传统电视剧的播放媒介主要为电视，网络剧的主要播放媒介是电脑、手机、平板电脑等网络设备。

随着时间的推移，网络剧和电视台同播的现象也越来越多，用户可以通过电视及互联网设备观看到最新一集的剧情。

有别于传统电视渠道的电视剧，网络剧具备三大特点：年轻化受众、大尺度放宽、强拓展 IP。

1. 年轻化受众：面向年轻人的新娱乐

网络剧拥有更加年轻的受众，呈现出与传统完全不同的受众画像。

传统渠道电视剧受众画像：以女性为主、以 40 岁以上受众为主、以高中及以下学历为主。

互联网渠道电视剧受众画像：男女均衡、以 30 岁以下受众为主、以本科及以上学历为主。

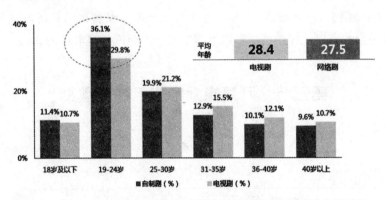

图 6-1　iVideoTracke·2014 年中国网络剧与电视剧网络用户年龄对比

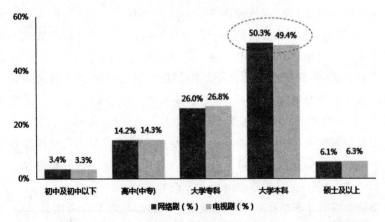

图 6-2　iVideoTracke·2014 年中国网络剧与电视剧网络用户学历对比

2. 尺度放宽：突破电视端的内容限制

网络剧在内容的尺度上，往往可以有所突破。

国内电视剧播出具有严格的内容审查及播出审查机制，而网络剧内容在尺度上有所放宽。

内容上放宽尺度，有时也不仅仅是审查因素。由于网络剧的观看场景更加私密，受众更加年轻，在内容创作上，也突破传统电视剧的剧情模式。

3. 强拓展IP：顺畅切入游戏、电影市场

网络剧的IP拓展性，远远胜过传统电视剧。目前国内的内容市场中，最为成熟的是游戏和电影市场。但传统电视剧受限于受众特性，其IP难以转化为电影和游戏内容，尤其是游戏内容。而网络剧更为年轻的受众定位，具备强劲的IP转换价值。

【案例1】（电影市场）：如《煎饼侠》电影，为利用网剧《屌丝男士》IP制作，3天票房达到4亿。

【案例2】（游戏市场）：如《花千骨》网剧，在腾讯的渠道就进行了同名手游的推广，在畅销榜曾高达第二名，预期单月流水超过2亿。

第三节　网络媒介中的电视剧欣赏

一、《人民的名义》

1. 剧情简介

电视剧《人民的名义》是根据著名作家周梅森的反腐题材小说《人民的名义》改编的。周梅森被称为"中国政治小说第一人"，著有《人间正道》《绝对权力》《国家公诉》等一批极具影响力的政治小说。此次，周梅森用八年时间酝酿，六次修改文稿，最终才有了我们今天所看到的反腐著作。周梅森说："我的故事就是要写出腐败带给老百姓的切肤之痛，并且要唤醒读者和观众的切肤之痛。"史上最大尺度的反腐剧集，一针见血的台词，《人民的名义》背后有着深刻的现实意义。

一位国家部委的项目处长被人举报受贿千万，当最高人民检海报察院反贪总局侦查处处长侯亮平前来搜查时，看到的却是一位长相憨厚、衣着朴素的"老农民"在简陋破败的旧房里吃炸酱面。

当这位腐败分子的面具被最终撕开的同时，与之案件牵连甚紧的H省京州市副市长丁义珍，却在一位神秘人物的暗中相助下，以反侦察手段逃脱

94

法网，流亡海外。案件线索终定位于由京州光明湖项目引发的一家 H 省国企大风服装厂的股权争夺，牵连其中的各派政治势力却盘根错节，扑朔迷离。

H 省检察院反贪局长陈海在调查行动中遭遇离奇的车祸。为了完成当年同窗的未竟事业，精明干练的侯亮平临危受命，接任陈海未竟的事业。在 H 省政坛，以 H 省委副书记、政法委书记高育良为代表的"政法系"，以 H 省委常委、京州市委书记李达康为代表的"秘书帮"相争多年，不分轩轾。新任省委书记沙瑞金的到来，注定将打破这种政治的平衡局面，为 H 省的改革大业带来新的气息。

2. 剧集评价

该剧保持了周梅森一贯的贴近时代、家国情怀、重视悬念、层层剥笋剧照的风格，充分展现了新时期中国共产党人坚定的反腐败决心和人民检察官公正司法的良好形象。

该剧在风格上，贴近新时代特征，把脉观众新时期的审美脉流，将厚重、敏锐题材在影像、表述上做了深入浅出、充满日常生活化的处理，其邀约参演的数十位明星都非政治剧面孔，他们其中很不少是偶像剧、古装剧、生活剧的常客，这既从表演上保证了实力品质，更从观感上强调了"新鲜度"。除此之外，在视觉感受上与十年前的政治剧相比，色调上更加亮眼，演员的造型也更趋于年轻时尚化。

该剧突破了"上级是廉洁的、贪污的只是副手"这种创作模式，而是把反腐的斗争推向深处，最高级别延伸到副国级官员。"近几年接连落马的副国级官员已经不在少数，《人民的名义》将其搬向荧屏，可以说是对现实的真实再现，也是时代的进步，也显示出我党净化自身的勇气。"

该剧一开篇即让人看到了"反腐"的威力，第一个大案就是某部委某处长贪污几个亿，副市长潜逃国外。令人惊叹的大胆设定和表现力度，以及气氛紧张、节奏紧凑的戏剧味，令不少年轻观众大呼过瘾。

《人民的名义》充分展现了新时期中国共产党人坚定的反腐败决心和人民检察官公正司法的良好形象，积极响应党中央反腐主题，通过影视艺术手段，刻画和展示中央反腐过程中的曲折经历和感人故事。电视剧题材严肃重大，其中对于官场运行逻辑的刻画生动，故事情节的进行环环相扣，引起了社会的广泛讨论与关注，引发深刻反思：腐败对人民的危害，"九一六"事件不仅仅是个案；国家赋予的政治权利该如何运用；人民的心声与呼喊该如何听取。

《人民的名义》反映的不仅仅是政治批判、社会批判，更多的是对于人性的反思。它向人们勾画了一张庞大复杂的权钱之间利益交换的关系网，关系网下师生之情、同学之情、夫妻之情进行着复杂博弈和激烈绞杀，更让人惊悚和愕然。

二、《欢乐颂》

1. 剧情简介

《欢乐颂》改编自阿耐的同名小说，讲述了各自携带过往和憧憬的五位女性先后住进欢乐颂小区 22 楼，彼此间发生的交集和一波三折的故事。从外地来上海打拼的樊胜美、关雎尔、邱莹莹三个女生合租一套房，与高智商海归金领安迪、魅力超群的富家女曲筱绡，同住在一个名叫"欢乐颂"的中档小区 22 楼，五个女人性格迥异，各自携带着来自工作、爱情和家庭的困难与不如意，因为邻居关系而相识相知，从互相揣测对方到渐渐接纳彼此并互相敞开心扉，在这一过程中齐心协力解决了彼此生活中发生的种种问题和困惑，并见证彼此在上海这座"魔都"的成长与蜕变。

2. 剧集评价

《欢乐颂》既是婚恋指南，教人辨识各色男人，更教人遵从内心去爱，也是职场宝典，既有江湖规矩也有生存指南。通过安迪、曲筱绡这些精英们如何处理自己的平常际遇，樊胜美、关雎尔、邱莹莹这些普通职场搏位者又是如何在奋斗的路上不失去本质之美，一步一步、一天一天地诠释了几种女性改变命运途径的艰辛与技巧，处处闪耀着处世智慧，堪称一部女性成长完全手册（搜狐娱乐评）。

《欢乐颂》的可贵之处就在于，始终传递着与时俱进、积极向上的价值观 一剧中从不回避五个女性各自的缺点，在生活、职场和爱情中犯的错误，但同时，不管家境如何，资质如何，处境如何，她们又都在努力工作、积极生活、互相友爱着，在不断变得更好，展示着女性命运、情感、行为方式、思维习惯在 21 世纪中国大发展的大气候中的成长轨迹。

作为一部都市女性剧，《欢乐颂》并未包裹在女性成长爱情的套路之下，它从女性视角出发，在格局上进行一定创新。从播出的剧情来看，故事虽侧重于辅线的铺设，但剧情却不落俗套，加之不傻白甜、不玛丽苏的人设，在开播之初便收获了观众的好口碑。

第四节　网络媒介中的综艺节目及其他视频

一、综艺节目概述

1. 内涵

所谓电视娱乐节目，是指综合性文艺娱乐节目，即运用多种艺术手段将多种艺术体裁的单个节目进行有机组合的节目形式。它所涉及的内容广泛，凡娱乐艺术的内容几乎无所不包。电视娱乐节目是所有节目中娱乐价值最高的节目，它以变化多端的内容、新颖有趣的表现方式，缔造着真善美相融的境界。它娱乐人生，启示人生，将娱乐性、艺术性、知识性兼容并蓄。电视娱乐节目是最能体现电视媒介特性的节目形态之一。

2. 特点

电视娱乐节目中各种文艺节目类型多样，形式异彩纷呈，令人眼花缭乱。但仔细分析不难看出，综合性、观赏性、参与性是它的核心要素。

（1）综合性

电视娱乐节目是综艺性最强的一种文艺节目。这是电视娱乐节目相对于电视文艺专题、电视戏曲、电视歌舞等较为单一的节目而言的最为显著的特征。在一个综艺节目中，我们往往可以看到歌唱、舞蹈、相声、小品、魔术、杂技等多种文艺节目，它们不是被简单地凑在一起，而是由编导充分调动各种艺术手段，对其进行二度创作的结果。电视娱乐节目的综合性既包括形式的综合性，也包括内容的综合性。这种综合是在主题的统领下，将内容形式不同的各种节目融合为一个整体，使其所达到的效果不是相加而是相乘，最终实现由量变到质变的目的。

电视娱乐节目的综合性，使得电视节目脱离了原有的艺术模式，创造出了更加新颖的视听效果，给观众以新鲜奇特的感官刺激和审美享受，增加了愉悦。

（2）视觉感受的独特性

电视娱乐节目给人以独特的视觉感受，它充分利用摄像机运用、舞台美术、造型艺术、灯光效果，以及大屏、"面包墙"等各种元素，营造出五彩缤纷的视觉盛宴。

电视娱乐节目选择那些适于电视展现的文艺节目作为内容，对它们进行超现实的视觉表现，强化了观众由外到内的审美感受。

在电视娱乐节目中，观众作为审美主体，直接感知的便是对象的外部特征。而在受到外部特征的刺激后，审美感受便由外部感官转向内心的体验。而对于电视娱乐节目来说，其任务就是利用电视传媒的特殊手段，将观众从日常视听的模式中解脱出来，以一个全新的组合，依靠形式的美感率先将观众吸引到虚拟的电视屏幕中来。

在大型晚会和大型电视娱乐节目中，舞台设计美轮美奂，灯光效果亦幻亦真，现在流行的激光灯更是营造出梦幻般的视觉奇观。海浪、浮云、海市蜃楼等都能够即刻展现在观众眼前。而摄像机的运动效果更是带给电视机前的观众以独特的视觉和心理感受。多机位的画面切换，多角度的拍摄，不同景别的更迭，使观众可以全方位、立体化地感受综艺节目的魅力。而大摇臂的伸缩升降，扩大了舞台的空间感，延伸了观众的视野，带给观众不同于一般日常生活体验的视觉感受。随着摇臂的推拉摇移，镜头在观众的头顶和舞台上方游弋，这给平面的屏幕增添了强烈的空间纵深感，让观众能将空间的每一处都能尽收眼底，也使每一处空间都焕发出独特的光彩。

（3）参与性

电视娱乐节目的另一个核心要素是观众的参与性。充满娱乐气息的电视娱乐节目虽然有各种文艺节目的表演，但它毕竟不都是正规的演出，实际上更多的电视娱乐节目加进了非正式表演的内容，比如竞猜、游戏等。《正大综艺》每期在风光旅游短片之后都有一项竞猜——用画面展现一个物件、建筑等，让参加节目的嘉宾和与他们同属一个阵营的观众来猜。

电视娱乐节目的观众参与主要有两种形式：

一是营造场上气氛，强调现场观众的参与。在当下的电视娱乐节目中，舞台上的节目和台下观众席上的观众共同构成了屏幕中的主体。电视荧屏不仅要表现电视娱乐节目本身，还要把镜头对准台下参与的观众。这样才能造成明显的现场感和身临其境的真实感。而台下观众的反应，也给予台上的主持人、演员们及时的反馈，形成台上台下的良好互动，利于节目气氛的营造和节奏的把握。比如《欢乐中国行》栏目，就比较注重观众席的设置，留出了很大的空间让演员和摄像能够深入观众席中活动，每到这时，舞台上下便融为一体，现场气氛空前活跃。

二是与场外观众的互动。场上观众作为场外观众的代表，他们的参与已经部分代表了场外观众的参与，摄像机的镜头也部分地代表了屏幕前观众的视线，它选择性的运动和现场数台摄像机所拍画面间的切换，使观众的视角、视距、视阈在不断变化中得到调整，从而对节目的关注更加充分，其情绪容易随着现场情绪而起伏，无形中身临其境，这能够有效地拉近他们与演员、现场观众及整个节目的心理距离。但仅有这些是不够的，还需要利用各种技术手段来吸引场外观众直接参与电视节目的过程。比如通过网络即时互动、手机短信的发送、拨打电话进行答题、点歌、反馈，等。

3. 内地综艺发展史

（1）以综艺节目为主的阶段

中国内地电视娱乐节目真正受到关注是从 1983 年起举办的中央电视

台春节联欢晚会和 1990 年开播的《综艺大观》开始的。

1983 年的央视春节联欢晚会在全国引起的轰动，是现在任何一个电视节目都无法与其相比的。也就是从这一年开始，除夕之夜看春节联欢晚会成了中国家庭和吃年夜饭、放鞭炮一样必不可少的事情。

这一阶段的电视娱乐节目内容以传统的专业歌舞和曲艺为主，明星表演、观众观看，节目形式比较固定，虽然有时也出现主持人向观众问话等环节，但观众基本不能主动参与到节目之中，与观众有较大的距离。内容缺少亲和力、形式缺少变化、与观众缺少互动成为传统综艺节目的硬伤。表演类综艺节目运作模式即"明星＋表演"，明星是节目的当然主角，由明星的舞台表演是构成节目的主要内容，而各个很少相干的节目之间的串联则由主持人来完成。

（2）以游戏节目为主的阶段

1997 年，湖南电视台模仿港台节目制作了《快乐大本营》和《玫瑰之约》。此后，中国内地以"欢乐"、"快乐"和"速配"为主题的节目掀起国内电视娱乐节目的第二次浪潮。这一阶段节目的娱乐性增强，观众的参与性和互动性增强，现场观众甚至有直接参与节目的机会。各种各样的游戏、轻松活泼的氛围曾令观众耳目一新，但简单的游戏已难以满足观众的需求，其地位很快被以知识竞技为主的益智类节目代替。

湖南卫视《快乐大本营》在全国刮起了快乐旋风。李湘与何炅以古灵精怪的造型、机智非凡的对答，给无数人带来笑声。此节目也是第一个让明星以常态参与游戏的娱乐节目。从 2004 年开始，《快乐大本营》逐渐淡化明星套路，越来越强调海选、真人秀、PK 等新概念，突出全民娱乐。

1999 年 1 月 2 日，北京有线电视台《欢乐总动员》亮相，江苏卫视推出《非常周末》、福建东南台推出《开心一百》、安徽卫视推出《超级大赢家》，各大媒体竞相抢滩这一"娱乐市场"。这些节目不但名称大同小异，而且节目内容、环节的"起承转合"也都基本雷同，"你有我有全都有"的状况使得观众产生了严重的"审美疲劳"，一些节目逐渐退出了荧屏。

与游戏类综艺几乎同时涌上荧屏的还有一种婚恋类综艺节目，代表性栏目有《玫瑰之约》（湖南卫视）等。

（3）以益智节目为主的阶段

中央电视台 1998 年推出的《幸运 52》与 2000 年推出的《开心辞典》是中国内地益智类节目的代表。

益智类节目，不仅保留了游戏闯关等环节，出现了一些知识性与娱乐性兼备的题目，还增加了博彩、参与者与现场及场外观众的互动等环节，节目更具亲和力。益智类节目受到自身的限制，节目除了在演播室的装饰和题库上下功夫外，很难获得较大的突破。在探索新的娱乐节目时，国内电视业界找到真人秀这一新的突破口。

观众看节目时既不是审美也不是审丑，坐在王小丫和李咏对面的竞答者是观众熟悉的、如他们一样普通的身边的人，这个时候观众已经和他们有了一种平视的态度，节目已经走向了平民化。央视王小丫主持的《开心辞典》和李咏主持的《幸运 52》开播之初就受到了很大的关注。丰厚的奖品刺激了观众的参与热情，而地方电视台更是将益智节目发挥到了极致。

（4）以真人秀为主的阶段

以广东电视台的《生存大挑战》、北京维汉文化传播公司的《走入香格里拉》等野外生存挑战类为代表的节目成为国内真人秀的先行者。

2004 年的《超级女声》、《莱卡我型我秀》和《梦想中国》三箭齐发使选秀类节目初露锋芒，激烈竞争引起一浪接一浪的发展高潮。2005 年是国内真人秀快速发展的一年。其中，以"海选""全民娱乐""民间造星"为主要特征的"表演选秀类真人秀"成为最大赢家，《超级女声》、《梦想中国》和《莱卡我型我秀》都取得了不俗的收视成绩。同时，一批职场真人秀节目如东方卫视的《创智赢家》也发展起来，开始引发人们的关注，成为国内真人秀节目的又一大热点。此外还有《非常 6+1》《星光大道》《快乐男声》《快乐女声》《加油！好男儿》《绝对唱响》《化蝶》《第一次心动》等。通过自身的探索和借鉴境外的相关节目，真人秀节目迅速发展起来，目前已经成为中国内地娱乐节目的主流。

4. 具体分类

（1）问答类节目：《开心辞典》《幸运 52》《智力快车》。

（2）游戏类节目：《快乐大本营》《我爱记歌词》《天天向上》《勇往直前》。

（3）选秀类节目：《超级女声》《星光大道》《快乐女声》《快乐男声》《加油！好男儿》。

（4）婚姻速配节目：《我们约会吧》《非诚勿扰》《为爱向前冲》《爱情来敲门》《爱情连连看》《百里挑一》。

（5）谈话节目：《小崔说事》《实话实说》《朋友》《背后的故事》《鲁豫有约》《非常静距离》《文化视点》。

（6）音乐节目：《中华情》《同一首歌》。

（7）文艺晚会：《欢乐中国行》《综艺大观》。

（8）饮食类节目：《天天饮食》《爽食赢天下》。

　　（9）女性时尚节目：《天天女人帮》《美丽俏佳人》《我是大美人》。

　　5. 艺术元素

　　网络综艺节目的独立元素包括审美、叙事、狂欢和窥视，其中叙事和狂欢是最重要的。另外还有两个附属元素，是参与和信息，一般来说用这两个附属元素来创作节目还不够，但是可以造成强调的娱乐效果。

　　（1）审美

　　一般说的审美就是观赏元素，可以直接满足各种各样对观众的感觉刺激，可以悦目、悦耳。电视本身有一种传真性，这种传真性可以让电视把各种艺术形态直接传达给观众。这种所谓的审美最典型的就是歌舞，还有其他的包括杂技、小品等元素，这种审美元素的展现可以给观众一种感官的审美满足。传统的综艺节目是以审美为支撑的娱乐节目，央视春晚大概是其巅峰形态。通过一个大晚会让观众通过电视来欣赏现场所呈现的各种各样的艺术内容，这是一种早期形态。

　　所有国家这种传统综艺形态基本上都出现在电视发展的早期。比如说在美国，老式综艺节目最发达时期是四十年代到五十年代，在中国是八十年代。当电视刚刚普及，那时候大家要攒好多钱才能买一台电视机，观众们希望在电视里看到的节目越多越好，越热闹越好，所以在八十年代开始做电视综艺节目，只要把好的节目放在电视里面就可以了。但是随着发展，有了其他的媒体参与，现在想看一个东西，通过网络就可以看到了，电视本身的频道也在不断增加。当电视媒介发展到这样的时候，单纯的观赏元素已经很难以独立的角色来完成电视娱乐功能了。目前更多的是在现代综艺节目或其他节目中，作为叙事或狂欢的陪衬来起作用。这也就是春晚在八九十年代这么受欢迎，而现在却让观众总是觉得不过瘾的原因。随着发展，审美元素往往只能起陪衬作用，就像浙江电视台的《我爱记歌词》，这里面如果没有游戏环节，只让观众们来唱歌，那么它的娱乐性和对观众的吸引力会大大降低。

　　（2）叙事

　　叙事基本上就是讲故事，当节目内容构成一个事件，这个事件里面有形象、有冲突、有悬念，最后有结果，这就叫叙事。爱听故事是人类的一大特征。

　　以丰富的叙事来吸引观众，是当下中外电视中最基本的手段（如综艺节目的游戏化和故事类节目的出现）。比如《我爱记歌词》，除了唱歌又加入了游戏，赢了游戏还可以得奖金，奖金可以用于慈善，这种形式就不错。运用很多表现方式把一个真实的故事搬到节目中来，以真实的叙事来达到最感人的效果。

叙事是对于引起关注的任务、命运和事件结果的有序表现。这里面重要的一点就是观众要关注，关注也是节目制造出来的，比如说一些高奖金的节目对选手和观众都能产生很大的吸引力，使得选手和观众都来关注，所以说关注本身对叙事来说是非常重要的。除了机械式关注外还有铺垫式关注，就是通过不断的铺垫让观众产生兴趣、产生感情，从而产生关注，所以在叙事中一定的时长一定的铺陈对于引起观众对这个叙事的关注非常重要的。

叙事的核心是冲突与悬念，其中冲突是指人与人的对抗、人与客观的对抗，以及内部的心理冲突。我们说的故事里面还有一个核心的东西叫作"形象"，也就是生动的人物。这一元素其实正是一个叙事能够打动人，能够令人关注的核心。但我们许多文艺节目在这方面做得很不够，像中央电视台举办的青歌赛最吸引人的就是知识文化问答。其实在各国新式才艺竞赛类节目中，突出的改良就在于通过记录等手段对人物及其故事的表现，比如现在的《中华达人秀》就是靠选手台里台外的故事来打动观众。通过故事来表现人物是中国电视文艺节目中的弱项，我们要学会不但把演播室里的东西记录下来，同时也把演播室以外的东西也记录下来，国内在这方面不管是意识上述是技术准备上都显得不足。

（3）狂欢

狂欢，巴赫金提出的理论认为：狂欢是一个特定的完全"颠倒的世界"，打破了等级、财产、身份的区分与界限，对一切神圣物和日常生活的正常逻辑予以颠倒、嘲弄、贬低和戏仿。他是研究狂欢节的，他发现每个民族都有自己的狂欢节，发现人除了正常生活状态外也需要狂欢状态。

现代电视节目非常注重突出狂欢性，通过对现实生活的解构，对现实秩序的打破，让观众的压力得到宣泄。我们要给自己和社会解压，如果日常的压力能够从电视中得到释放，电视节目成为一种社会的减压阀，对于我们建立和谐社会有很好的促进作用。像美国的夜间谈话节目和《周六夜直播》等综艺节目主要的卖点即是狂欢性，这类节目在美国被认为是很高雅的节目，在大学生这类族群里很受欢迎。又如英国的《天才》节目，将科学发明与狂欢性联系在一起，用半无厘头的方式体现一种英国式的幽默，是对科学发明以轻松好玩的方式呈现给电视观众。还有一档节目《婚姻裁判》则是突出日常生活中的非常规性。央视的《咏乐汇》中的小品再现等同样是在运用电视的狂欢特性来表现。所以说，在现代电视节目里面利用狂欢元素是非常重要的。

（4）窥视

按照很多传播学者的观点，如麦克卢汉等人的观点，认为视觉媒介都有满足人们窥视欲的功能。这不仅表现在电视里，还表现在电影或者照片里面。特吕弗称"《后窗》是关于电影的电影"，他的这个意思是说《后窗》是一部表现窥视的电影。

在 1998 年好莱坞拍了一部电影《楚门的世界》，中国人叫"真人秀"就从这部电影出来的，它对电视窥视功能做了最大化的漫画式表现。虽然它只是一种寓言，但是电视确实可以让观众处在一种居高临下的位置，有人说"看电视的人就像是上帝"，看电视可以非常安全地以一种全景式又细致入微的方式进行窥视，所以电视的出现极大满足了人们的窥视欲。恰恰是在《楚门的世界》之后，以《老大哥》为代表的现代真人秀把电视窥视功能推到最高点。

《老大哥》这个节目刚开始推出的时候，用意很简单，就是窥视加游戏，这样的节目其实就是把电视的窥视功能放到最大的限度。以后的大多数真人秀节目都是通过人工制造的戏剧性情境来表现普通人性中真实的亮点和弱点。如果只表达弱点可能会落入三俗的深渊，人性不单只有弱点还有亮点。这类真人秀节目戏剧性和典型性不亚于影视剧，同时又具有强烈的真实感。虽然戏剧也被认为是一种窥视，但是是假的被拟造的窥视，而现代真人秀则更真实。

（5）参与和信息

参与不能独立支撑一个娱乐节目，但是可以让娱乐节目有更强的吸引力。传播方式的限制使得大部分节目的观众参与只能局限于简单的机械性参与，但一些真人秀节目，许多选秀类节目建立了一种内在参与模式，让观众参与成为节目的一个有机组成部分，并让观众自以为是决定节目结果的一种力量，这类节目让传统的单向传播变为互动传播。

最后说说信息。传播信息是电视的基本功能之一，在一定条件下，信息也具有某种娱乐作用，如益智节目中的问题，只有能够充分调动观众心理参与的，才能让观众入戏并最终满足其好奇心。在娱乐节目中运用时事热点也可以有效吸引观众。

二、直播——网络视频的新面孔

1. 直播简介

网络直播吸取和延续了互联网的优势，利用视讯方式进行网上现场直播，可以将产品展示、相关会议、背景介绍、方案测评、网上调查、对话访谈、在线培训等内容现场发布到互联网上，利用互联网的直观、快速、表现形式好、内容丰富、交互性强、地域不受限制、受众可划分等特点，加强活动现场的推广效果。现场直播完成后，还可以随时为读者继续提供重播、点播，有效延长了直播的时间和空间，发挥直播内容的最大价值。

国内"网络直播"大致分两类，一是在网上提供电视信号的观看，例如各类体育比赛和文艺活动的直播，这类直播原理是将电视（模拟）信号通过采集，转换为数字信号输入电脑，实时上传网站供人观看，相当于"网络电视"；另一类则是真正意义上的"网络直播"，在现场架设独立的信号采集设备（音频＋视频）、导入导播端（导播设备或平台），再通过网络上传至服务器，发布至网址供人观看。这类网络直播较前者的最大区别就在于直播的自主性：独立可控的音视频采集，完全不同于转播电视信号的单一（况且观看效果不如电视观看得流畅）收看。同时可以为政务公开会议、群众听证会、法庭庭审直播、公务员考试培训、产品发布会、企业年会、行业年会、展会直播等电视媒体难以直播的应用进行网络直播。

2. 视频直播与网络互动直播

（1）电视直播/视频直播

在现场随着事件的发生、发展进程，同时制作和播出的视频方式，需配备转播车，配置视频切换台、调音台、监视器、录像机、微波发射机等设备。

优势：现场感极强、报道真实可信、深受观众喜爱；

劣势：成本高、缺乏互动、对网络带宽要求高。

（2）网络互动直播

针对有现场直播需求的用户，利用互联网（或专网）和先进的多媒体通信技术，通过在网上构建一个系集音频、视频、桌面共享、文档共享、互动环节为一体的多功能网络直播平台，企业或个人可以直接在线进行语音、视频、数据的全面交流与互动。

大会直播系统采用服务器分布式部署和负载自动均衡技术，摆脱了视频会议的局限，能轻松支持全球上万人同时收看会议直播，非常适合大规模的、跨区域的、跨国的网络直播活动。

优势：成本低廉、互动性高、部署便捷、稳定可靠；

劣势：随着网络日新月异，目前市面上各类厂商参差不齐。

3. 网络现场直播的优势

（1）成本低廉

电视现场直播在报道事件全过程时，一般需配备转播车，车内配置视频切换台、调音台、监视器、录像机、微波发射机等设备，将现场摄制的图像信号经微波发送或卫星转发至电视台同步播出。一场为期半天的电视直播动辄百万元，成本长期居高不下是制约电视现场直播的重要瓶颈。网络现场直播对现场信号的采集要求较低，一台数字摄像机不到 5 万元即可做到高清采集，其他设备总投入不高，并不需要大量专业直播人员，传输过程均在网络上进行，成本是电视现场直播的几十至一百分之一。

（2）方便快捷

电视现场直播从接洽到活动开始需要漫长的执行周期，期间需要各类专业人员的协同合作，从人员组织到设备架设，现场也需要专门的空间与电力支持。单机位短时间的网络现场直播完全可以由个人完成，现场不需要额外的电力支持、过大的工作空间，从接洽到勘察场地，再到投入直播完全可以在 48 小时内完成。

（3）互动性强

网络现场直播属于"网络直播"范畴，网络直播的最大特点即"交互"，由于直播在网络平台上进行，观众的自主选择与参与度得到了巨大的延伸。网络直播的互动方式从文字到图文（国内多数网络直播互动均停留在此阶段），再到语音，现在已经进入了视频互动的时代。2010 年 12 月 3—5 日全国首届"新东方杯"英语口语大赛复试阶段全程采用 Giwell Live 对全国选手进行网络互动面试及直播，开创国内网络现场直播互动先河。

参考文献：

[1] 王昀. 礼物、娱乐及群体交往：网络视频文化的公共性考察 [J]. 新闻与传播研究，2017（9）61—127.

[2] 聂智，曾长秋. 论虚拟社会治理中自媒体舆情引导 [J]. 学术论坛，2011（12）.

[3] 钟瑛，张恒山. 对新媒介环境下主流媒体舆论引导的思考 [J]. 今传媒，2014（7）.

[4] 王春枝. 微视频的舆论引导 [J]. 青年记者，2015（15）.

第七章　网络媒介的流行情感

随着我们国家科学技术的不断进步，网络数字化技术的日益成熟，网络媒介不断流行发展。网络媒介使用现状如下：一是互联网，中国网络用户的数量巨大，截至 2015 年 12 月，中国网民规模达 6.88 亿，互联网普及率为 50.3％；二是移动网络，3G 技术的运用极大地推进了网络的发展。日渐成熟的 3G 无线网络及由于生产规模的扩大而使手机的价格不断下降，手机价格的下降，为以手机上网为前提的移动网络得到迅速发展，使用手机网络的人群也不断增加。据工信部 2016 年 3 月公布的《2016 年 1 月份通信业经济运行情况》显示，2016 年 1 月，我国移动互联网用户净增 1942.1 万户，同比增长 11.8％，总数达 9.8 亿户。日趋壮大的移动网络群体，日益更新发展的网络媒介，对此，我们中学生该如何应对？本章就重点探究网络媒介的流行情感。

第一节　网络流行文化概述

互联网进入我国已二十年了，相对宽松的政策让其在中国大地上发展迅猛。同时随着网络技术的发展，智能手机、平板电脑的普及，网络不仅深刻地改变着经济社会的发展方向，而且也改变着数亿人的工作和生活方式。回顾"十二五"期间，中国互联网各领域发展飞速，中国迅速崛起为互联网大国并向互联网强国迈进。凭借网民人数众多、涉及领域广泛等发展优势，中国的网络经济日益繁荣，网络流行文化蓬勃兴起。网络流行文化已悄然渗透到文学影视、体育赛事、娱乐节目、时尚传媒等多个文化领域，并且受到了大众层面的广泛追捧。因此网络已然成为人们社会生活中不可或缺的一部分，也是社会公众快速获取信息和进行交流的重要平台，它在改变我们传统社会生活方式与生活习惯的同时，也带来了诸多值得关注和思考的文化现象和话题。

所谓网络流行文化，是一种全新的文化表达形态。它以人类最新科技成果的互联网和手机为载体，依托发达而迅捷的信息传输系统，运用一定的语言符号、声响符号和视觉符号等，传播思想、文化、风俗民情，表达看法观点，宣泄情绪意识，等等，以此进行相互之间的交流、沟通、联系和友谊，共同垒筑起一种崭新的思想与文化的表达方式，形成一种崭新的文化风景。它气势磅礴，威荡宇内，示囊括四海之心，显并吞八荒之意。

一、文化与流行文化

（一）关于文化

文化是和人类的社会活动行为紧密相连的，是人类社会创造的物质财富与精神财富的世代积累，泛指人类所创作的一切物质产品和非物质产品的总和。可以说人创造了文化，同样文化也创造了人。举例而言，一些天然的石头不具备文化意蕴，但是经过人工堆积、改造，即可成为我们周边花园里随处可见的假山景观，这便注入了人的价值观念和劳动技能，从而进入了"文化"范畴。因此，文化的实质性含义就是"人化"或"人类化"，是人类主体参与社会实践活动，适应、利用、改造自然界客体而逐步实现自身价值观念的过程。目前随着社会的发展，科技的进步，文化因素却充满了技术、科技的成色，文化可以是时尚的、流行化的，但是流行化的东西却未必会成为或者说会发展成为文化。

（二）关于流行

《韩非子·八奸第九》中有提及："六曰流行。何谓流行？曰：人主者固壅其言谈，希于听论议，易移以辩说。为人臣者求诸侯之辩士，养国中之能说者，使之以语其私，为巧文之言，流行之辞，示之以利势，惧之以患害，施属虚辞以坏其主，此之谓'流行'。"[①] 这段话是针对臣下得以实现奸谋的途径而提出的，意思为：六是流行。什么叫流行？即作为君主，话全闷在肚里不与人交谈，很少听到臣下议论，容易被花言巧语打动。做臣子的寻求国外善辩的人，供养国内能言的人，让他们来为自己的私利进说。说出华美的言语、流利的词句，用有利的形势来诱导他，用祸害来恐吓他，编造虚假的言辞来损害君主，这就叫"流行"，其实就是将当时的普遍现象概括为"流行"。从古代社会传播现象的角度来理解，流行多为在一段时间（一定是特定时间段的普遍现象）内兴起的，被人所追逐并相继模仿的新颖的东西。

---

① 陈秉才译注：《韩非子》，中华书局 2007 年版，第 35 页。

在现代社会,"流行"一词出现的频率很高,涵盖的内容也是指向方方面面,流行语言,流行音乐,流行服装,流行发型,流行装饰等都是老百姓耳熟能详的词汇。同时,"流行"一词也经常出现在报刊版面、电视荧屏、广告画面和网络营销里,成为大众传播的一个显著内容。

流行(Fashion)又称时尚,是指一个时期内在社会上流传很广、盛行一时的大众心理现象和社会行为。[①] 从个体的角度看,"流行是个人个性追求、自我实现的一种方式,又是个人从众、达到自我保护的一种方式"。流行代表了人们生活的感受性和鉴赏力,是人们生活情趣的体现,它之所以获得社会认可并不在于它是否为人们带来某种物质上的利益或价值,它主要是精神生活领域的事情。[②]

(三)文化与流行文化

文化是人类生产和生活方式的反映,它的一个显著特点是具有社会性。网络的产生和发展,深刻地影响和改变着人类的生产生活方式及人际交往和沟通方式,为文化传播与发展方式的突变与飞跃创造了条件,甚至直接影响到文化的存在形态及其发展轨迹,使文化具备了更多新的特征。[③] 而流行文化作为一种文化形态,除具有文化的一般特征之外,到底是什么呢?

在日常生活中,随着互联网和智能手机普及,信息交流越来越快捷与高效,中学生依然会在平淡与繁忙的生活和学习中接触形形色色的流行文化,诸如热门音乐被众多乐迷下载,广泛地在校园传播;流行电影大片的大肆宣传让许多中学生心甘情愿地省下周末的休息时间走进影院,影片也成为年度各项电影奖的热门候选;形式各样的娱乐真人秀节目也费尽心机地去争夺中学生观众的眼球,甚至还能成为校园热议的话题和主题;更加让人意想不到的是,在我们这个网络时代,流行和娱乐事件在网络中以爆炸性的方式纷纷登场,在各种爆炸性的资讯中,显然流行文化占了极大的比例,每天各大门户网站都会把最热点、最能吸引眼球的事件放在门户网站的首页,供人点击、评论。在我们这个时代,流行文化正在以一种不可阻挡的气势向我们袭来。我们在生活中能轻易地去感受各种流行文化的现象,但是要去思考什么是流行文化,并不是一件容易的事。

学者高宣扬认为:"流行文化是时装、时髦、消费文化、休闲文化、

---

① 沙莲香:《传播学》,中国人民大学出版社1990版,第199页。
② 同上,第201—210页。
③ 李钢、王旭辉:《网络文化》,人民邮电出版社2005版,第2页。

奢侈文化、物质文化、流行生活方式、流行品味、都市文化、次文化、大众文化及群众文化等概念所组成的一个内容丰富、成分复杂的总概念；这个总概念所表示的是按一定节奏、以一定周期，在一定地区或全球范围内，在不同层次、阶层和阶级的人口中广泛传播起来的文化。"这个定义看起来并不令人满意，他主要指出了一些流行文化的一些分支和现象，甚至还有许多流行文化现象他并没有涉及。可以说，流行文化是那些让大众喜闻乐见能充分吸引大众眼球的文化形式。

事实上，给流行文化下定义确实不易，不过我们可以从以下几个方面来探究流行文化的特征。

第一，流行文化是与正统文化相比较而存在的。

在某种语境下，流行文化是相对于正统文化而言的，当我们称呼某种现象为流行文化时，可能是在暗示它疏离于正统文化。它是一种以通俗性和商业性为主要特征的新型文化，通常也被称为通俗文化或者大众文化。在当今的学术界，往往把正统文化又区分为精英文化和主流文化，无论是精英文化还是主流文化，往往在不同层面掌握着各自的文化话语权，精英文化是在知识分子层面，主流文化是在官方层面，作为精英文化代表的专家和作为主流文化代表的官媒都可以在一定的场合充当文化裁判。而流行文化虽然在实践层面极大影响着大众的文化趋向和爱好，但是在理论层面和正式的话语场合，流行文化一般不会凸显自己的价值观，或者把自己的价值观隐藏起来，因为流行文化的主要目的是极快地吸引人的眼球，而不是要认真严肃地倡导自己的价值观。即使流行文化和正统文化发生冲突的时候，流行文化采取的方式要么是回避，要么是戏谑，要么是表面浅层次的附和；从另外一个角度说，如果某种流行文化采取的是积极对抗、争论到底的态度的话，这种流行文化也就演变为了精英文化。由于流行文化在理念层面的"不作为"和对文化话语权的漠视，使得它和正统文化相比，常常处于边缘化的地位，在正统文化面前，流行文化往往扮演被控制、被批判的角色，稍好一点，可能会充当正统文化的辅助和点缀，比如为活跃气氛，政府机关单位也会组织各种歌舞比赛。

当正统文化掌握了社会的基本话语权后，流行文化并非完全疏离于正统话语，流行文化采取的手段是截取正统文化的话语符号，把正统话语的深度尽量消解，按照本雅明的说法，就是去除"灵韵"。事实上，流行文化去除了正统文化的深度语境，让受众在一个无需深度思考和感悟的情况下来接受。比如，好莱坞的战争片也会顾及战争是正义和邪恶的较量，但这个正义主题并不是影片渲染的中心，仅仅是作为某种高级的"道具"，观众真正想看的是硝烟弥漫的战争场面和跌宕起伏的感情戏。事实上，在流行文化上面贴上主流文化理念的标签还能博取公众的好感，加快其传播的速度，扩大其传播的广度。反过来，当某种流行文化的标签理念与正统文化相冲突时，就会遭到公众的口诛笔伐，奇怪的是，这似乎并不妨碍公众对它的继续关注，比如娱乐节目《非诚勿扰》虽然遭到了诸多负面的评价，反而进一步把它推到娱乐的风口浪尖。从这个角度也可以证明，流行文化之所以流行，并不在于其标签理念是否符合正统文化。

流行文化到底对社会的进步有什么贡献，换句话说，流行文化对正统文化的演进有没有触动，也是许多学者争论的问题。一种观点认为流行文化乃是纯粹的媚俗和滥情，缺乏深度和力度，无法影响正统文化（张汝伦）；另一种观点认为，流行文化特别是当今的流行文化在相当程度上是对资本主义现代性的反叛，是某种后现代主义思潮的具体表现，是对正统体制的有效的侵蚀和解构，有它的积极性。在许多流行文化中，也似乎包含着某些批判正统文化的印记，流行文化会不经意地表露自己不同于正统文化的独特文化观念，或者本着哗众取宠的目的给自己贴上反叛标签，如果这种反叛理念没有得到过度诠释的话，它对社会正统文化的冲击是极其有限的，尽管其影响范围很广。所以，很难说某些流行文化是对正统文化的反叛，至少不是蓄意的挑战，因为流行文化并不自觉地强调自己理念的正当性，也不试图与正统理念一决高下，在面临冲突的时候，流行文化一般采取妥协退让的态度。这主要是因为流行文化的反叛理念往往缺乏语境深度，在力度上难以和正统文化抗衡。但是在某种程度上，流行文化的确有反抗正统文化的萌芽，从这个角度看，它是有批判正统、推动社会进步的作用的，尽管这个作用极其有限。当这些对抗因素被精英理念所诠释，它就有可能登上精英文化的殿堂，跻身于精英文化之列，甚或形成推动社会文化进步的动因。比如周星驰的《大话西游》开始是一部纯粹的娱乐片，在被北京大学学生进行充分的后现代解读之后，这部影片俨然成了一部后现代的文艺片。另外一种情况就是流行文化为了吸引大众的眼球，往往热衷于炒作社会热点问题，这些热点问题在日常生活中并不是作为消遣和娱乐的对象，但是在流行文化的包装下，它马上就变成了娱乐对象。尽管如此，由于媒体的强大力量，这种炒作往往会引起主流文化和精英文化的注意，进而对它进行更深层次的探讨，从而把这些热点问题引入正统文化的领域。这样看来，流行文化有时候会充当文化进步的助推器或导火索，虽然它自身的批判能力有限。当然，在流行文化得不到过度诠释的情况下，其推进社会进步的功能是很难体现的。

第二，流行文化是工业化社会的产物。

在工业社会以前，与正统文化相比较而存在的是民间文化，民间文化与工业化社会之后的流行文化在特征上是不太一样的。首先，由于古代社会公共空间相对有限，民间文化的传播速度和复制速度是比较慢的，而且在传播中可能会出现具体形态的变异，比如端午节这种习俗在各地的具体表现是不太一样的；而流行文化借助于先进的媒介诸如电视、电影、网络等可以快速并准确无误地将信息传递开来。其次，民间文化往往植根于民间信仰和农耕生活，具有很强的乡土特征，这种顽强的乡土性使得它的文化底蕴越积越厚，在历史的大浪淘沙之下，它会逐渐演变为精英文化，比如传统的民间山歌现在都成为经典；工业化之后的流行文化则是借助于先进的媒介大量复制传播的，这种简单的复制和快速传播往往是在短时间内完成的，使得其文化底蕴比较肤浅，经过人们的快餐式消费之后，其流行程度很快大打折扣，而流行时尚的脚步会进入另外一个复制通道。

流行文化借助于现代科技和先进媒体，可以将流行资讯进行精工制作，再以排山倒海的方式向公众传播。按照法兰克福派的思想，这就会造成一种局面：公众由喜欢什么变成了"被"喜欢什么，流行什么事物已经不再由公众自己来决定，而是由垄断的流行文化产业（各种垄断级影视公司、娱乐公司、时尚公司等）来决定流行的走势。对于制作方来说，似乎一个成功的包装或炒作远胜于对公众爱好乐趣的把握，"引领时尚"比"投其所好"更有效果。法兰克福学派的这种观点固然有其道理，的确在现实中会出现很多"盲从时尚"的现象，但是他们也过分低估了大众的自我选择能力，在现实生活中，流行文化制作、传播失败的例子不胜枚举，甚至占了很大的比例，法兰克福学派对此又做何解释呢？这说明公众的选择力仍然是流行文化之所以流行的一个重要因素。可以这么说，制作方可以在流行文化的形式上自由选择，可以"引领时尚"，但是在内容上它必然要投大众之所好。在内容上，流行文化的主要目的在于吸引大众的眼球从而获取商业利润，所以成功的流行文化个案一定是讨人喜欢的，要么猎奇，要么煽情，要么制造低级的笑料，要么炒作热点，要么挑起人的本能欲望，等等，不一而足。

工业化的复制及制作时间的仓促也使得流行文化表现出某种易变性，流行的东西很难形成永久的经典。流行文化虽然喜欢给自己贴上正统文化的标签，但是它一般缺少正统文化深刻的内涵，缺少内在"灵韵"的流行文化往往经不起反复的咀嚼和回味，也就造成了流行事物的转换速度非常快。比如，八十年代的流行发型、服饰现在已成"老土"，九十年代流行音乐界的"四大天王"如今不再是主流，类似"翠花上酸菜"这种流行语如今也不再风行。任何时尚都是来也匆匆、去也匆匆的，在一定时期内风行一时，过了这段时间后便不再流行，而且往往流于形式，浮于表面，速效而又速朽。

总而言之，流行文化是在大工业时代背景下产生的、和现代的世俗化生活紧密相联系的、以各种大众传播媒介为依托的、受商业化运作所支配的扁平化（无深度）、模式化的文化表现形态，其主要目的就是最大程度地满足大众的娱乐。因此，在现代社会中，作为大众文化的重要组成部分，流行文化已成为一股不容忽视，甚至是不可抗拒的文化力量，并成为人们文化消费的主体。

二、网络流行文化

（一）网络流行文化的阐释

在特定的时间和地点里，一些事物受到小部分人的强烈关注后，有可能形成一种流行文化。流行文化是一种社会生活方式、生活态度，或者直接说就是一种生活选择。只不过是这种物种的趋同性由于有了现代社会的媒介技术、手段等，从而使这些趋同性有了文化的蕴涵。因此，网络的流行文化并不只是大众传媒的产物，而是由大众与传媒间互动所产生的。社会大众影响传媒，传媒又反过来影响大众。因此流行文化本身是双向的、不断更新成长的。

研究者冯鹏志指出："网络文化作为一种以网络技术为基础、以网上生存为核心的新文化形式，它不仅造成了人们对以往传统的占主流地位的文化价值规范的反思和检讨，而且也极大地扩充了现代社会中人们文化生活的深度和范围，并正在塑造出全新的文化价值体系。"[1] 而网络流行文化是一种以青年为主要受众群体的文化形式，它总是折射出具有普遍意义的青年价值观，是青年价值观的重要表现特征。学者姜奇平认为"网路流行文化是流行文化的有机组成部分，是伴随着因特网的兴起和发展而流行起来的，它以网络为载体，计算机电脑和人的工作、学习以及日常交流等所产生的价值体系、生活态度和行为规范的总和"[2]。因此，无论我们从何种角度看，网络流行文化均需要依赖于网络，有一定的文化内容和表现

---

① 冯鹏志：《伸延的世界——网络化及其限制》，北京出版社 1999 年版，第 25 页。

② 刘柳：《网络流行文化发展视野中的中学生价值观教育研究》，华中师范大学硕士学位论文，2012 年 5 月，第 2 页。

形式，并拥有一定的大众群体等基础上的传播，才能最后演变为一种文化形式，或者是一种社会态度、社会生活方式。

（二）网络流行文化的特征

一般来说，流行反映的是某一社会时期的社会和文化背景。它具有新异性、一时性、规模性、大众性、模仿性、暗示性、周期性、更替性等诸多特点。一方面，外来的流行文化、快餐文化等的强大冲击，使中国本土的主流文化不得不在很多场合处于顺从、迎合地位；另一方面则是技术革新，使网络新生代流行文化的传播迅速、广泛和深远。正如网络的出现使新生代们形成了独具特点的流行文化一样，在虚实交融的场域当中，网络流行文化特点如下。

网络流行文化的丰富多样性、不确定性增加。由于网络海量信息、传播成本低、互动性强、传播速度快等特点，使其文化呈现丰富多彩的局面。不同文化以各种姿态一览无余地出现在新生代面前，这些文化从形式到内容，各式各样，甚至无奇不有，成为新生代创造自己文化的素材或获得启发的来源。无论是哪种形式的网络文化，都极大地丰富了网络流行文化的形式和内容。并且，信息革命没有停滞、没有结束、没有阶段性、没有画上完成符号，它仍在蓬蓬勃勃、如火如荼地进行当中。毋庸置疑，网络流行文化中一部分昙花一现时，新的形式也将层出不穷，它将继续丰富网络流行文化，在客观上，也增加了其文化内容和形式的不确定性。

民主参与意识增强。在9.8亿网民中，中学生作为网络新生代已然成为网络使用的一个庞大群体，其民主参与意识与之前相比明显增强。在传统媒体时代，媒体传播的一个重要特征是单向性。由于客观条件及一些限制因素，少数精英把握着话语权，而中学生真正能不受限制地表达自己意愿的机会非常少。在虚拟社会交往中，传受界限的模糊化，赋予了中学生网民们更多的话语自由权，拥有了更多表达的权利、机会和自由。在虚拟空间中，中学生可以自由地发表言论，宣泄情感，人人都可能成为意见领袖，有可能对原来被社会主流文化所控制的文化霸权发起挑战。同时，也争取到了同主流文化进行对话的机会。各种论坛，往往是中学生发表言论的"主阵地"，他们乐此不疲地对各种私人的、公共的话题进行讨论、争辩。

娱乐化特征显著。处于社会转型期的新生代们，面对思想观念多元化，自由主义、享乐主义和解构主义的思想相互碰撞，对主流文化的认同感越来越弱。恰在此时，网络技术的发展将娱乐作为其重要特征的西方文化的传播推向极致，网络传播消解了诸如国家之间、民族之间、地区之间及各种文化之间的边界，西方的快餐文化、庸俗文化、流行文化及中国传统文化等众多文化同时呈现，心智尚未完全成熟的中学生，很容易将娱乐文化作为主流文化全盘吸收。例如，网络游戏。游戏的特点具有超时空、开放性、隐蔽性、自主性、互动性等特点，而这些特点正好是娱乐活动无强制性、自由性的集中表现，正符合人们追求文化个性化的需要。同时，它的高仿真性，虚拟世界几乎与现实世界一样逼真，可以让人感觉经历了不同的角色和身份，包括性别转换，对中学生具有巨大的吸引力。而网络文学的出现则几乎"颠覆"了传统文学的创作观念和表现手法，被称为文学中的"卡拉OK"。在网络文学当中，文学的自我抒情功能被削弱，而游戏功能得到极大的张扬。娱乐狂欢是网络文学写手"创作"的心理依据，运用多媒体技术，把文字输入与声音、图像、动画等结合起来，中学生以游戏好玩的心态参与其中，并不追求传统文学所崇尚的心灵启示和审美感受。总之，娱乐性是网络流行文化的重要特征，特别是在网络文化当中，随处可见娱乐化的身影。

第二节　网络流行文化对中学生成长的影响

网络的出现，给人类社会带来了翻天覆地的变化，它在改变着人们生活方式的同时，也为人的全面发展提供了前所未有的空间和先进高效的手段。随着网络的普及、网络功能的增强、网民人数的剧增，网络流行文化作为一种新型的文化形式在逐渐地影响着人们的生活，网络流行文化的德育功能，尤其是对中学生思想品德影响的研究也随之迈入了德育研究的范畴。中学生作为社会主义事业的建设者和接班人，首先应该具有良好的思想品德素养，然而，由于中学生是非辨别力的局限性，在虚拟的、开放的、多元的网络流行文化的冲击下，中学生容易被网络流行文化中的不良信息影响，产生一些负面的、消极的思想，一些中学生甚至因此而误入歧途。那么，网络流行文化对中学生的健康成长具体存在何种影响，如何合理利用网络文化的积极因素、消除消极影响来培养中学生良好的思想品德素养呢？

一、网络流行文化对中学生成长的积极影响

丰富中学生的生活。网络流行文化内容丰富，形式多样，如网络流行歌曲、影视网络等。无论校内校外，网络流行文化对中学生最直接的影响就是开阔了其视野，丰富了中学生们的日常生活，有利于中学生拓展知识

面，提高综合素质。

拓展教育资源。网络流行文化是社会文化的重要组成部分之一。部分网络流行文化同样具有先进基因，其对于中学生的社会化与成长具有重要意义。而且，当前学校教育的内容与现实社会的联系日益紧密，让我们接触、了解、合理吸收某些网络流行文化十分必要。部分优秀的网络流行文化同样是鲜活的教育资源，将少量的精品纳入学校教育中，对于拓展学校教育的知识、德育、艺术等资源，开阔学生视野和思维，丰富其知识、技能和技巧，密切学校与社会现实的联系均具有积极意义。

繁荣校园文化。中学生无疑是校园文化的创造主体，网络流行文化通过作用于中学生，同样影响到校园文化的繁荣与发展。我们中学生模仿能力强，常常借助于网络流行文化内容与形式，并结合学校生活进行再创造，重新赋予网络流行文化新的意义，如网络校园歌曲、网络校园小说等，形成了具有中学生特色的文化内容与形式。

网络流行文化的传播有利于增强中学生的民主意识。网络的普及与通讯手段的进步，使得每个中学生能够更好地发扬民主精神。我们可以在网络上自由评论，通过网络参与评选春节联欢晚会优秀节目、超级女声优胜者等，这在某种程度上彰显了民主精神。

网络流行文化的传播有利于中学生形成现代观念。中学生是一个很容易接受流行文化的群体，可以在网络流行文化中感悟着时代精神，同时，我们大家所参与的网络 QQ、微信聊天及网上博客、微博等流行文化形式，也已经让我们真切地感觉到当今时代的信息化、数字化特征。

二、网络流行文化对中学生成长的消极影响

沉溺其中，影响中学生的学业与健康成长。网络流行文化的感性化、娱乐化、形式独特、新奇等特征极易受到中学生的青睐与喜爱。但中学生的自我控制能力、对外界事物的辨别、批判能力不高。一旦对某种流行文化产生兴趣，常常会沉溺其中，不能自拔。

过分追求娱乐，诱发中学生的道德问题。英国学者利维斯认为，新兴的大众传媒在商业动机的刺激下所普及的流行文化，往往推销一种"低水平"的满足，这种低水平的满足将误导社会成员的精神追求，追求一种感官享受。在感官的强烈体验中，网络流行文化总是让中学生处于一种悬浮状态，表现在内就是依凭自我感觉进行情绪化的表达，无法清晰分辨现实，进行独立思考；表现在外则是行为的无节制和社会道德责任感与道德行为的缺失。我们现在很多中学生只求当下快乐的道德虚无的文化心态，

甚至附着文化因素的反道德思潮。相当多的网络流行文化成了广大民众思想文化的指导者和中学生"厚黑学"的人生指南。浅薄的幽默和调侃代替了理性的思考，一部分中学生刻意去模仿，放弃了理想和道德追求，丧失了现实的责任感和道义感，这种价值取向的流行化，会引起人生观、价值观的动荡，造成道德社会化的偏离。

混淆价值标准，导致认同危机。对一个社会、一个群体或一个个人来说，文化是一种维持认同的连续过程，它借助于一定的审美观、道德观和生活方式所产生的凝聚力来维持这种认同。但是网络流行文化给予正在成长中的中学生送去的是新奇的、充满无限感官的"符号诱惑"，其张扬现代生活方式，所包含的冲击与破坏性力量，常常摧毁了人们从先前生活中获得的秩序与意义感，这样就使中学生个体一方面仅从自我感受出发，以自我为中心，淡化对远大人生理想的追求和人生意义的严肃思考，产生自我认同危机；导致民族传统文化与社会价值的认同危机。

网络流行文化导致中学生价值选择的矛盾性。这种矛盾性突出表现在个性自由与传统约束的矛盾、以自我利益为核心和以为人民服务为核心的矛盾、强调个人主义与坚持社会主义集体主义的矛盾、个人发展与祖国需要的矛盾等方面。这种文化冲突与矛盾使中学生思想易产生焦虑和迷茫，而焦虑与迷茫程度越深，盲目性和冲动性就越强，这就容易导致对主流文化和精英文化所代表的价值观的怀疑和反对。

"网络快餐文化"使人缺乏思考能力。真正有内涵的文化作品是高雅的，是艺术的，它的形成必定经过长时间的积累、制作和筛选。而在网络流行文化领域，我们所看到的大多是愈演愈烈的剪切加复制的所谓"作品"、朝生暮逝的时尚变化及即时性的情绪宣泄或心理反应。网络快餐文化像快餐食品一样，影响了消化吸收。

当代流行网络文化导致中学生的功利心加重。对于各种活动首先想到的是，是否对自己现状有利，是否对自己的将来有利。很多中学生一经蛊惑很容易拒绝参加校园活动，因为对自己没什么好处，反而可能是自己在众人面前丢面子，功利心过重。

第三节　网络流行文化的情感态度和思想道德建设

事实上，并非网络流行文化所有的都是不良的影响，毕竟能"流行"的肯定有其"过人"之处。从某种意义上来看，流行文化在一定程度上满足了中学生渴望变化、渴望新鲜、渴望个性的心理需求，在满足个人需要的同时，也实现了对现实社会不满的情绪的宣泄。针对这样的网络流行文化对中学生的影响，为使中学生能够在各方面健康成长，我们可以做好以下一些事情。

（一）增强对中学生的社会化道德教育，正视网络文化泛滥和思想渗透问题，提高中学生的个人修养能力、自律能力及适应现代社会的能力

中学生思想尚未成熟，识别能力较差，容易受到误导，网上各种各样的言论有可能导致中学生的思想观念混乱，道德水平下降。因此必须加强对中学生的思想政治教育，应改革传统的思想教育方式、方法，切实提高学生运用马列主义的立场、观点分析问题的能力，用邓小平理论教育和引导广大中学生，使中学生树立正确的世界观、人生观和价值观，增强中学生正确鉴赏事物、分析问题、解决问题、明辨是非的能力，从而自觉抵制不文明网络内容的侵害，自觉抵制外来文化的侵蚀。加强中学生的伦理意识和道德责任感，养成良好的道德习惯，遵守网络规范，不违背社会道德和亵渎文明。网络信息的开放性和共享性，不仅为中学生工作的发展提供了契机，也给中学生教育和中学生服务提出了新挑战。针对部分中学生逃避现实的倾向，要教育中学生分清虚拟社会和真实社会的不同，向年轻人分析社会的复杂性和必定存在的某些不足，使年轻人勇敢地面对现实世界中存在的问题，积极地投入到改造社会的实践中去。

例如，学校或者家长可以利用假期组织一些博物馆的参观活动，也可以进行一定的国防教育，同时可以带我们中学生去部队参观。当然我们中学生也可以在世界互联网大会的时候积极参与志愿者工作，真正地走进互联网世界，感受互联网的迅猛发展。

（二）加强培养中学生树立健康使用媒体的习惯

包括使用频率，怎样去使用，怎样避免接触有害信息，怎样对信息有一个正确的判断。具体到网络上应该从小树立培养中学生良好的网络使用观，引导中学生们利用网络做更加积极、健康的事情，培养一种健康良好的网络使用观，这对中学生的成长至关重要。积极引导，提高中学生文明上网意识和计算机使用水平。要对中学生认识网络、使用网络进行正确引导，改变中学生上网主要倾向于网络游戏和聊天的不良习惯，把其兴趣转移到提高计算机应用能力上，从而培养高水平的网络爱好者，同时要培养广大中学生网民的科学、健康的上网习惯，使其自觉抵制各种不健康、不文明的内容和行为的侵蚀，做社会主义新时期的合格网民，最终使得网络上不健康的内容因为缺少成长的土壤而自行消灭。其实经常正确健康的上网,对中学生扩大视野、增进知识以及熟悉电脑和网络技术是十分有益的。

(三) 做好家庭教育和学校教育的有机结合

随着电脑的普及和网络技术的快速发展,家庭电脑成了孩子上网的主渠道之一。因而,家长在加强孩子应用网络教育方面,承担着重要的、难以替代的责任和作用。首先应充分认识网络文化对孩子健康成长的巨大影响力,自觉配合学校搞好应用网络教育。家长平时在家中上网须严于律己,以身作则,坚决不做有违文明和道德规范的网上活动,这是对中学生最好的网络文明教育。其次,对孩子在家中的上网活动既不能放任不管,也不能因噎废食,禁止孩子上网,而应做好疏导工作。如提出完成课业、功课才能上网等要求,分析上网的利弊,限定孩子的上网时间,向孩子推荐健康、文明、有益有趣的网站,采用一些技术手段如设置密码、分级浏览权限等使孩子只能上指定的网站等,同时经常注意孩子上网的内容,对孩子参与的不健康、不文明网上活动及时指出其危害性,并坚决加以制止。

(四) 开辟中学生网站,构建中学生绿色上网通道,占领网络阵地

建立中学生网站的首要因素就是要考虑如何吸引住中学生的"眼球",没有点击率的网站是没有生命力的。网站是网络传播信息、文化的重要工具。中学生的上网活动主要是浏览感兴趣网站的内容,在某些网站聊天、游戏,进行网上冲浪和发电子邮件等。因此,建设一批健康、文明,尤其是对中学生能起正确导向作用且富有吸引力的网站,是进行网络文明建设的重要方面。在一些跟中学生教育有关的网站建设上,一定要针对中学生身心发育的规律和特点,如好奇心强、探索未知领域的兴趣浓、喜欢追求感官刺激、精力旺盛活泼好强等,突出新奇性、趣味性、科幻性和竞争性,精心设计网页界面,力求生动、新颖、有趣,充满青春活力。网站内容应以学习、就业、交友、心理咨询、法律援助等中学生感兴趣的、能切实为中学生服务的形式为主,服务中学生、凝聚中学生。以适合中学生成长的科学、文明、健康的知识、信息和游戏等来充实网络,使中学生愿看、爱上这些网站,并能从中获益,使之成为一条中学生绿色上网通道。

(五) 更换思路,加快法制建设,增强对社会网络文化的监管

网络文化实际上就是第四产业,信息文化产业的终端服务,是信息产业的推广平台和客户服务端,没有法制环境的同步建设,网络文化就很难快速健康发展的。第一产业靠重量取胜,第二产业靠数量取胜,第三产业靠质量取胜。作为第四产业的社会网络文化,要在国际化、信息化的新经

济时代存活下来，绝对不能再用农业化、工业化的思路来解释管理它。它取胜的标准就是要用规范的法制体系打造不同个性化需求、不同年龄层次需求来得以发展并生存。目前社会上形形色色的网络文化形式如网吧，由于受利益驱使，常常向中学生介绍一些低级趣味，甚至涉及暴力、凶杀、色情、赌博的网站内容和网络游戏，诱使他们长时间泡在网吧消费，其实是对第四产业的扼杀。我们要探索思考用法制化、产业化的思路去监管它。针对网络文化的特征和对中学生成长的影响，我们就要加强对中学生的正面引导，加强社会化思想道德教育，建立绿色上网通道、中学生网站和网络组织建设，实行学校教育和家庭教育相结合，更换思路加快法制建设，动员社会资源，网络中学生一代，塑造中学生一代，积极传播先进文化，努力为亿万中学生创造健康文明的网络文化氛围。

参考文献：

［1］于根元．网络语言概述［M］．北京：中国经济出版社，2011.

［2］吴凤．网络传播学：一种形而上的透里［M］．北京：中国广播电视出版社，2004.

［3］王炎龙．网络语言的传播与研究——兼论未成年人网络素养教育［M］．成都：四川大学出版社，2001.

［4］黄碧云．新生代网络流行语的符号解析［J］．新闻与传播研究，2011（2）.

第八章　网络媒介的影像制作

　　拍照，同学们在以前可能还没意识到自己是这么喜爱拍照的，自从有了自己的手机后，碰到老同学，"等一等"，拍照是必须的；端上美食，"等一等"，拍照是必须的；看到美景，"等一等"，拍照是必须的；遇到新鲜事了，"等一等"，拍照是必须的。我们发现，在生活里，原来已经离不开拍照这件事了。无论是通过手机也好还是相机也好，这些照片或是被我们保存下来收藏，或是通过微博、QQ空间、微信朋友圈等渠道来传递和分享。

　　很多同学都觉得自己只有手机没有相机，或是只有卡片机没有单反，又或是觉得单反满眼各种按钮看不懂……觉得自己离真正的摄影很遥远，其实不然，只要我们了解一些摄影的基本知识和技能，不管是用手机、卡片机还是单反，其实都可以让自己拍摄的照片变得更出色，而在网络媒介如此发达的今天，传统的胶片摄影、现代的数字摄影及数字化的后期处理和数字化的传播技术，又各自扮演着自己的角色，体现着各自的价值。

　　而在数字化处理和网络媒介大行其道的今天，作为一名中学生如何做好影像作品的创作，还是需要有较强的摄影摄像基础。本章我们将从"网络媒介的摄影制作基础""中学生网络媒介摄影策划分析与操作实践""中学生网络媒介视频策划分析与操作实践"三个方面论述，希望对同学们有所启发。

第一节　网络媒介的摄影制作基础

　　在胶片时代，一按快门，打开光圈，一幅美妙的图画就印在了底片上，仔细想想是不是很神奇？相机成像，简单地说是利用了透镜成像原理。我们知道，凸透镜具有汇聚光线的作用，光线汇聚的点称为焦点，焦点到透镜中心的距离称之为焦距，通常用 f 表示；在凸透镜的一侧，假设有一个物体（如蜡烛），它到凸透镜中心的距离用 u 表示，当 u＞2f 时，就可以在另一侧的荧光屏上看到与凸透镜一侧实物相同的像，呈缩小、倒立状态。

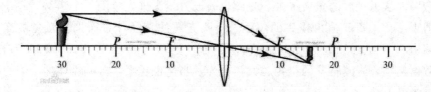

对相机而言,镜头就相当于凸透镜，拍摄的对象就相当于凸透镜其中一侧的实物，而荧光屏则相当于相机的胶片，当然，荧光屏只是显示出实物，并不能记录，胶片实为卤化银感光乳剂，每一张底片上由无数个卤化银小颗粒组成，一按快门，让光线通过镜头，到达底片，底片上一遇到光线，无数个小颗粒卤化银便会发生化学反应，同时聚合成大颗粒，接收的光越强，以此形成的颗粒也越大，而在底片上由不同位置的卤化银颗粒形成不同光线所呈现出的不同状态，整体就形成了一张照片。

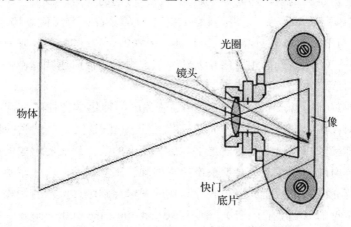

相机成像简而言之，就是打开快门，让底片接收光线，发生化学反应，形成图像。打开快门，接收光线的过程即称为"曝光"。需要注意的问题在于，每当我们想要拍好一张照片的时候，并不是只要打开快门，让底片接收到了光线，就能得到我们满意的想要的照片，我们经常会觉得照片拍得太暗了或者太亮了，本质上，原因在于底片总的接收的光线的量太少了或太多了，底片接收总光量的多少我们也称为"曝光量"。

而如何获得一张正确"曝光量"——即照片最终的亮度合适的照片呢？我们就需要明白曝光量由三个因素构成：光圈、快门、感光度。

光圈（英文是 Aperture）是镜头的一个组成部件，由许多叶片构成，形成一个小孔，小孔的大小可根据需要调节，光圈的大小即镜头中这个小孔的大小，也就是每次打开快门曝光时，光线进入这个镜头的孔径的大小，从而可以影响底片接收总进光量的多少（总进光量即可称为"通光量"）。从另一层的意义来讲，光圈也就成为镜头进光量的一个参数，用 F 值表示，光圈 F 值由镜头的焦距、镜头光圈的直径计算而来。常见的光圈值有 F1.4、F2.0、F2.8、F4.0、F5.6、F8.0、F11、F16、F22 等，数值越小，光圈打开的口径越大，进光量当然也越大，每一级增加一倍的进光量。

每一支镜头的最大光圈各不相同，一般可从镜头的标注上获知。看到诸如"1：1.8D"的字样，就代表该镜头的最大光圈为 F1.8。

快门（英文是 Shutter）是另一个控制曝光量的相机部件，简单来讲，是用来控制底片见光的时间长短。正常状态下它相当于是一扇门帘关闭着，使底片所处的区域形成一间不见光的暗室，当我们拍照按下快门钮时快门帘打开，让底片可以见光成像，这个快门帘打开的时间越长，底片接收的总光量也就越多，即光通量越大。快门时间的长短以秒为单位，常见的快门速度有 30″、15″、8″、4″、2″、1、1/2、1/4、1/8、1/15、1/30、1/60、1/125、1/250、1/500、1/1000、1/2000、1/4000 等，每一级时长约相差一倍，光通量也相应的相差约一倍，当然，快门速度越慢，光通量越大。

感光度，通常以 iso 值米表示，是胶片的一种化学特性，不同感光度的胶片对光线的敏感程度是不同的。感光度 iso 值越大，对光线的敏感度越高，即接收相同通光量的前提下，感光度大的胶片形成的图像的亮度会越高，同时胶片特性上也会反映出照片的颗粒感会越大，反之，感光度越小，同等光圈和快门速度下，胶片形成的图像会越暗，照片的颗粒感相对会弱。常见的 iso 值有 iso 50、iso 100、iso 200、iso 400、iso 800 等，其他条件相同的前提下，iso 值与曝光时长成反比，比如 iso 200 的胶片所需要的曝光时间，同条件下是 iso 100 的一半。

所以，通过对光圈、快门的调节，通过对不同感光度胶片的选择，我们可以得到想要的曝光量。

基于对传统摄影基础的理解，对今天网络媒介下使用更广泛的数字摄影的原理我们也不难理解，传统相机中，胶片是对影像的感光元件，在数码相机中，Cmos 或者是 CCD 就相当是胶片，来作为感光材料，通过 Cmos 或 CCD 这些感光元件捕获影像后，存储到 SD 或 CF 等存储卡上。Cmos 或 CCD 这些感光元件的特点是光线通过时，能根据光线的不同转化为相应的电子信号，从而进行数字化处理。所以数码相机拍摄照片，其本质是通过 Cmos 或 CCD 等元器件将模拟信号转换为一种数字信号的过程。

【思考题】

1. 如果有一张照片，它的正常曝光参数是光圈 F4.0，快门 1/200 秒，iso 200，想获得一样曝光量还能有哪一些光圈快门 iso 值的组合呢？

2. 传统相机的胶片从原理上说，相当于数码相机的那些元器件？

第二节　中学生网络媒介摄影策划分析与操作实践

同学们在摄影作品制作的过程中，无论是前期规划准备、实践拍摄还是后期处理发布的过程中，都需要去遵循一定的规范，这样才能让我们的作品更符合传统艺术、技术、道德和法律的规范，更突出作品的内容意义，使作品具有更高的艺术内涵。

关于什么样的摄影作品才算是好的作品？可能每个人都有不同的答案，但是真正优秀的作品是绝对能够征服绝大多数人。那么，为了尽可能地做到好、做到优秀，我们就需要在每个环节都花大力气、下苦功夫。

【活动】中学生摄影大赛（以学校为单位）

大赛介绍：本次大赛需以"最美××"为主题，拍摄你最满意的照片，单幅作品与组照均可参赛。现诚挚邀请全校学生摄影爱好者选送作品参赛。

参赛对象：全校在校学生

奖项设置：一等奖 1 幅/组　　　精美奖品一份、获奖证书一份

　　　　　二等奖 2 幅/组　　　精美奖品一份、获奖证书一份

　　　　　三等奖 3 幅/组　　　精美奖品一份、获奖证书一份

　　　　　优秀奖 30 幅/组　　获奖证书一份

征稿细则：

1. 单幅作品参赛时应配有标题和简单的文字说明，组照作品严禁以单张形式重复参赛。

2. 组照作品限 4—8 幅，组照也应配有标题和 500 字以内的总说明（包括时间、地点、人物、事件等要点）。

3. 上传的作品要求为 JPG 格式，字节数限制在 1M 之内，长 * 宽限制在 1200 万像素之内，比如 4000 * 3000 像素或 6000 * 2000 像素，最长边的边长不可小于 1000 像素。由评选委员会确定拟入围作品后，组委会

向参评者调取原始数据文件（原始数据电子文件或一次拍摄完成的负片或反转片），未按期提供者视为自动放弃入围资格。

4. 参评者所提交的照片不得包含参评者嵌入的任何标记、边框、文字等。

5. 含有暴力、色情、宗教禁忌等法律不允许内容的作品不予参评。

6. 参评者应对其作品拥有独立、完整的著作权，还应保证其投送的作品不侵犯第三人的包括著作权、肖像权、名誉权、隐私权等在内的任何权利。参评者均视为认同本条款内容。凡因上述保证落空而导致的相关纠纷，一切法律责任均由参评者本人承担，与主办方无关。

评选方式：由专家评委评选出一等奖、二等奖、三等奖和优秀奖作品。

这样的一种比赛形式的活动，操作起来简单、方便，而且很有吸引力和号召力。每个学生都可以参加，不会占用到在校的学习时间，同时也丰富了他们自己的课外生活。而风光摄影有吸引力的原因之一就是它能够在一天的任何时间、一年的任何时间和任何自然光线条件下进行。它还鼓励我们去探索神奇的户外世界。在户外，学生们的精力会更加充沛。同时，风光其实是摄影中最流行的领域，因为它非常容易实现。它不像其他更多特殊领域，经常需要购买额外的设备，所需要的仅仅是一部相机和想走到户外的意愿。你不需要使用一部很昂贵的相机，甚至使用手机也能达到可以接受的效果。学校选择的应该都是学生们比较熟悉的、离学生们比较近的风光美景，这在很大程度上也帮助了学生实现自己理想的拍摄。所以学校组织这样一项活动应该是非常合适的。

但在之前我们也提到了很多同学都会有的困惑和难题——我不会拍照，我不知道怎么拍才算是专业的、好看的照片等，因此在正式组织这个摄影比赛活动之前，学校可以先给同学们开设一个关于摄影知识的讲座，教授一些基本的技巧，一些固有的步骤，等等，让同学们心里有底，行动的时候更有章法和底气。讲座的内容应该要涵盖以下三个步骤的讲解。

一、前期规划准备

熟悉你的相机是很重要的第一步，并且使用得越多，你就越熟悉它的许多器件。如果相机有很多你不熟悉的特征，那么就去尽量尝试吧。俗话说熟能生巧，虽然摄影是一种创作形式，不能用"熟练"来判定好坏，但是依旧需要熟练来作为拍摄的基础。理想的状态是，你的相机成为你自己双手的一部分，操作它成为你的信手拈来，所以当需要的时候，你可以随心所欲地进行拍摄，一次次捕捉出色的影像，不至于手忙脚乱，不知道按哪个键，而错失了不可多得的美景。

计划是好的摄影的根本。风景时时变化，秘诀就是在合适的时间找到合适的位置。很多时候，我们总是说"来一场说走就走的旅行"，但如果在摄影时，你怀有这样的想法，可能会导致你收获到的好的作品少之又少。因为像"美好的神奇的景色会随着我的脚步，而一点一点展现在我眼前"这样的情况，是很少会那么幸运地发生的。更可能的是，你在到达一个场景后意识到：如果我两个星期前到来这里，就可以把它拍得更美、更动人，所以你错过了最佳拍摄时机，尽管依旧可以拍摄，却无法达到最佳的效果。所以只能遗憾地在拍摄日期上注明，将这一拍摄计划安排在明年吧。但是不是所有的事情都可以提前计划。不管你是多么有计划，有准备，都有可能发生你完全没有预料到的事情，这个时候也不要太气馁，觉得自己之前所做的种种都是无用功，一点都派不上用场，尝试淡定、坦然地接受这一突发情况，然后或许可能达到意想不到的效果，收获到优秀的作品。即使最终没有，也至少没那么遗憾。对于处在最好的年华的少男少女来说，尝试总比不尝试来得好，来得更容易让自己接受结果。

毫无疑问，对于新的数码相机使用者，最重要的就是要知道如何创建一个"HDR（高动态范围合成）"文件。尽管一直在改进，传感器仍然缺乏那种传统胶片的宽容度，因此，在高反差的情况下，你的相机可能因为周围的光线条件不能捕捉到影响整个动态范围。同时，也要注意一点：当创建一个"HDR"文件时，你很容易夸大这一过程，而忽略了其与现实的联系。简单来说，也就是让作品失去了它原本的真实性，它展现的可能不是它原本的样子，而是你修改之后的样子。使用编辑软件也会引起类似的争论。拍摄一个风景时你是在表述你看到了什么而不是你想看到什么。Photoshop 软件里的一些功能很强大，以至于它们可以将一个竖起的耳朵变成一个柔软的嘴唇，但这时候会有质疑：这样是真诚的风光摄影吗？不仅是风光摄影会有这样的疑问，在纪实摄影来说，这样的问题更敏感了，甚至在纪实领域，有这样的规范。第一，创作内容如果为纪实摄影，务必追求摄影的真实性，不得对作品内的主体进行增减，不得改变真实事件表达的内容；第二，对于纪实摄影不得过度调亮、调暗作品，不得对局部进行裁剪、处理等使作品产生内容误导的倾向；第三，纪实摄影中使用了多重曝光、合成等技术手段及翻拍、摆拍、场景重演等拍摄方式时，必须加以说明等。但是即使是使用"HDR"或者是 Photoshop 等软件有很多种的顾虑，我们也不能否认它们给我们带来的好处，给照片带来的完美改善。有些时候，确实是只有通过一定的手段，一定的辅助，我们的摄影作品才能达到我们想象中的效果。

二、实践拍摄

1. "踩点"

因为本次大赛的参赛对象是全校学生，所以可想而知，学生选取的风光也是比较局限的。要么是自己朝夕相对的校园，自己非常熟悉的地方，比如家附近或者不远的公园等，要么就是出去旅游时所见的名胜古迹、自然风景。但不管学生选择的风光在何处，是自己熟知的地方还是自己不了解的地方，拍摄之前总要先有一个步骤——"踩点"的。观察是很关键的，也许迫于现实原因，你只能选择离自己比较近的风光，相对而言可能也就是你比较熟悉的地点了，但是无论是在一个新地点还是一个离家近的地点拍摄，拍摄之前去勘察地点是非常重要的。在你上下学的路上，在你运动的公园里，在你学习的学校里，等等，这些地方在你没有带有目的地去走过时，你可能发现不了它们的美好，而风光摄影的真正艺术性在于能够发掘一个地方的潜在美，即使那时这个地点看起来不是那么精彩。你需要问自己的问题是：如果我拍摄的对象是这个的话，拍出来会有什么效果？如果我从这个角度拍摄，会有什么不一样的效果？如果我晚上再回来拍摄同样的风光，它又会变成什么样子？……正如托尼·沃洛比克说过："对于成功的风光摄影来说，了解太阳的位置、天气条件或即将来临的季节如何影响风光是很关键的，尝试预料将有哪些影响也是至关重要的。"

2. "小清单"

我们依旧以该项大赛作为背景进行假设。第一种情况，学生选择自己熟悉的风光作为自己的拍摄对象。比如自己上学的必经之路，偶然的一瞥，你发现了它隐藏起来的独特的有趣之处，但现在你没带相机，又赶着去上学，怎么办呢？这种时候，你就要拿出你的手机迅速地拍摄下来，并记录何时何处何种角度拍摄下该照片，作为一个非常直接的视觉记录，或者就是拿出你的小本子，在纸上记下相同的内容，但比起直接的视觉记录，这样的纸质记录的内容可能需要更为丰富一些，比如增添些你看到该景色的感受等，这对你以后在脑海中回忆会有一定的帮助。第二种情况，学生选择的是自己旅行时所遇到的风光。这种情况相对于前面一种来说麻烦一些，因为你不可能无限次地路过这个地方，甚至如果是跟团旅游，你在这个地方停留的时候也许是短短的几个小时甚至几十分钟。在这样短的时间里，你就需要最大程度地依仗你的第六感，灵光一现，或许就是一张佳作。以上所说，都是你已经亲眼所见之景，需要你去即时抓住这风光之美的，但对于未见之景，可通过回忆、通过想象来记录你觉得这风光的有趣之处。因为风景的不断变化是一个连续的统一体，有些你之前看到的觉得最没有希望的景色，在你的回忆中也可能会拨开它面前的云雾，从而可以看到它独有的精彩的瞬间。例如，你可能在学校里经常路过一座有意思的花坛，但是你担心远处那片不堪入目的工业区。然而，如果你在浓雾中路过同样的花坛，丑陋的背景将不再是问题。风光可以是季节性的，这一点也令人感到十分惊奇。在冬天看起来，白茫茫的、完全没有任何趣味的风景，在春天可能很容易就会有所转变，让你眼前一亮也说不定。

3. "做研究"

在之前的"小清单"这一点中，我们提到如果选择的拍摄对象是旅行时所见的景色，那么相对而言会比较困难。正是因为有这样的难题存在，我们在旅行之前就要有所准备，甚至越充分越好，最起码你必须花费一定的时间来研究一下你要去的新地点。不管是从哪个方面来说，这都是很重要、很有价值的。对于有经验的摄影师来说，提前的准备可以确保你携带的硬件设施。但更多的是对于很多初学者，有更大的用处。初学者本身就像是一张白纸，就算他有慢慢的兴趣，也抵不过"两眼一抹黑"的现状。所以我是比较鼓励初学者去看看别的风光摄影师曾经在哪里拍摄，他是如何拍摄的。就好比在学校里学习一样，这样的手段就像是老师手把手地在教授你一些从来没学过的知识。当然，学习新知识的方式有好多种，和讲授不同的还有一种比较常见的就是自学。自学的内容多种多样，基本上风光书籍、当地的明信片或者宣传页都会有很有用处、很有帮助的。与此同时，网络上的各种资源更是不要放过，比起上述所说的书籍、明信片或是宣传页等，这些网络上资源更容易获得。拿百度这样的网站来说，关键词一搜索，出来的内容甚至不是用成千上万来计数的，这么多的风光摄影作品就算不是所有的你都喜欢，就算不是所有的都符合你现在的水平，不适合你去学习，但是你总归还是能像淘金一样，找到一些能体现你想去的那个地点的特定的魅力的摄影作品。学习是非常重要的，但也不要被一些风光摄影作品过度迷惑，更不要复制、抄袭。相信各位同学知道这样做是不道德的，而且同时也应该相信自己可以做到的，自己也可以拍摄出优秀的作品来，选择不偷懒的方式、选择有创意的方式来完成自己的拍摄作品。

4. "抓时机"

在前期我们已经做了那么多准备工作的前提下，如果是一些初学者或者是要求相对而言比较低的参赛者，这个时候其实已经可以考虑正式开始拍摄了。计划怎么拍摄照片最重要的事情就是精准地判断你什么时候按下快门才是最佳选择。仅仅只是差个几分钟或更短的几秒或几分钟，就可能发生各式各样的问题。正如赫拉克利特所说的"人不能两次踏进同一条河流",风景是不像静物那样一成不变,它是瞬息万变的,是一刻不停的,这种说法举个例子就非常容易让人理解了,比如说你拍摄的风光中有一朵非常关键的、处在极佳位置的云,但是可能几分几秒钟的时候就已经被风吹到另一个位置,而这个位置远远比不上你刚才选择的那一处。再比如当时那个画面,你需要特定的太阳的光线,而时间的一推移,光线也就随之发生了或大或小的变化。而这样的问题,是需要你花几倍、几十倍的时间来解决的,你可能要等待几个小时、几天甚至几个月才能继续拍摄,更严重的是你也许再也找不到能像几秒几分钟前这么能引起你心灵激荡的一瞬间,然后就错失了机会。所以说一定时候,影像的成功取决于那些风景中瞬间才有的精彩部分,优秀的风光摄影师必须要牢牢抓住该按下快门的那一瞬间。但是作为一名风光摄影师,你必须意识到的一件事情就是很多时候你计划了很多,你也准备了很多,但是计划还是赶不上变化,那么能做到的也就是尽量把这个变化也预料到,也计算在其中了。而从另一个方面来说,如果你不是非常有目标的,不是很确定你想要完成的到底是什么的,那就不必局限于一个角度,一个时间点,一个地点,你可以选择在不同角度、不同时间点、不同地点进行试验,直至找到你心满意足的角度、时间点、地点等。

而按下快门这一动作也是需要下定决心的。在你下这个决定之前,你可以用稍微长一点的时间观察,此处的观察和我们之前所说的"踩点"又有所不同,是在拍摄过程中的观察,只有经过这样细致的观察之后,你才基本上会有感觉,我到底是这个时候按下快门好呢,还是在中午的时候,又或者是在黎明前拍摄的效果会更好呢。这快门按下的时间取决于你的判断,而你判断的基础便是我们刚才所提及的观察。

最后,如果你在你选择的这一处你觉得很有魅力或者很有趣的地点,你按下快门之后,得到的拍摄作品并不能展现你所期待的那一面时,你就需要反思了。到底是这个地点的风光确实缺少了一些什么因素不能让你满意,还是说今天的拍摄没有达到"天时地利人和"。前一种可能性,就需要及时地调整你的策略,换一处可能会更好,而后一种的话,那就好好准备,在更好的天气条件下,在更好的时机下,再来一次或者好多次吧。

5. "选方向"

因为长方形的相机是比较常见的,但就算是用手机拍照,我们也会考虑我到底是把手机竖起来还是横过来。同样的,当我们用相机拍摄风光时,当然也会有这样的考虑。我们面临一个相机方向的选择——使用"风光"格式还是"肖像"格式(横画幅或竖画幅)。一般来说,当我们准备拍摄人物时，我们基本上都选择竖直托着相机，使用"肖像"格式。但另一方面来说，我们在准备拍摄风光时，并不是一定要优先选择"风光"格式，即水平方式拍摄风光。"风光"格式的好处是可以更为有效地配合画面框架，但这不一定就是最好的选择。总而言之，还是需要具体情况具体分析的。

很多其他因素对于相机方向的选择也是有影响的，比如说镜头的选择。当你使用超广角镜头时，"肖像"格式比起"风光"格式，有一个非常惊人的优势：就是很大程度地增加镜头的景深（指在摄影机镜头或其他成像器前沿能够取得清晰图像的成像所测定的被摄物体前后距离范围。而光圈、镜头及拍摄物的距离是影响景深的重要因素）。如果你能在距离近的前景中发现某个有趣的特点，这个功能当然就很适用。相反，长焦镜头一般适合"风光"格式，尤其是你想浓缩画面时。但是在具体的拍摄中，你永远不要强调规则，永远不要强调"照常理来说"，所有的规则、所有的常理都抵不过一个"现场情况"，关键还是需要你这个摄影师的判断。摄影有点类似于文学创作，需要的也就是创作者的灵感。在你拍摄一处风景时，你首先选用的是"风光"格式，但拍摄下来的效果不尽如人意，这种时候你就可以尝试将相机竖直起来，试试看"肖像"格式，看看效果会不会有所改善。所以，关键还是一句话，那就是勇于尝试，敢于尝试。选择正确的格式将会有助于你的构图，但不是永远固定在那几种情况之下，"见机行事"。

6."试位置"

拍摄风光时，虽然我们在前面提到不是一定要把相机放置成水平方向，但是一般来说，没什么特殊情况，是很容易将相机保持水平的，通常天空会从顶部占据整个画面的1/3，或比较少见地占据2/3。这都是可以简单理解的，如果说我们完全不了解风光摄影，我们也会选择这样的方式去拍摄。这主要是源于风光摄影自然本质的反应，当然有时候也值得考虑其他不同的拍摄点。

大部分的摄影师都是从他们站的位置那里拍摄，大概是距离地面两米不到的位置，但这不一定就是拍摄的最佳位置。关于位置的角度调整这一点，是十分容易想到的，因为在日常生活中，你就一直有意识或无意识地用到了。看一样东西，你站着看不到全景，自然而然地你就会蹲下，或者探出头，或者换个位置去看。就是这样简单地通过这些动作，你马上就可以探索到一个和之前完全不同的观察点。而这样做了以后，由于位置的角度完全改变，一般就会产生惊人的效果。

像一些热门微博"你知道这些美丽的照片是怎么拍摄出来的吗"，就给了我们举了好多类似的例子。为了拍摄这些美丽的照片，摄影师有些时候是蹲着跪着，有些时候是叉开双腿，有些时候是趴着躺着，等等。这种拍摄位置角度的改变放在风光摄影中同样是十分使用的。当你遇到令你兴奋的、忍不住马上就要拍摄下来的潜在的风光时，但是却不能立即找到有趣的、有利的拍摄点时，你就可以考虑转变你的拍摄角度了。你或许可以考虑仰面躺下，当你周围是自然的高耸物如树或峡谷时，这样做会很成功。用你所拥有的最广角的镜头，你将会被低得像虫子一样的视角如何让垂直物体充满戏剧性所惊呆。先前我们提到拍摄时，相机方向很重要，竖直还是水平各有优劣，但是你决定从哪里拍摄，也就是拍摄的位置、角度也是很重要的。比如，当你处在景色的上方，也就是高处时，你最自然的想法当然是往下拍摄，但是也许你可以设想一下如果你从另一处更好的位置，比如和景色平行这一位置或者更低的位置拍摄会是什么样子。通过改变拍摄位置、角度，你能把这个作品拍得更完美吗？同样的，如果你正在仰视一座山或其他什么景色时，试着设想你在一个更高的位置或者平行的位置拍摄会是其他什么样效果。归根结底，和按下快门的时机、镜头的选择等情况是一样的，关键就是抓住你要拍摄的景色是什么样的特征，然后你再结合你的相机、镜头等选择最好的拍摄点。

7. "择光圈"

景深影响图片的清洗效果，很大程度上由你所选择的光圈控制。所以选择正确的光圈是决定风光摄影成功与否的根本因素。使用大光圈（典型的是数码单反相机的标准变焦镜头的 f/2.8 光圈），影像景深小。如果你选择一个小光圈（典型的是标准镜头的 f/22 光圈），影像景深大。从光学角度说，几乎所有镜头都是在光圈 f/8 或 f/11 时效果最好。

8. "想构图"

当你到达了你选择的风光之处，风光是令人沉醉的，光线是完美的，你找到了最佳的拍摄位置和角度，也带上了合适的镜头，也找出了最理想的光圈和曝光，在这种时候，就必须考虑最重要、最不可忽视的一点了：如何构成你的照片才能最好地与别人分享你看到的魅力风光？到了现阶段，就好比写一篇应试作文，你有了写作材料，你也确定好了自己写的是议论文，那么现在就是要确定要你的写作框架了，到底是用"三个分论点"这样的结构还是用"是什么、为什么、怎么办"这样的结构。但是在确定框架之前，一篇议论文的重头戏应该是论点的设置。放在摄影之中，也就是我们在构图之前，要首先找到风光中你认为最令你激动的地方，然后你开始考虑构图，我应该这样，我应该那样，让照片的观看者可以全面、精确地了解你的作品，他们会理解你为什么拍摄了这张照片，到底是什么地方吸引了你。以下两个原则是较为常见的构图原则：

三分之一原则：通过在横向或纵向上分别将画面切割成三份，将主要主体放置在任何一个点上就可以帮你创造一张不对称的图片，然而，当你想突出两个或更多的关键点时就会变得越来越困难。

中央子午线：假设一条看不见的线在你构图的正中间，然后以它两侧均衡你的关键元素为目标，但当你拍摄风光时，这（绝对对称）几乎是不可能做到的。

最后，作为一名合格的风光摄影师，还是要时时刻刻提醒自己，不要让自己成为"规则"的奴隶，不要让它凌驾于你之上，"规则"是为你服务的，不是用来束缚你的。不需要每次都去想这样构图对不对，符不符合常规，只需要考虑这是否符合审美即可。

三、后期处理：高动态范围合成（HDR）方法

一般学生使用的相机比较常见的也是数码相机，使用数码相机的优点是数不清的，然而它们有一个极度明显的缺点，那就是与传统相片相比，它们有一个受限制的动态范围。这个受限制的动态范围意味着什么？使用胶片，尤其是彩色负片，如果你拍摄一个风光，即使在逆光条件下，你也可以期待在光亮和阴影部分看见可识别的细节。在相似光线条件下使用数码相机，结果则会让人非常失望，除非你使用一个校正滤光镜。在阴天，天空中散射的光线比前景中的强时，这尤其是一个问题。拍摄或者是天空正确曝光而前景不足，或者更通常的是，前景曝光正确而天空曝光微弱。现在设计出了几个高动态范围合成（HDR）技术来解决这些问题。

1. PHOTOMATIX PRO

最流行的高动态范围合成技术包括使用 Photomatix Pro。这是一款非常有用的，允许你将不同曝光效果的文件合并在一起的软件。它可以从 www.hdrsoft.com 网站上下载。典型方法是，你可以决定把同一张风光照片分割成三四张不同曝光效果的，使每张具体不同的色调值。通常当你计划一个 HDR 文件时，将你的相机安置在三脚架上，连拍几张以使所有色调范围都包括进来，但有时候这不是总能实现的。现在很多相机有自动包围曝光（AEB）功能，按一下快门可以进行三次拍摄：一次正常曝光，一次曝光不足，一次曝光过度。典型方法是相机允许你包括的曝光范围是加或减 2 挡或设置成增加 1/3 挡，但为了最好地使用这一功能，尝试将其设置成高一挡曝光过度和低一挡曝光不足。即使你的连拍不是完美均衡的，在 Photomatix 中使用 By Mathing Features 功能也可以帮助你校正。

另一方案是从一个单独的 RAW 文件中建立虚拟的 HDR 文件。在 RAW 中将照片通过 Brightness slider 转出几张不同曝光值的照片。

（1）色调映射（Tone Mapping）

第一，打开 Photomatix Pro，选择 Generate HDR Image，然后浏览并选择你要合并的文件。你可以和下图案例一样选择三张，但如果有需要你可以选择四五张照片。

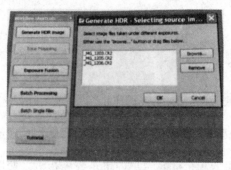

第二，选择 OK，Generate HDR-Options 对话框将出现。在 Align Source Images 单元中需要确保 By Matching Features 功能被选中，以保证三张手动拍摄照片是完全均衡的。如果完成，点击 OK。

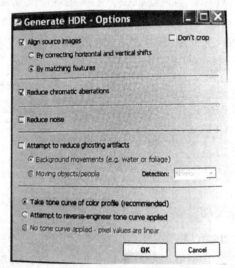

第三，现在 Photomatix 将不同曝光的照片合并到一个单独的 HDR 文件，它应该包括了一个完整的色调范围。你的照片在这一阶段看起来会很让你很失望，因为仍然需要继续调整：为了完成这个点击 Tone Mapping。Preview 和 Tone Mapping Settings 调色板将会连同直方图在另一个窗口出现，如果还在可控中，你需要不断地检查。Preview 仅是近似图，没什么价值。

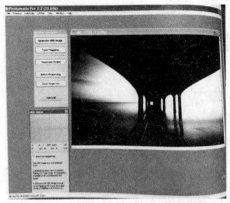

（2）色调映射的设置

色调映射设置将会决定给你最终影像的色调范围，试试看能实现什么样的效果是十分有意义的。你可以选择使用 Details Enhancer（细节增强），可以增强对比度，提升阴影部分的细节。效果看起来像"美术"。

另一方法是尝试使用 Tone Compressor（色调压缩），这被设计成能给出一个更像摄影的图片。通过按钮测试这两个中的任何功能。当使用 Tone Compressor 时，你将会有一个 Brightness（亮度）调节器、Tonal Range Compression（色调压缩范围）和 Contrast Adaptation adjuster（对比度）调节器，这些是改变图片整体色调的工具。当使用其中之一时，你需要认真观察直方图；为了完成一幅真实的风光图片，应尽力确保在整个色调范围内保持平衡。

Details Enhancer（细节增强工具）给你更多选择，但记住这也给了更多出错的机会。理想状态是与 Tone Setting 一起开始。当看着直方图时，使用 White Point（白场）来产生最大值的强调，Black Point（黑场）会产生最深的黑色，然后使用 Gamma 滑块来建立整个图片的色调。Color

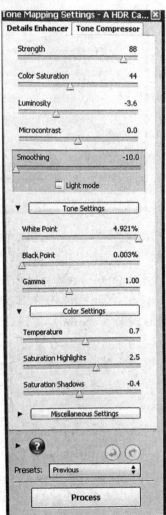

133

Setting（颜色设置）有一些非常有用的选项。

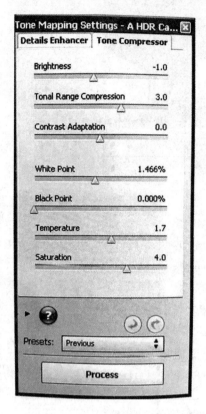

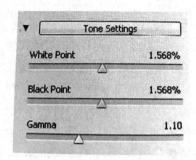

Temperature（色温）调节器让你决定相关的色温值与光亮的饱和度；Saturation Shadows 调节器允许你在亮或暗的区域增强色彩。Presets（预设）是很诱人的，但它会导致你的图片看起来不自然；一般除了选择Natural，不会选择任何其他的。如果你想通过可控途径增强色调，那就尝试试验 Smoothing 与 Strength 调节器，它将引起戏剧性效果，但不会丢失与原始图片的联系。

（3）曝光融合（Exposure Fusion）

这是一个创建 HDR 文件的更简单的方法，并具有效果看起来更自然的优点，同时也是一个最不可能产生噪点的方法。当 Workflow Shortcuts 出现时，选择 Exposure Fusion——选择文件夹，确保是可支持的图片来源，匹配特征是选中的。点击OK，一张合成图片将会出现在预览框中。

左侧的控制钮允许你稍微修改混合的图片。选择"Highlights（高光）和 Shadows（阴影）－Adjust（调整）"，将允许你做进一步的色调修改。

2. PHOTOSHOP 中的 HDR

Photoshop CS 版本也有色调映射选项，虽然不像 Photomatix 那样综合性强，但也提供了很有用处的一个可选方案：Photoshop CS5 中的效果尤其好。

第一，进入 File（文件）＞Automate（自动）＞合并到 HDR Pro。当 HDR Pro 对话框出现时，选择 Browse（浏览），然后选择你想要编辑图片所在的文件夹。最好是保存一份 RAW 格式的影像，因为它有更好的动态范围。如果将所有需要的文件都保存在相同的文件夹中你会觉得很方便，确保"尝试自动对齐源图像（Attempt to Automatically Align Source Images）"是选中的，然后选择 OK。

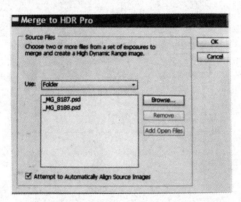

第二，HDR Pro 对话框的 Merge 将会与合并后的影像一起出现，通常这时的结果已经接近满意。源文件出现在对话框的底部。在这一阶段，你的 HDR 文件需要一点儿扭曲。

第三，为了完成这个，需要使用对话框右侧的各种调节器。最有用的出现在色调与细节部分中。

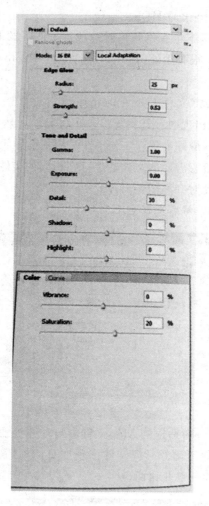

【思考题】

1. 如果你参加风光摄影大赛，你会选择哪处风光？为什么？
2. 说说你拍摄某处风光时的想法和设计。

第三节　中学生网络媒介视频策划分析与操作实践

根据释义，影像人对视觉感知的物质再现，所以影像除了静态的摄影作品之外，应该还包括动态的视频制作。中学生的眼界也不应仅仅局限于静态了。就当今社会而言，视频拍摄实际上已经渐渐成为一个流行趋势了，数码影像成为现在人们日常生活不可或缺的一部分。举几个例子就不难发现了，比如说微信的小视频，短短的 10 秒钟时间比起照片来说，它能展现的内容更为丰富，形式也更简单。如果用照片，这 10 秒钟可能就是好几张照片，还不一定能像视频那样有连续性。再比如说，现在的微博有了一个新的功能，在原先的又能发文字、又能发图片的基础上，新增了"我的故事"这一功能，微博玩家们可以拍摄不定长短的视频，记录自己日常生活中自己觉得非常有趣的部分，并能即时地进行共享。因此，怎样拍摄视频、怎么处理视频也是需要好好学习的一部分。

一、拍摄视频

首先，我们说说能用来拍摄视频的设备，比起照片拍摄来说，一般的手机、数码相机、单反都是可以用来拍摄视频的。除此之外，还有比较专业的摄像机和 DV（数码摄像机）。这里说的这些设备都是可以用来拍摄视频的，但拍摄出来的效果如何，就另当别论了，不同的设备当然会有不同的效果。如何选择拍摄设备，其实也就取决于你到底想要达到怎么样的拍摄效果了。

然后，我们说说拍摄视频时必须注意的一些地方及可以用得到的一些技巧。

第一，最基本的就是要做到你的拍摄设备，你要拿得稳。因为你的视频拍出来，最重要的目的应该是要和别人分享，所以你设身处地地去想一想，如果别人看到你的视频是像坐船一样地晃来晃去，观看者会是什么样的感受呢。这种摇晃的感觉第一时间就让别人对你的视频有了非常差的印象，想要靠内容去拯救这样的第一印象是比较困难的了。所以，我们不要无视这最简单的，也是最基本的一步。

第二，和拍摄照片类似，我们在录制视频的时候，也要保证自己能找到正确的曝光，这是任何影像作品的前提。一般来说，如果你是完全的新手，那么你不用特别去关注我到底该怎么去设置，只要达到基础要求——不太亮也不过暗就行了，这样操作也就不会给别人挑毛病的机会。但是你想追求更高的水平的话，在录制视频的时候，你就要好好考虑一下，做一些比较特殊的处理。而在这种特定的情况下，曝光不足或者曝光过度又是非常棒的选择。我们之前在"摄影"这一章节中提到的，不论是什么样的操作、设置，都是为拍摄这张照片服务的。在录制视频这件事上，也是同样适用的。无论你选择怎样的曝光，你都是为了突显你这个视频的主体，并没有什么"不二法则",最合适的才是最好的。

第三,同样我们也要提到录制视频时的构图。视频说得极致些,就好像是许多照片连续、无间隙地按顺序播放。所以,当你拿起了你的设备,你也还是会考虑同样的问题,怎么样拍摄、选什么样的角度才会好看些呢?在这里,主要介绍两种方法,一种是传统的、经典的九宫格,也就是把你这个视频想要突出的重点放在录制画面的黄金分割线处,即画面三分之一的位置上;另一种则是偏构图,把你的重点放在一个比例更偏的位置。各有优劣,没有特殊情况下,传统的九宫格是比较合适的一种构图方法,因为画面三分之一的这个位置是经过科学认证的,即"黄金比例"。所以不管你是录制演讲或是其他什么,将主体放置在主画面的黄金分割线处都是最好的选择。但有些时候偏构图又是一种让人看了非常有感觉的、让人感同身受的一种构图方法。最终还是要由录制的主导——摄影师来判断、选择到底使用哪种构图法。

第四,寻找合适的景深,或者可以说是背景的虚化。从我们的实际情况出发,在我们没有想过自己去录制视频之前,我们应该是也会常常看电视或者看电影。仔细去看,就会发现怎么有时候前面的物体看得清清楚楚,后面却很模糊,或者是正好相反的情况,前面隐隐约约,后面却一清二楚。实际上,为什么这么处理是非常简单的道理,就是取决于你到底想要突出的内容是什么。如果你录制出来的视频里面,你想要突出的主体和你选取的背景是一样的大小、一样的清晰度的话,观看者怎么去分辨、区分呢?尽管你的目的是很明确的,但很可惜你并没有处理得当。所以说,如果你想展示的内容是不分主次的,全部都是重要的,那这个情况下,你的景深就深一些,也就不需要背景的虚化。而如果在这画面中,你需要观看者一眼就能找出你的重点的话,你就需要一个焦点,一个最容易让人看到的地方,那么这个时候,除了焦点以外的部分最好是看不清楚了,也就是说你的景深需要浅一些,就需要背景的虚化了。利用镜头和光圈,就能够轻而易举地拍摄出主体突出、背景虚化的效果。因为光圈越大,背景越虚,焦距越长,背景越虚,主体越明显,这样你的视频就会看起来更有感觉,更能触动人心一些。

前面四个要点都是有关技术的,而最后一点要说的就是关乎视频内容本身的。你能拍摄的内容数不胜数,甚至可以随手一拍,拍到什么就是什么。但是我相信绝大部分情况,你都会有自己的想法,已经决定好了要给观众展现的是什么样的内容。但是最好能做到以下两点,就是你想分享给大家的视频内容是非常有趣的,或者就是按现在流行的话来说是非常"正能量"的。

二、处理视频

一个完整的视频录制工作，除了先前录制视频的部分，剩下的内容我们全部归结为视频后期的处理。

在正式开始动手处理视频之前，我们先了解一下相关的视频后期处理软件。简单地列举一些基础的视频后期处理软件，第一类是平面软件，如Photoshop 或者 Illustrator；第二类是剪辑软件，如 Premiere 或者 Vegas，Edius；第三类是特效软件，如 After effects 或者 NUKE；第四类是三维软件，如 3Ds Max 或者 Maya。

在选择完合适的软件之后，就正式开始处理你的视频。视频的后期处理主要包括三大方面。第一是组接镜头，也就是通常所有的剪辑，因为你在录制视频的时候，不太可能非常顺利地、从头到尾都是你想要的内容。你录下来的视频可能是断断续续的，或者说有些内容你看了之后觉得太多余的，这个时候你就很需要剪辑，去粗取精，留下最精华的东西。第二是特效的制作，比如说虚化背景、突出焦点等。第三是声音的制作，不管是插入背景音乐还是人物的配音都属于这一类。

千万不要小瞧这后期制作，觉得自己可以把大部分精力都放在录制上面，从后期制作要做的事情来看，比起录制来说，工作量大得多，也要精细得多。总而言之，视频的后期处理在整个视频的制作过程中占有非常重要的地位，它能将已经录制完毕的视频，这块璞玉打磨成一块真正的美玉，让前期断断续续的视频能够整合成一个完整的模块，解决前期制作中遇到的问难和当时无法解决的问题。"行百步者半九十"，有了一个好的开始，也要兢兢业业，勤勤恳恳，直到最后。

附：班会课课堂实录

学会感谢　学会感恩[①]

【活动目标】

在我们的生活中，有很多学生拥有着得天独厚的资源，但是他们却还不满足，觉得自己和别人比还是少了很多，殊不知父母已经把能给的最好

---

① 本附录由浙江省嘉兴市秀水高级中学班主任朱钰老师提供。

的全部给你了。当然不仅仅是父母，在学校还有很多的人都在为你奉献，说夸张一些就是"掏心掏肺"。所以现在学生们缺少的就是感谢和感恩。

通过本次主题班会的开展，目的是让同学们意识到，自己拥有的一切都离不开他人的支持和帮助，教育他们要拥有一颗感谢、感恩之心，就从现在做起，从身边的每一件小事做起，用行动来回报父母、老师和社会。

【参加人员】

以全体学生为主体，学生设计实施，以班主任老师为辅助。

【活动准备】

1. 搜集关于"感谢、感恩"的相关资料，设计主题班会的环节与流程。明确本次主题班会感恩的对象有五个类型：父母、老师、宿管、保安、后勤。

2. 挑选两位同学作为主题班会的主持人，并让他们根据班会的环节设计好相关主持词。

3. 将剩下的同学分成五个小组，每个小组选择一个感恩对象，拍摄一段3—5分钟的小视频，并配有相关解说词，制作好自己组的PPT，并交由PPT制作者汇总。

4. 统筹制作多媒体课件，并告知每个小组的展示顺序。

5. 活动开始前调试好电脑、投影机、音响等设备。

【活动课时】

一课时

【活动实践】

主持人1：踏着滚滚历史的车辙，透过千年的尘埃，代代相传的浪漫经典之作《白蛇传》让我们看到了感动人心的故事。

主持人2：千年之前，市井之边，有位书生救了一条白蛇，白蛇修炼了千年，化为人形，为的就是报救命之恩，于是《白蛇传》中不仅有凄美的爱情故事，更有一份感恩的深情蕴含其中。

主持人1：感恩自然，因为自然赋予我们生命。感恩社会，因为社会给予我们安宁。

主持人2：感恩父母，他们是无私无偿地爱着我们。感恩他人，他们即使是擦身而过，也一定有曾经对我有恩的人。

主持人1、主持人2：高二（3）班"学会感谢，学会感恩"主题班会现在开始。

主持人1：生活之中，我们需要感恩，通过感恩，让我们拥有纯洁的心灵和善良的品质。

主持人2：因为感恩，我们用清亮的双眼观察周遭的一切。因为感恩，我们在不经意间出现生活的美与真。因为感恩，我们在生活的点滴中拾到了幸福。

主持人1：下面我们先来看看第一小组给我们展示的内容。

小组1：我们小组选择的内容是感恩父母。在看我们小组拍摄的视频之前，我们先来做一个小小的测试吧。测试内容请看PPT。

PPT展示：以下五个问题，你能回答出来几个呢？

父母的生日；父母爱吃的一道菜；父母的身体状况；父母的工作性质及劳累程度；父母对你的期望。

小组1：我们就随机请几个同学来回答一下吧。

下面请先来看我们小组拍摄的视频。

展示视频。视频内容大致分为两个部分：第一个部分就是采访了另外班级的两位同学，上面的测试他们能回答几个；第二个部分则是反过来，去采访了几位父母，问问他们这个的问题他们能回答几个。

小组1：从刚才几位同学的回答和这个视频中，我们可以比较清晰地发现对比。我们能回答上来的问题，没有父母能回答上来的问题多。这也就说明，身为子女的我们对自己父母的了解远远比不上父母对我们的了解。所以，请不要再抱怨父母做得不够好，父母对你的爱不深。其实不是不够，不是不深，是你自己没有察觉而已。从古时的"慈母手中线，游子身上衣"到现代朱自清的《背影》，哪个不是体现了父母对儿女的深情、父母对儿女的付出呢？不要等到"子欲养而亲不待"，让我们从现在开始做起，让我们对我们的父母好一点，再好一点！

依次小组2、小组3、小组4、小组5展示。

……

主持人1：学会感恩，不要再认为父母对我们的付出，帮助我们做任何事情都是理所应当的，他们给了我们这一次的生命，让我们来到这个美丽的世界上，已经是足够伟大的了。但是在这基础之上，他们还无私地把我们养育成人，教导我们，默默奉献，我们绝对不能再贪婪地向他们索取更多，我们应该想的是如何回报他们！

主持人2：学会感恩，不要再觉得你所拥有的一切都是理所当然的。就比如说你的成绩，当然这其中肯定包含了你的辛苦努力，但这里面难道没有老师的心血、老师的付出吗？所以，我们也要感恩老师，感谢老师给予我们的指导与教育！

主持人1："感恩"是一个人应该具备的基本素养。一个不懂感恩的人，长大之后也不可能会是一个懂得体谅别人、关心别人的人。

主持人2：学会感恩，感恩是一种礼仪，是一种健康的心态，是一种做人的境界，也是一种社会进步的体现。

主持人1、主持人2：让我们都有一颗感激的心，愿我们都学会感恩！

【思考题】

1. 如果给你参加以上主题班会，你会选择参加哪个小组？

2. 选择该小组的理由是什么？你准备如何录制你的视频呢？

参考文献：

[1] 孔伟，叶中亮. 网络媒体影像传播生态研究 [J]. 剧影月报，2015 (10)：49－53.

[2] 漆家伟. 新媒体环境下影视制作与传播的发展路径 [J]. 文存阅刊，2017 (12).

[3] 徐竟涵. 网络摄影影像的传播形态及特点 [J]. 现代传播（中国传媒大学学报），2011 (7)：144-145.

第九章　网络媒介的动画欣赏

从孩童时期起，我们就开始接触动画，可以说，动画片是孩子成长的必需品。可是，你真的了解动画吗？你知道动画产生于什么时候吗？你知道动画的发展历史吗？你知道动画作品让你产生了哪些变化吗？进入网络动画时代又会对高中生的你产生什么样的影响呢？

当今时代，动画片已经成为我们生活中不可或缺的一种艺术品，离开了趣味横生的动画作品，生活都要显得乏味得多。随着 3D 电影技术和计算机网络技术的发展，动画片的种类越来越多，形式也更加多样，动画片的制作过程也开始变得简单易懂。然而，我们只看到了动画片辉煌的一面，却不知道动画片究竟是怎么发展起来的。事实上，动画片发展并不是一帆风顺的，而是经历了一个漫长而曲折的起源和发展过程。

第一节　国际动画发展简史

一、动画的"萌芽"阶段

1943 年，美国心理学家亚伯拉罕·马斯洛在《人类激励理论》论文中提出了"马斯洛需要层次理论"。该理论指出，人类的需求并不是一成不变的，而是可以按照从低到高的层次分成五种，包括生理需求、安全需求、社交需求、尊重需求和自我实现需求。

人类作为意识的主体，具有独立性和自主创造性，当生活的基本需求得到满足之后，就会开始追求更高层次的需要。人类文明的发展史，其实就是一个寻求更高层次需求的过程。在相当长的一段时期内，基于恶劣的生存环境，人类追求的仅仅是满足自身的基本生活需要。随着时代的变迁、生活环境的变化，人类不再满足于简单的吃喝，转而开始寻求自我价值的体现，动画意识也随之出现。

143

　　动画作为一种特别的艺术形式，它的发展可谓历史悠久，与人类文明的进步如影随形。在人类还没有发明文字的远古时期，各种形式的图案就已经开始出现，这些图案代表着当时人类对实践的思考和对动作的理解，展现出了人类作为意识主体对客观世界的认识和改造能力。因此，这在一定意义上可以称为"动画"的萌芽。

　　在不同的时期，不同的国度，都有着类似"动画"萌芽的出现。古埃及、古巴比伦、古中国、古印度，这四大文明古国，均传承了不少优秀的岩石与壁画作品，在这些优秀的作品中可以看到人们对于表现动态事物的热爱和追求，这些都可以称为动画创作的雏形。在古埃及神庙中，先人以连续壁画的形式，勾绘出法老乘坐马车的场景，展现民众们欢迎的情景；在中国出土的敦煌石窟壁画中，飞天舞动的场景也是通过一幕幕壁画来表现。这些优秀的作品承载着人们对于动态事物的追求，传承着人们美好的动画思维。

　　中国拥有上下七千年的悠久历史，在这漫长的历史进程中，体现动画思维的作品有很多，其中最为著名的要数《聊斋志异》。《聊斋志异》简称《聊斋》，俗称《鬼狐传》，整册书共有491篇小说，书中各篇章均以妖鬼为主角，讲述了一个个花妖、狐仙与人相恋的凄美故事，深受人们的喜爱。如《画中仙》，就讲述了一个画中人走出卷轴与人往来、相恋的故事，诸如此类，都是作者通过丰富的想象力使画中人或妖或鬼动起来，这些也未尝不是动画的萌芽。

　　当然，《聊斋》虽然具有动画的雏形，但由于它是文学作品，无法用具体的动作来展现文中人物的特性，因此对动画的发展并没有实际的作用。要说到对中国动画产生深刻影响的，不得不提到皮影戏。皮影戏的出现和兴盛，中国的动画思维才算是真正开始成熟，并正式进入大众的视野。据史书记载，皮影戏始于战国，兴于汉朝，盛于宋朝，在元代甚至传至西亚和欧洲。《皮影戏》借助灯影效果展开表演，因此又被称为"影子戏"或"灯影戏"，这是一种全新的民间戏剧，用各种材质制作出人物剪影，并通过剪影的灯影效果来表演故事。由于不同地方的曲艺特色不同，皮影戏表演时都带有明显的地方特色。表演时，艺人们通常躲在白色幕布后面，借助线绳来操控偶人，借助当地流行的方式来讲述故事，配以打击乐器和弦乐，具有独特的趣味性，因此其流行范围极为广泛。皮影戏的出现，让原本只能通过连续图画或文字才能表现出来的连贯动作，可以通过视觉真正地进入人们的脑海，这使得国人的动画思维进入了创作高发期，优秀的民间艺术家创作出了许多脍炙人口的作品，如孙悟空三打白骨精、哪吒闹海等。

然而，由于技术手段的限制，作者都无法真正做到让自己的作品活灵活现地动起来，只能借助想象或连续图案或人为帮助才能营造出动的感觉，因此都只能称为动画的萌芽。这些作品的出现，为后来动画的产生创造了有利条件，却不能称为真正的动画。

二、动画的真正起源和发展

从动画的本质来看，动画虽然是一种区别于其他艺术手段的，具备着自身独特性的艺术形态，但归根结底依然是一种电影电视艺术。因此，离开了电影电视技术的发展，动画就无法产生，也无法展现其独特的特性。故而，只有当电影电视技术产生并运用之后，动画才真正出现。20 世纪初期，电影技术在欧美国家诞生，为动画的起源奠定了真正的基础。

众所周知，当今世界上的第一部动画作品，来自被称为"现代动画之父"的法国人埃米尔·柯尔（Emile Cohl），他是真正意义上的动画鼻祖，在 1904 年的时候，通过自己不懈的努力创作出了世界上第一部动画影片，在当时的社会中引起了非常大的反响，也让动画开始进入大众的视野。

这可以说是第一部利用电影技术制作的动画片，但是和后来注重故事性、趣味性的动画影片相比，这个影片没有故事情节，只是由黑色背景和白色线条的人物动作构成，他采用的方法也非常简单，仅仅是将画面直接拍成底片冲洗，并用底片播放。到了 1906 年，他用摄影停格的技术拍摄出震惊全球的第一部动画系列片《幻影集》，以表现视觉效果、开发动画的假象性为主导，不注重故事情节，虽然是一部无声的黑白影片，但是它为动画史做出的贡献却是不可否认的，在 2006 年法国安锡（Annecy）国际动画电影节上，《幻影集》被评为"动画的世纪·100 部作品"第二名。

作为一个动画的狂热爱好者，对于幻影集这部作品有着不同的情感，尽管在当今时代，这部作品并不能吸引观众，但没有这部作品的出现，可能就没有我们现在发达的动漫产业。

埃米尔·柯尔作为动画鼻祖，他的一生为动画的发展做出了相当杰出的贡献。在动画发展的初期，他凭借着自己的坚持和对动画制作的热爱，从 1908 年到 1921 年这 13 年时间里制作完成了 250 部左右的动画短片。这些动画短片让广大观众们感受到了它和普通电影电视的区别，并让大众开始喜爱上动画片这种艺术形态。当然，由于埃米尔自身的偏好，也导致了他的动画和后来的动画依然存在区别，他倾向用视觉的直接冲击来展现动画的可能性，而不重视故事情节，他的创作理念将动画导向了自由发展和个人创作的路线，使得动画的发展更加多样化，不受一些观念的限制。

在法国动画发展之际，美国的动画事业也逐渐开始了，当然，美国动画片的出现比法国还是要稍晚一段时间。出生于英国的斯图尔特·勃莱克顿（James Stuart Blackton），为美国动画史做出了重要的贡献。斯图尔特在美国开了一家名叫"维太格拉夫"的公司，他采用相对新颖的逐格拍摄法，在1906年制作出了美国的第一部喜剧动画影片——《一张滑稽面孔的幽默姿态》。这部动画片受到很多业内人士的认可，有些专家甚至认为这才是世界上第一部动画影片，它的出现让美国的动画正式进入了开创时代，对美国动画的发展事业具有非常大的贡献。

之前就提到过，中国的动画观念萌芽非常早，但是由于电影技术是起源于欧美工业发达地区，中国的电影电视技术在初期并不发达，使得我国动画片的产生时间要远远落后于欧美国家。根据资料记载，1926年中国才制作出第一部真正意义上的动画片《纸人捣乱记》。随后在1927年创作出《大闹画室》。这部动画片由长城动画片公司出品，讲述的是画室中一个主人制服纸人的故事，是中国第一部独自创作产生的动画片，也是第一部真人和动画同时存在的动画片，对中国动画的发展有着非常深刻的意义。动画片虽然情节简单，内容不多，但对处于探索阶段的中国动画来说却并不容易。自《大闹画室》诞生之后，万氏三兄弟又创作了《一封书信寄回来》，这三部动画片被评为"中国最早的动画片"。随后在1935年，中国通过自己的不懈努力创作出了第一部有声动画《骆驼献舞》。然而由于电影电视技术在当时的中国依然算是一种奢侈品，这些动画作品问世的时间虽然很早，却并没有引起民众的广泛注意。事实上，直到1941年动画长片《铁扇公主》的出现，才让中国动画风开始风靡，并且在整个亚洲都有了一席之地。

三、动画的兴盛

因为动画自身的艺术特质，使得它自产生之日起，就受到广泛的关注，并迅速成为一种深受喜爱的艺术形态。随着许多充满趣味的动画影片的出现，动画片中塑造的卡通人物形象也悄悄走入千家万户，不仅孩子们喜欢，大人也常常沉浸其中，这些卡通人物受到了大众发自内心的喜爱。因为动画艺术自身的特殊性，加上人们对于动画片有不同的需求，这让动画在发展过程中，并没有拘泥于某个特定的形式，反而根据受众的要求，出现了许多不同的风格，动画产业也随之开始兴盛起来。

为中国青少年们所熟知的迪士尼动画公司，正是在这个阶段逐渐兴起的。1937 年，迪士尼公司创作出了第一部彩色动画长篇《白雪公主》，正是这一部作品让迪士尼动画公司正式进入人们的视野，并且在美国动画业中获得了一席之地。《白雪公主》拥有完整的故事情节，精良的制作效果，它运用了彩色胶片录制的技术，这不仅引起了全世界的轰动，也促成了动画长片的奇迹，使人们不再仅仅沉迷于动画的视觉效果，更开始关注其动画片所传递的价值和艺术魅力。当然这其中最重要的，是《白雪公主》的成功直接促成了迪士尼动画公司的转型和升级，迪士尼不再以短篇动画为主，转而开始制作长篇动画，在随后的几十年里不断成长并成为美国不可替代的动画公司之一。

直到现在，迪士尼动画公司依然在世界动画产业中占据着重要的席位。在迪士尼近百年的发展历程中，它创作了一系列脍炙人口并广为流传的作品，包括《阿拉丁神灯》《魔发公主》《唐老鸭》等。

在其他国家动画产业迅速发展的时期，中国的动画事业也获得了极大的发展。20 世纪 50 年代开始，在中国动画艺术家们的共同努力下，我国相继创作了许多优秀的作品。1953 年第一部彩色木偶片《小小英雄》诞生，这意味着我国的动画制作水平更上一层楼，进入了一个崭新的时期；1954 年第一部真人和木偶同在的《小梅的梦》诞生；1955 年第一部彩色动画片《乌鸦为什么是黑的》问世；1956 年木偶片《神笔》，在国际上获得了儿童娱乐片一等奖，这是中国动画片第一次在国际上获奖。在这个时期，中国动画产业在世界上获得了极高的评价，也取得了一系列成果。

中国动画虽然有一段较为辉煌的时期，但是到了 20 世纪 80 年代，由于一些因素，国内动画不仅没有成长，反而陷入了困境。20 世纪 80 年代到 90 年代，电视在国内开始普及起来，而国内电视动画片的制作量却完全无法满足观众的需求，电视台为吸引观众，追求收视率，不得不转而选择引进大量国外的经典动画作品。中央一套的"大风车"少儿栏目，为当时国内的青少年观众提供了一个重要的平台，《大草原上的小老鼠》《阿童木》《米老鼠和唐老鸭》等作品就是在这个时期进入了国内观众的视野，并收获了大量的粉丝。这直接导致了很多 80 后和 90 后的童年记忆中缺少国内经典动画作品，只记得国外优秀作品。

随着国内外动画公司的兴起，人们开始意识到动画艺术的重要性，越来越多的人参与到研究和制作动画的行业中来，动画行业逐渐形成了产业链，并迅速风靡全球，以美国为先锋，日本、韩国、中国等国家也相继开始了动画发展的热潮。

四、网络动画的产生与发展

进入 20 世纪末期到 21 世纪初期，计算机网络技术得到飞快发展，网络技术开始广泛运用于动画领域。动画片不再拘泥于电影电视技术，网络技术也成为动画制作的一种重要手段。广义的网络动画包括视频动画，也就是动画电视和动画电影，我们在电视上或者电影院看的动画片很多都运用了网络技术，3D 动画片就是一个典型的案例。由于之前已经具体阐述过视频动画的发展，因此这里主要讲述以互联网为载体和传播媒介的动画制作，如 GIF、flash 等动画制作及以网络为主要传播途径的动画作品。

由于网络技术的出现晚，发展也不长，因此网络动画的发展历史也非常短暂。根据相关技术出现的时间早晚来看，最早的网络动画应该是以 GIF 形式为主，形式相对简单，技术要求不高，只需要通过几张图片的变化就可以制作出一个简单的小动画。GIF 动画由于制作相对简单，只要拥有一定的网络运用能力就能制作，使它深受受众的喜爱，一些社交媒体中的动漫表情"阿狸""兔斯基"等，都是 GIF 动画的经典之作。然而，GIF 动画存在着非常明显的短板，那就是它只有动画的形式，没有动画的故事性和完整性，缺乏一定的竞争力。当网络动画 Flash 出现后，GIF 就开始退居二线，网络动画世界就成为 Flash 的天下。

1997 年，flash 动画制作软件正式出现在大众的视野。仅仅几年时间，flash 动画就风靡全球，成为网络动画的主流格式。Flash 推出的 swf 格式文件因为简单易上手，被广泛运用于网络广告、汽车动画、网络游戏等领域。相较于传统动画的故事完整性、趣味性及教育性，flash 动画的格式要求低，文件小，内容并无确定要求，所受到的行业要求也相对较低，在 20 世纪 90 年代 flash 动画一支独大，占领了各大社交媒体网站。当然，flash 动画对于网络设备的硬件要求低，也导致了 flash 动画存在局限性，即制作内容相对简单、深度不够等。

随着网络硬件设备的不断提升，网民们对于网络动画的设计不再满足于简单的 flash 动画制作，开始寻求更高质量的网络动画制作。借助网络技术迅速发展的东风，一些类似传统动画风格的高质量独立制作作品开始涌现，网络动画的商业模式开始逐渐成形。网络动画的制作者有个人的，也有工作室形式，不管是个人制作还是团队制作的动画作品，其作品往往使用大量的 2D 或 3D 技术，作品制作相对精良，有些动画甚至有专业的配音演员加入。

网络动画的发展历史虽然较短，但是由于网络平台的迅速发展，为它的腾飞塑造了一个良好的空间，使得网络动画在近段时间以来，获得了极大的成长和进步，并不断完善。

第二节　国际动画艺术大比拼

之前就提过，动画是一个和文化有着密切联系的艺术，不同的国家拥有着不同的文化特征，因此，动画也存在着其独特性。中国动画虽然萌芽较早，但由于技术和现实因素，其真正发展的时间要晚于其他发达国家，美国、日本等国家的动画产业远远领先于中国的动画产业。

一、美国动画影片中的价值传播

与中国相比，美国的文化发展历史并不悠久，因此也就没有深厚的文化底蕴，但它是一个由移民组成的国家，这就使得美国的文化包容性相对较高，也由此产生了美国独特的具有包容性和英雄主义特色的文化体系。在当前的美国，提到动画片，就不得不提两家著名的动画制作公司——迪士尼动画公司和美国梦工厂。在讲动画的起源时，就已经得知，迪士尼作为老牌的动画制作公司，自动画产生之初起，就已经在全世界观众心中占据了一个重要的位置，而美国梦工厂和它相比可谓是后起之秀，梦工厂以喜剧动画电影出名，公司虽然年轻，但是制作生产的动画影片具有自身的突出特色，并且在全球有着较好的反响，因此，已经成为不可替代的动画制作公司之一。

无论是哪个动画公司，所制作的动画影片都饱含着深深的美国特色。美国的动画就其传播价值来看，主要分为两类：一类是我们所熟知的，为教育下一代和传播美国特色而打造的个人英雄主义教育片，如《超人》《蝙蝠侠》等，这类动画影片宣扬的就是纯粹的个人英雄主义，并且强调作品的教育意义，蕴含着美国社会公认的社会价值和道德准则，这种动画片更受儿童喜爱。而另一类，就和美国文化中的掠夺性有极大的关系。由于美国本土文化底蕴的缺失，美国动画的内容和取材就成了一个相对困难的问题，本土文化不够就学习一下"拿来主义"，在"拿来主义"的基础上融入本土特色，这就成了美国动画的另一类，比如《小美人鱼》取材自丹麦，《功夫熊猫》《花木兰》取材自我国，这一类动画影片虽取材自其他国家，但都蕴含着美国的英雄主义文化，可以说是披着他国外皮的美国特色动画影片，通过对其他国家文化内涵的再创作，为动画片贴上"美国"标签，从而创造出巨大的经济利益和文化传播效果，这是其他国家做不到的地方。

以《功夫熊猫》这部动画影片为例，这是美国梦工厂制作的一部喜剧"东方"电影。《功夫熊猫》自 2008 年 6 月 20 日上映之后，就迅速占领了全球电影市场，在中国观众乃至世界观众心目中留下了不可磨灭的印记，这个展现了中国文化的巨大魅力的影片，其制作团队却是清一色的外国人，这让人不得不佩服梦工厂的能力。导演马克·奥斯本和约翰·斯蒂文森在仔细研究了中国的国宝熊猫和中国功夫之后，制作出来了一部风靡全球，尤其是中国的动画影片。

这部动画影片虽然取材自中国，实际内核依然是美国文化，这就是梦工厂的厉害之处，擅长把握观众的心理，充分运用动画片的制作技巧，制作出观众们需要的动画大餐。随后，美国梦工厂一鼓作气，紧接着制作推出了《功夫熊猫2》和《功夫熊猫3》，其中《功夫熊猫3》在中国的票房就有 9.37 亿元。当然，美国梦工厂的商业动画制作能力也不容小觑，虽然这部动画影片中的动物造型和建筑风格都取材自中国，但又不完全一致，而是对其进行了夸张或者简化，其中最为独特的就是熊猫的造型，既保留了熊猫憨态可掬的特点，又加入了个性化的创造，使得动画片大获成功。这部动画片的成功，轻松地证明了动画无国界，只要拥有创新意识，任何有价值的作品都能获得追捧。

迪士尼动画公司虽然也旨在传播美国价值观，但其所追求的传承方式不同，与梦工厂的喜剧和反经典相比，要更加注重人性价值的传播。迪士尼动画公司非常重视重塑经典，它的成功动画影片中有很多改编自经典童话，如《美女与野兽》《小飞侠彼得潘》《木偶奇遇记》《花木兰》等，都来自于世界各地的经典童话或传说。迪士尼将美国主流价值观中的友谊、家庭、梦想等融入这些经典故事中，让这些耳熟能详的经典故事旧貌换新颜，焕发出一种新的生命力。当然除了经典主流动画之外，迪士尼的创造力也不容忽视，《狮子王辛巴》《米老鼠与唐老鸭》就是迪士尼的原创动画，这些动画也深受观众的喜爱。不论是经典故事，还是新创作的动画故事，都旨在通过动画人物的视角传递美国社会的主流价值观。

美国的动画片中所蕴含的文化价值，归根结底是美国的主流文化价值观，以宣传美国特色文化为主，并在不经意间对全世界的观众进行美国思维的灌输。

二、日本动画中的文化内核

说起现在的动画业，就不得不提到日本，日本已经成为世界上的动漫大国，其动漫产业是世界动漫产业的重要组成部分。与美国动画影片中传播的美国主流价值观与个人英雄主义色彩浓厚相比，日本动画片就显得含蓄得多，更倾向于东方特色。

近年来，日本动画片在中国十分流行，不仅吸引了一大批的儿童，也吸引了许多的青少年，甚至是成年人的关注。日本动画片在国内盛行的原因，一方面和本土青少年和成人动画的缺失有关，但更关键的是日本动画片的趣味性和题材新颖性。日本动画片可谓是包罗万象，种类繁多，它不拘泥于一种形式，只要是观众喜欢看的，都有所涉猎。目前日本动画主要分为热血、科幻、神魔、竞技、机战、格斗、恋爱、校园等类型。在这些类别中，出现了许多让观众为之心动的作品，热血类的《火影忍者》《死神》；神魔类的《驱魔少年》《圣斗士星矢》《无头骑士》等；校园生活类的《学生会长是女仆》《魔法科高校的劣等生》；机战类就更多了，曾经风靡一时的《高达》更是个中翘楚。这些动画影片不仅在日本产生了深刻的影响，也在全世界产生了巨大的影响，使得日本的动漫产业蓬勃发展，动漫衍生产品也越来越多，为其带来了巨大的经济效益。

随着网络技术的不断发展，日本动画产品不再局限于国内传播，开始向全世界传播。日本的动画产品，更重视的是用一种潜移默化的方式，传递其内涵，可能是团结合作的，可能是个人成长的，它所采取的方式没有美国的直截了当，也没有中国的委婉曲折，更符合大多数观众的审美要求。

宫崎骏，日本动画界的杰出代表，1941 年出生于日本东京，2016 年他被亲切地称为"动画界的黑泽明"。宫崎骏喜欢动画制作的过程，尤其享受动画中童真的乐趣，从 1978 年的《未来少年科南》到 2016 年的《起风了》，他制作了数十部闻名世界的动画片，其中最受关注的当属《龙猫》《千与千寻》《天空之城》《哈尔的移动城堡》《幽灵公主》这些作品。他的作品充满了个人的独特魅力，与美国的迪士尼、梦工厂不分上下。在宫崎骏的动画中，你看不到美国动画的插科打诨，也看不到制作庞大的场景，他所追求的是一种细水长流的温暖。宫崎骏的故事中总是充满着童趣，透过孩子的眼、孩子的生活来讲述一个完整的故事，这些故事中充满着各种各样的主题。

《龙猫》的故事主线是姐妹俩在乡村生活时遇到的一系列事情，这是一部充满着魔幻现实主义的动画影片，它通过孩子的视角，唤起了我们的童年记忆，让观众能真正地融入动画片中，通过姐妹俩与龙猫之间的温情互动，雨中等待时龙猫玩水的场景，以及带孩子看望妈妈的龙猫巴士的出现，这些都让观看影片的观众深深沉浸其中，让宫崎骏用一种轻松恬淡的方式完成了内涵的转达。《千与千寻》也是一部深受观众喜爱的作品，与宫崎骏的大多数作品一样，也是一部超越现实的作品，作品中的各类角色如汤婆婆、无脸男、河神、小白龙其实都有据可循，与现实生活中的人或物一一对照。它依然采用孩子的视角来看社会，用一个个鲜明的角色和故事流畅的脉络，告诉观众尊重自然保护环境的重要性，告诉观众找回自己的必要性，用一种充满童趣的方式讲述生活真理，显得更温婉和谐。宫崎骏的动画电影，让你愿意回味十遍、二十遍，每一遍你都可以感悟出与之前更深刻的道理，他赋予作品中的人和物生动鲜活的人格和真善美的品德，这些作品中的任务和纯真神奇的故事，不仅能让你回归童年，更能让你反思现在的生活，让你明白人与人、人与自然和谐的重要性。

日本动画片并不设置年龄界限，它的年龄分差很大，各个年龄层都有适合观看的动画片，在这些动画中，个人成长类是深受观众喜爱的一种动画类型。个人成长类在日本动画片中表现得非常突出，《中华小当家》、《死神》和《火影忍者》都是个人成长类中的代表作品，受众非常广泛。以已经完结的动画片《死神》为例，个人成长类不仅讲述个人在实践中的不断成熟和成长，也描述团队合作的重要性，从中穿插亲情、友情和爱情。《死神》讲述一个名叫黑崎一护的少年从小就具有阴阳眼，能看到灵界魂魄的存在，因为一次意外帮助了失去净化能力的朽木露琪亚，而开始成为死神界的一员，并通过不断的斗争逐渐成长，能力不断提升的故事。动画片长达300多集，整个故事脉络清晰，描述了个人成长路上的艰辛，着重表现了主角和朋友们的勇敢、善良和团结，用潜移默化的方式完成了动画片的文化传递，对青少年产生了深刻的影响。

日本动画的种类非常多，不管是哪种类别，都有让人眼前一亮的作品。这些作品也许不是大气磅礴，也许不是制作精良，但胜在内容丰富和叙事生动，让众多的青少年和成人为之竞折腰。

三、中国动画产业的价值体现

和美国、日本相比，中国的文化底蕴是最丰富的。我们都知道，中华文化拥有上下五千年的悠久历史，中华民族向来以勤劳和智慧在全世界闻名。然而，在动画制作的内容和定位上，中国和其他发达国家却有着不小的差距。

中国的动画制作延续了我国文化内涵的特质，作品内容相对含蓄，采用婉转曲折、潜移默化的方式展现中国的文化底蕴。但是在国产动画片的发展初期，由于国内动画制作者们将动画片的受众群定位为儿童，这使得国产动画片偏幼龄化，发展方向受到限制，不能形成全民观看的场面，导致国产动画片无法在世界上占据重要的位置。进入 21 世纪后，在学习和借鉴其他国家成功的动画作品之后，中国的动画片不再局限于儿童这一受众群体，开始追求全民化的效果，使得国内的动画产业获得了一线生机。

之前已经提过，中国动画产业的第一篇章是由上海万氏兄弟打响的，但是后续无力。直到新中国成立后的 50 至 60 年代，中国的动画产业迎来了一个高度发展的黄金时期，至今仍然深受观众喜爱的《大闹天宫》《三打白骨精》等动画作品都出自这个时期。即使是动画作品层出不穷的现在，依然有很多人喜欢这些作品，这也在一定程度上证明了这些动画作品的优秀之处。然而由于"文化大革命"，国内的文化事业受到前所未有的冲击。一直到改革开放后，中国动画才恢复生机，开始继续向前推进。到 1986 年，我国有 31 部动画片在各类国际电影节上获得 46 次奖项，被国际评论为"达到世界第一流水平，在艺术风格上已经独树一帜的'中国学派'"。也因此，在 80 年代到 90 年代，国人纷纷爱上了动画这一种艺术表现形式。

《大闹天宫》可以说是当时国内动画的巅峰之作，人物、动作、画面、声效等都达到当时世界的最高水平。《大闹天宫》可以说是中国传统文化、传统建筑的优秀载体，在造型、设景、用色等方面借鉴了中国古代绘画、庙堂艺术、民间年画的特色，又将中国传统戏曲的表演艺术融入其中，描述了家喻户晓的孙悟空，使这一形象跃然银幕，化无形为有形，"挖掘各种艺术表现手段，具有鲜明的民族风格和精湛的艺术技巧"。国外评论说："《大闹天宫》不但具有一般美国迪士尼作品的美感，而且造型艺术又是迪士尼式的美术片所做不到的，即它完全地表达了中国的传统艺术风格。"[1]

大闹天宫是一部具有传统意义的中国动画作品，作品用短短的几十分钟时间，融入了我国上下五千年所积累的历史文化积淀，不仅有写实艺术，更有玄幻色彩，将中国的传统艺术特色展现在观众眼前，传递传统文化的价值，也蕴含着英雄人物不甘于被现实俗世所困扰，努力奋斗追求生存价值的深刻意义，它在不经意间传递的价值观念获得了国内观众的认

---

① 张巧妮：《从〈大闹天宫〉看 1937 年到 1965 年中国动画片的艺术特点》，学位论文。

可，使其成为当时最受热捧的中国动画作品之一。至今，仍有许多动画创作在借鉴《大闹天宫》的艺术特色，也有许多动画作品围绕《大闹天宫》展开。

《大闹天宫》采用经典神话故事，完美地再现了中国艺术的特质，让当时的中国动画成功跻身世界动画之列，然而，中国动画在进入一个短暂的辉煌时期之后，进入了一段相当苦闷的沉寂期。由于受众定位的局限，创作能力的薄弱和制作水平的不足，在 20 世纪 80 年代到 90 年代，我国优秀的动画作品相对较少。当然，少并不代表没有，事实上，在这个时期，也出现了一些优秀的、具有深刻意义的动画片，如《黑猫警长》《葫芦娃》等，这些动画作品虽然篇幅小，内容少，但依旧传递了中国的优秀传统价值观。

《葫芦娃》（又名《葫芦兄弟》）是一部完全可以媲美许多来自美国、日本的优秀动画作品。《葫芦娃》于 1986 年由上海美术电影制片厂制作，共十三集，是中国的经典动画作品之一。作品中的葫芦七兄弟排除万难、除暴安良、拯救爷爷的情节，传递出兄弟友情、家庭亲情和不怕恶势力的价值观念，因此深受国内少年儿童的喜爱。短短的 13 集讲述了一个带有中国奇幻色彩的神奇故事，作品中从葫芦中诞生的葫芦娃，拥有不同的能力，以及经典反派蛇精，让整个故事充满了趣味。将英雄人物设定为孩子使得观众们产生共鸣，用一种潜移默化的方式传递出作品中想要表达的不畏强权、不畏恶势力，勇敢斗争的价值观。1989 年，第二部《金刚葫芦娃》应运而生，一经播出就获得了广大观众的喜爱，作品依然延续第一部的特色，讲述葫芦七兄弟的故事，这部作品主要讲述的是齐心协力共同奋斗的内容，因此又和第一部作品有着不同，但归根结底都是展现中国的优秀传统价值。

到 21 世纪初期，在国际动画产业蓬勃发展之际，中国动画产业也开始抓紧时机寻求突破，在国家的不断扶持之下，我国动画片的制作量已经开始上升，质量也有所提升。随着网络动画的崛起，优秀动画电视作品开始涌现，《秦时明月》、3D 动画影片《魁拔》随之产生，国内观众看到了国产动画崛起的希望，不再把视野投向国外的优秀作品，也开始关注国内的动画制作。

尤其是 2015 年上映的动画影片《西游记之大圣归来》的出现，更是把国内动画影片创作推上了又一波高潮。《大圣归来》取材自中国四大名著之一的《西游记》，借用妖魔鬼怪盛行的《西游记》背景，又在名著的基础上对故事进行再创造，将整个故事推移至江流儿（唐僧）的孩童时期，使得整个故事既有着观众熟知的内容，又有自身的特色。2015 年 7 月暑期档上映后，迅速斩获了超过 8 亿的票房，也为国产动画片做了完美的证明。国产动画片一直以来被人诟病的幼稚化在这部动画中并没有出现，《大圣归来》难得地抛弃了对成人的偏见，在故事的剧情和人物设计上兼顾了孩子与成人，片中塑造的孙悟空，那一袭红披风让人过目不忘，江流儿的童真善良和坚持让人不舍，师父的果决让人赞叹，大妖混沌一首昆曲让人陶醉，精彩的打斗场景配上中国弦乐，更是完美再现了中国传统曲艺的风采，也正是这些制作上的用心，让这部动画片当之无愧的被誉为"良心之作"。

作为国民大 IP《西游记》的衍生故事，整部电影难能可贵地选择了再创造，这和以往的国内动画制作完全不同，剧情、人物、故事都带着原创特色。当孙悟空看到江流儿被埋，努力打破佛祖的压制，跨出艰难的一步，他那火红的披风迎风飞舞之时，很多观众都受到了感染，也许是一种感动，也许是一种快乐，这种感动和快乐来自孙悟空对江流儿的感情，也来自观众们对孙悟空的喜爱，导演也在不知不觉中传递了他所想表达的价值观——勇敢、坚强、奋发、进取。《大圣归来》用事实告诉所有观众，国产动画也可以制作精良，也可以口碑票房双丰收，这种感动会伴随着我们的成长，80 后、90 后在动画片中重温童年，00 后、10 后在动画片中感受童年，儿童和成人共同为这部动画片所沉醉，这就是它突出的地方。《大圣归来》，重点在于"归来"二字，童年一去不返，纯真与快乐一去不返，大圣归来，可曾想过那是我们童年的归来。

当然，《大圣归来》的成功并不代表国内动画市场的成熟，动画市场依然存在着很多不足。就目前来看，有数量没质量是国产动画片的诟病，由于国内电影市场的火爆，许多制作商普遍存在着急卖钱的心态，导致动画电影数量虽多，质量却只能算二流甚至三流的水平。一部好的作品，需要的不仅仅是时间，更需要一个和谐的环境。大圣归来花了 8 年时间才做到了归来，从而获得成功，希望国内动画产业能延续这个经典，创作出更多经典的作品。

第三节　网络动画中的德育意义

网络动画与传统的电影电视动画相比，存在着极大的区别。网络动画的传播媒介以网络和各社交媒体平台为主，传播速度之快、途径之广，是传统视频动画无法比拟的。通过网络媒体的传播，动画更贴近大众。随着数字媒体技术和网络传播方面的突破，我们所接触的动画已经开始演变为网络动画，它的功能越来越强大，传播范围也越来越广，艺术表现手法也开始产生变化，不再拘泥于形式，网络动画艺术的艺术追求和价值观随之开始变化。与传统动画相比，网络动画更看重的是动画作品本身蕴含的意义，而不在乎作品的表现形式，因此国内网络动画的形式多种多样，有游戏同人形式、有搞笑原创形式、有公益广告形式等，作品的内容面向所有受众，倾向于全民化，不再局限于某个年龄段的受众群体，网络动画更倾向于对受众世界观、价值观、人生观的塑造。

近几年在中国被观众推崇的网络动画《十万个冷笑话》，就是一个相对成功的作品案例。《十万个冷笑话》由有妖气原创漫画梦工厂制作推出，卢恒宇、李姝洁为动画导演，作品每月仅发布1集，1集仅10多分钟，却从第一集开始就吸引了一大批网络观众，作品总点击量破2亿，口碑和效益双丰收，成为互联网动画作品中成功的案例。

《十万个冷笑话》内容并不复杂，登场人物均具有中国传统特色，其中封神榜篇中出现的李靖、哪吒、太乙真人等人物原型出自《西游记》和《封神演义》，葫芦篇中的葫芦小金刚、女王大人（蛇精）、爷爷等人物原型均出自《金刚葫芦娃》，这些人物具有鲜明的二次元特征，动画人物在原型的基础上进行二次创作，并融入其他国家优秀的二次元特色，使得动画呈现的效果更佳，因而极受年轻人喜爱。对于《十万个冷笑话》而言，它不仅仅是一部网络动画而已，更是中国网络动画发展的一个里程碑式的存在。动画以幽默搞笑的形式，灌输给受众的却是中国优秀的传统价值观和现代的思维，让观众们在笑的同时，品味人生百态。

《2012年中国动漫白皮书》报告指出，我国动画产量在2012年首次下降，网络动画作品表现出强劲的增长势头。在《十万个冷笑话》之后，网络动画进入一个高产期，《尸兄》《中国惊奇先生》《侠岚》相继出现，这些动画影片被观众们称为"国内十大优秀动漫作品"，和传统的电视动画不相上下。

《中国惊奇先生》是一部植根于中国特色的网络动画制作，在优酷的播放量有1.1亿次，土豆网上的播放量超过7000万次，也是中国动画史上一部成功的作品。《中国惊奇先生》讲述的是一个名叫王小二的道士，在生活中遇到的一系列稀奇古怪的事情，一边破案一边成长。这部作品的成功与作品的定位准确不无关系，道教是中国土生土长的教派，在中华民族的长期发展中，占据着重要的地位，《中国惊奇先生》正是抓住了这一点，从一个道士入手，讲述灵异鬼怪故事，深深抓住了中国观众的心。虽然一集只有短短的十分钟，但胜在内容新颖别致，故事主题突出，在故事中表达了人的成长、亲情和友情的重要性，再加上并不局限受众群体，这些故事深受 80 后和 90 后的喜爱，并得到一致好评。

通过对上述网络动画片的分析，我们可以清晰地看到，由于传播途径的不同，受众群体的不同，网络动画和普通动画最大的不同就在于它的文化价值。相较于传统电视动画而言，网络动画所宣扬的价值观具有多元化。身处自由的互联网客户端，动画也就被贴上了自由的标签。由于传播个体自身的世界观、价值观和人生观存在差异，动画作品中的价值观也存在着极大的区别。为了达到更好的传播效果，就必须考虑广大受众的价值追求，让作品呈现出一种为社会公众所接受的价值观，而这种价值观一般是通过作品的个性化特征来表现，从而体现共性与个性的联系。网络动画作品追求的个性，往往强调的是内容创意上的个性和制作环节上的个性，这些个性化的表现承载的是一个共性的价值观，不仅能让一个作品有别于其他作品，在受众心目中留下深刻的印象，也能被社会的主流价值观所承认和接受。如果在内容和价值观上都追求个性化的特点，那么作品的受众群体就受到了极大的限制，不仅无法获得广大观众的共鸣，甚至有可能引起观众的抵触心理。在网络动画中，过分地追求个性并不是一个好的想法，在追求个性的同时也要兼顾大众，这才能创作出一个优秀的作品。

随着中国网络动画产业的迅速崛起，传统动画行业的不足得以弥补。虽然从整个动画发展历史来看，中国的动画产业历经波折，发展速度也远不如美国、日本等动漫大国，但我们的每一个动画作品中都蕴含着深刻的意义，也拥有着别人无法取代的中国特色，即使是美国的梦工厂，他们对我国的传统艺术了解的再透彻，也只能是"学其形"，而无法"知其意"。中华民族上下五千年的悠久历史，是独属于中国的，也是中国动画有别于其他国家动画的重要地方。

第四节　网络动画对高中生成长的意义

在之前的章节我们就提到过，媒介素养对高中生的成长有着不容小觑的影响力，动画作为媒介素养的组成成分，对高中生的生活也产生了极大的影响。

随着计算机网络技术的普及，地球已经变成了一个网络村，只要动动手指，就能掌握世界各地最新的动画作品，包括视频动画和网络动画，也正因为此，高中生的自我辨别就显得更为重要。

由于中国动画产业在现实中的缺失，国外动画片成为很多高中生的首选。美国动画片所传播的个人英雄主义，以及在动画片中潜移默化的思维灌输，日本动画片中所灌输的暴力血腥，这些都对高中生的人生观、世界观和价值观的形成产生了不可忽视的影响，这也直接导致了部分学生的崇洋媚外，导致了民族精神的缺乏。这些现象的存在，无不要求着我国动画产业的兴盛。

当网络动画为我们的动画产业扳回一城时，我们要做的就是保住这座城池，继续开拓，将这座城池建得更结实、更美观、更赏心悦目。只要我们的创作者们能静下心来，细细揣摩，学习优秀的动画作品，制作出更多具有中国特色的高质量大众动画作品，就是国产动画的成功。

【思考题】

作为高中生，该如何赏析国内外动画片，请分别以美国和日本为例，写一篇 500 字左右的案例分析。

参考文献：

[1] 彭艳. 网络动画的媒介文本特征探析 [J]. 设计艺术研究，2013 (5)：1—4.

[2] 宋文平. 网络媒介的受众需求及对网络动画创作的影响 [J]. 科技经济市场，2015 (9)：203—204.

[3] 鲜慧君. 西安媒体中的大学生媒介形象构建 [J]. 新闻爱好者（下月刊），2010 (9).

第十章　网络媒介的广告辨析

广告几乎无处不在，它对人们的生产、生活、学习、工作产生了深刻的影响，网络广告更是与每一个人零距离对接。而处在世界观、人生观和价值观形成期的中学生虽然天天与广告打交道，但却不具备辨识能力。本课程旨在教给中学生一定的网络广告基础知识，在中学生对媒体所提供的网络广告信息进行分析、判断和选择，并从媒体中获得评判的能力，为中学生今后的生活、学习服务。教会中学生科学地认识网络广告，积极地选择和接触网络广告，正确、全面、有效地理解并鉴别各种网络广告信息。同时作为学校媒介素养教育实施的一个组成部分，帮助中学生在媒介环境中学会辨识、选择和反思网络广告内容，建立起媒介传播的基本道德，促进中学生形成正确的世界观、人生观和价值观。

第一节　认知网络广告

每天，我们一睁眼接触到的似乎就是铺天盖地的广告，可能是手机推销商品的短信、优惠券、电视广告、社会活动公告书、报纸广告、电话营销、上门推销等，众多的企业或商家以各种媒介信息来广而告之，吸引顾客、客户，甚至培养、挖掘潜在客户群体，借以保持联系，扩大产品知名度，进而达到盈利的目的。现在在校的 00 后的中学生从出生开始就有铺天盖地的媒体广告植入现实生活，大至摩天大楼广告、电视广告、公交车广告、网络广告，小至 Pad、手机、悬浮窗、邮件链接。中学生虽然每天接触广告，却缺少必要的知识。如何认知、辨析网络广告是本章学习的主要内容。

一、广告的定义及分类

丁俊杰教授翻译的威廉·阿伦斯的《当代广告学》中，对广告的功能

159

性定义为：广告是由已确定的出资人通过各种媒介进行的有关产品（商品、服务和观点）的，通常是有偿的、有组织的、综合的、劝服性的非人员的信息传播活动。

这个定义从传播形式、受众群体、目的等角度对现代广告做了较为客观的定义。这个定义主要包括以下几个方面的内涵：

第一，绝大多数广告是要付费的。

第二，广告是经过艺术化处理的信息，其目的是以生动具体的艺术形象来更好地吸引受众，激发现有的或潜在的消费者，以达成购买意向。

第三，广告是通过各种媒介来广泛传播信息的，有别于人员的传播行为。

我国1989年版的《辞海》就把广告定义为："向公众介绍商品、报道服务内容或文娱节目等的一种宣传方式。一般通过报刊、电台、电视台、招贴、电影、幻灯、橱窗布置、商品陈列等形式来进行。"它侧重于广告是传播、宣传活动。

广告的定义如果从不同的角度来看，会有一定的差异，但其本质特征不会有大变化，基本类型也是相对明确的。

从目的看，可分为商业广告（营利广告）、非商业广告（非营利广告），非商业广告包含公益广告、政治宣传广告、政府公告、征婚广告、寻物广告等。

从传播手段（即媒介，medium）看，分为印刷广告、电子广告、其他广告等。其中报纸广告、杂志广告、广播广告、电视广告被称为四大媒介广告，即传统广告。而随着机关报媒体技术的广泛应用，网络广告、招贴广告等也越来越体现其发展潜力，它正以几何量级的速度增长，深入人们的日常生活。

从内容看，分为商品、书刊、服务（劳务）、文娱、企业公关广告等。

从广告的不同对象来看，分为消费者广告、工业用户广告、商业批发广告等。

从艺术形式上看，分文字、图片、表演、演说广告等。

从性质上看，分静态广告、动态广告。

从广告发布地点看，有销售现场广告和非销售现场广告。

从广告的传播区域或影响范围来看，有地方性广告、区域性广告、全国性广告和全球性广告。

从诉求方式来分，有理性诉求广告和感性诉求广告。

本章我们着重讲述的是网络广告。网络广告就是确定的广告主以付费的方式运用网络媒体劝说公众的一种信息传播活动。换一句话来说就是利用数字媒体技术制作和表示的基于互联网的商业广告。

广告能指导消费，创造需求；也能加速流通，扩大销售；能促进良性竞争，有利于社会经济发展。而网络广告正以几何量级的速度增长，与人们的日常生活息息相关。

二、广告概述

（一）广告的发展源变

原始社会生产力水平低下，绝大多数人追求基本生存需求即衣食住的最低满足。产品几无剩余，偶有交换也只局限于小地域，此时所谓的广告就是小贩们的口头叫卖和实物陈列。《战国策》的《燕二苏代为燕说齐》苏代为燕说齐，未见齐王，现说淳于髡（音 kūn）曰："人有卖骏马者，比三旦立市，人莫之知。往见伯乐曰：'臣有骏马，欲卖之，比三旦立于市，人莫与言。愿子还而视之，去而顾之，臣请献一朝之贾。'伯乐乃还而视之，去而顾之，一旦而马价十倍。……"这其实是一则针对商品的目标消费人群选择合适的行业名人作为代言的成功案例，虽然当时并没有广告、广告代言的概念。

当时没有实施基础的大众教育，采用文字来传播信息，受众非常有限，于是许多提供服务的店家经常采用一看就明白的图形来替代文字宣传推广。这一时期称作前工业化时期（preindustrial age），延续到 19 世纪初。韩非子在《外储说右上》中有这样的记述："宋人有沽酒者，升概甚平，遇客甚谨，为酒甚美，悬帜甚高，著然不售。"说明远在战国时期幌子广告就已经广泛使用。而泰山天街上的店铺一直延续到 20 世纪 80 年代还在使用实物招幌或标记来吸引消费者，直到在大规模的改造中老店消失为止。1961 年，著名作家、翻译家李健吾登泰山留宿天街，在他的《雨中登泰山》中描述了当时客房的情形："一排留宿的小店，没有名号，只有标记，有的门口挂着一只笊篱，有的窗口放着一对鹦鹉，有的是一根棒槌，有的是一条金牛，地方宽敞的摆着茶桌，地方窄小的只有炕儿，后墙紧贴着峥嵘的山石，前脸正对着万丈的深渊。"天街的招幌十分有趣，它既非文字招幌，也非常见的实物招幌，而采用一种独特的标记，有笸箩、金牛、鹦鹉、鞭子、金钱、棒槌、响旦、笊篱等。小店便因此得名，如金牛家、笊篱陈家、鹦鹉家等。这种实物店招，始于何时，不见有记载。大抵因为店家设备简陋，自己不识字，请人又没钱，而招待的对象开始时也只是下等的劳力；即使有文人雅士光顾，大概也不屑于为小店舞文弄墨。

于是，实物招幌或简明的标记确实非常契合这一时期的风土人情，成为天街上的一道风景。现在许多旅游景点都有类似的复古招幌，杭州的河坊街上就有一处茶馆采用了这样一个实物广告，还有许多店家采用了复古招幌。

在印刷术没有发明之前，广告具有人际传播的性质，内容仅局限于告知、告白，传播范围非常小。在前工业时期，有几项重大发明为现代广告的诞生提供了可能。东汉蔡伦发明了纸，宋仁宗庆历年间毕昇发明了活字印刷术，新印刷术的发明开创了广告的新纪元。我国现存最早的工商业印刷广告是北宋时期济南刘家针铺的广告铜版雕刻，现存于中国历史博物馆。这是至今发现的世界上最早的印刷广告实物，比西方公认最早的印刷广告——1473年英国第一个出版商威廉·凯克斯顿为宣传宗教内容的书籍而印刷的广告还早了三四百年。铜板宽12.5厘米，高13厘米，上面标题："济南刘家功夫针铺"，中间图案："白兔捣药"，图案左右标注："认门前白兔儿为记"，下方刻有说明商品质地和销售办法的广告文字："收买上等钢条，造功夫细针，不偷工，民使用，若被兴贩，别有加饶，请记白。"

印刷术从中国传到西方后，使西方广告进入了新的阶段。欧洲有了第一家造纸厂之后，德国人约翰尼斯发明了铅字印刷术。这些新技术经过了很长时期的发展，也使广告的第一种形式（小招贴、传单等）及第一种大众媒介（报纸）成为可能。大约在18世纪中期，出现了职业化的从业人员和广告代理公司，广告逐渐成为工业化、专业化的重要的推销手段。18世纪中叶，工业革命在英国兴起。机械开始代替人力与畜力，大批量商品生产迅速占领市场。人们第一次发现买东西比自制东西更加经济合算。工业化程度越来越高，城市规模迅速扩大，城市市场开始形成，这又为广告的发展提供了良好的机遇。工业革命带来的技术进步使广告业突飞猛进，照相技术为广告增添了可信度，它能真实地呈现产品、人物和场所，让受众产生信赖感。这一时期就是工业化时期（industrializing age），大概持续到第一次世界大战结束。

随着现代通信技术的迅猛发展，广告的多样化、多元化成为可能。工业时期（industrial age）从20世纪初开始，大约持续到八十年代。这一时期里，生产发展迅猛，商品市场日趋饱和，每个品牌都全力向公众推销自己产品的特殊品质。广告的内涵更加丰富，传播媒介和传播方式更加多样，它在经济、政治、文化领域发挥着积极的作用。广告作为一项知识、技术人才、智能密集的高新技术产业，越来越受到社会的重视，许多大学专门成立广告学系，培养专业技术人才。

后工业化时期（postindustrial age）大约从 1980 年开始。这一时期充满剧烈的变化。社会急剧发展，人们第一次开始真正关心自己的生活环境，开始对自然资源短缺给人类生存造成的威胁深感恐惧。体现在广告业方面则是计算机技术、现代印刷术在广告实践中的广泛运用。特别是 90 年代以来，被称为第五大媒体（四大传统广告媒体为报纸、杂志、电视、广播）的因特网普及之后走进千家万户，网络广告以超乎所有人想象的速度直线增长。21 世纪，以数字技术为支撑的新媒体开始走进人们的生活，数字电视广告、网络电视广告、手机媒体广告和新环境媒体广告正以不可思议的速度进入现实生活，影响、改变了人们的生活方式。广告进入了一个双向互动时代，有人把十多年以来广告的这个特殊发展期称为"世纪互动时期"，现在网络广告在人们的生活中起着举足轻重的作用。

（二）网络广告的特点

1. 传播受众范围广：随着互联网技术的快速发展，网上的信息量越来越大，受众越来越多，特别是青少年受众。

2. 较长时间保留：传统媒体广告时效一过就不会再有受众，但是网络广告却可以长时间保留。

3. 有很强的交互性：有别于传统媒体受众的完全被动，网络广告可以与客户实时交互，强烈的感官刺激更容易带来目标客户，特别是年轻客户群体。

4. 有针对性投放：大数据时代的网络广告可以按受众兴趣分类投放。

5. 准确统计兴趣受众：投放的网络广告有技术手段可以准确地查找网民来源。

6. 灵活机动，成本低廉：上广告或下撤广告都特别快速灵活，投放成本低廉。

小结

网络广告无处不在，作为商业社会的企业营销的重要手段，正在日益发挥着越来越重要的作用。它指可确认的广告主为促进交换，主要以付费的形式通过网络媒体平台所进行的单向或双向的营销传播手段。它可以促进社会经济发展，可以帮助消费者获得商品信息，树立正确的消费观念。

1. 思考题：网络广告与传统广告相比有哪些不同点？试举例说明。

2. 参考资料链接

现有的网络广告主要形式：

网络广告形式	特　　　点
横幅广告	通栏广告；全横幅广告；半横幅广告；垂直旗舰广告
按钮广告	120＊90、120＊60；120＊125 像素按钮广告
文本链接广告	以一排文字作为一个广告，点击都可以进入相应的广告页面
电子邮件广告	利用提供免费的电子邮箱网站，向个人邮箱里直接发送电子广告
关键字广告	用户搜索关键字时，结果界面会出现相关的广告内容
弹出式广告	访客在请求登陆网页时强制插入一个广告页面或弹出广告窗口
赞助式广告	如 TCL 赞助搜狐世界杯频道
浮动广告	随着鼠标的移动而移动的图标广告形式
网页广告	企业通过自己的官网发布网页广告，如可口可乐
全屏广告	在用户打开浏览页面时，该广告将以全屏方式出现，3－5 秒后逐渐收缩成顶部横幅/按钮或消失不见的广告形式
画中画广告	大小为 360＊300 像素，发布在新闻文本中，面积较大，表现内容较为丰富
摩天大楼广告	普通：120＊600；宽幅：160＊600
对联广告	出现在主页面两侧的竖幅广告
播客博客广告	在播客视频放映前后出现在画面上的广告/放置在播客上的各种广告
富媒体广告	流媒体广告，指能达到 2D 及 3D 的 Video、Audio、JAVA 等具有复杂视觉效果和交互功能效果的网络广告形式；包括浮层类、视频类等
背投广告	尺寸大于传统的弹出式广告，在浏览网页的下方，当关闭浏览网页时会看到
BBS 广告	一般采取写文章、发帖子和参与讨论的方式发布广告信息
聊天工具广告	放置在即时聊天工具，比如 QQ 聊天对话框上的链接广告
其他广告	巨幅连播广告、翻页广告、祝贺广告等

（资料来源：www.ebook.com）

第二节　辨析网络广告

从广告诞生那天开始，它就存在着不可避免的缺陷——在诚实与道德问题上始终斗争着。非商业广告如公益广告，由于其本身终端指向的严肃性，几乎没有出现虚假广告的可能性，大量的虚假广告出现在商品或观念广告。

一、现代广告的基本原则

广告是无时无刻不介入中学生的生活，它是一种社会力量，在改善我们生活方面发挥了巨大的作用。广告为自由经济社会提供了丰富的物质机会、社会机会和文化机会，作为自由的个体，你可以根据具体情况选择符合自己的功能需要、社会需要及渴望的产品。广告已不单单是一种企业营销方式，它还是一种社会文化传播方式，并对中学生观念的变更起到了直接作用。

网络广告作为一种实用艺术，具有如下特征：

1. 功利性与审美性的统一。商业化的艺术形式决定了其功利性居首位、审美性为功利性服务的特点。

2. 真实性与艺术假定性的统一。广告艺术假定性具有功能意义，必须以广告内容的绝对真实为前提并服从真实性。

3. 科技性与多种艺术成分的统一。大量高科技被广泛应用到广告艺术的制作、传播中。广告艺术又集绘画、音乐、文字、摄影等多种因素于一身，形成一种新的多向性艺术。

4. 内容单纯，形式明快。

那么现代网络广告必须遵循什么基本原则呢？

1. 真实性原则。立足于真实，不得虚夸，严禁伪造虚假欺骗的信息，这是广告的生命，也是广告最基本的原则。广告运用的艺术手法、艺术夸张要建立在真实的基础上，要合情、合理、合法。

2. 思想性原则。广告的内容和表现形式都要积极乐观、健康向上、符合大众的文化背景与审美情趣，严禁反动、淫秽、色情等不健康的内容。广告的社会性与文化性决定了它的信息内容和表现形式，会对受众产生消费行为、生活方式、价值观念、伦理道德观念等方面的影响。所以在关注广告的物质利益诉求时还要注重非物质诉求，如爱、幸福、自由、知识、环保、健康等。

3. 艺术性原则。广告要有较强的艺术感染力，给人美感，以其独有的艺术魅力去影响和征服受众。

真实是广告的生命，是广告成功的前提；思想决定广告的深度，是广告的灵魂；艺术性是广告的升华，它能够给读者或观者带来一种审美享受。一则经典的广告必须将三者有机地融为一体。

上海庄臣、英特尔、微软、万事达卡、UPS、美孚石油、中国移动、中国银行的广告代理优势麦肯公司认为，广告就是"巧传真实"，就是说有道德、有良心的广告主及其广告代理公司必须同心协力，找到并运用最好的富有创意的表达形式真实地把自己的产品呈现给受众。而受众为了更好地分辨广告信息，就必须了解广告的传播过程，广告传播过程是从人类基本传播过程发展演化而来的。

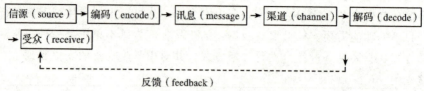

图 10-1　人类社会的传播过程

　　所谓的信源，就是广告主、策划人、代言人，到达受众之前的讯息层面则可以运用自传式、叙述式和戏剧式等表达形式。如今的消费者不再是以前冷冰冰的大众讯息的被动受者，凭借着科学技术，他们成为主动的决策人，有能力把握自己想要接收的传播活动，选择自己所需要的产品信息。

　　那么作为广大的中学生受众如何来分辨网络广告中的信息呢？说穿了就是三个方面：一是关注信息的有效性，二是关注信息的真实性，三是关注信息的思想性与审美特质。

　　信息的有效性程度，以商业广告为例，应该是指广告发布者提供的信息与受众希望得到的信息的交集，如商品或者服务价格、质量、功能、产地等密切关系到受众能享受该产品或服务的相关内容。

　　信息的真实性要建立在三个前提下：一是发布方即广告主的诚信，二是相关监管单位审查、监督、干预，三是受众根据生活经验与他人口碑进行判断。

　　思想性和审美特质是指广告内容与表达形式必须是对社会、对受众没有产生危害的，给人美感的，积极向上、引人向善的，也就是说广告必须是把它的实用属性与审美属性紧密结合起来，考虑受众的文化背景与接受能力，这样才能吸引受众注意力，以独特的形式美抓住受众眼球，使之产生兴趣，激发受众的购买欲望。

二、虚假网络广告

　　广告行业的乱象，相信每个人都深有体会。而网络广告虽是后起之秀，但有别于纸媒、电视、广播等传统媒体的相对成熟与监管到位，法律真空使它的乱象有过之而无不及。互联网的快速发展使网络广告迅速充斥着网络的每一个角落，甚至到了无孔不入的地步。喜欢上网的中学生肯定对这样的现象屡见不鲜：桌面角落的弹窗或悬浮窗，怎么关也关不掉；每一个网页点开，同时必被动收看少则半分钟多则一两分钟的页游广告，电子邮箱不断收到垃圾广告邮件，退订之后反而变本加厉……广告阵地的

"后起之秀"反而成了虚假广告的重灾区。

1. 虚假网络广告的界定

虚假网络广告是指信息内容失实或存在误导性宣传，易使广大受众产生误解或故意诱导受众产生误解从而做出错误的判断和选择的广告。虚假网络广告是问题广告的主要形态，原因是监管难度大。主要集中在商业广告领域，特别是食品、保健品、药品、化妆品、医疗器械、医疗服务、房地产、烟草等特殊商品或服务类广告。其中食品、医疗领域是虚假广告的重灾区。

虚假网络广告的表现主要为：广告内容未经审批许可或超出了审批范围的；伪造或隐瞒跟企业有关的相关资讯的；对产品的性能、用途、质量、产地、附加值、有效期限或者服务内容、形式的表述及演示、示范、分析画面与实际不符及夸大产品和服务功能的；关于商品或服务的价格与实际不符，关于供应、优惠、有奖销售、免费等承诺不能兑现或未言明兑现附加条件，而诱使消费者上当的；使用虚假的数据、统计资料、调查结果、检测报告、文摘、引用语的；与其他商品或服务的对比属于贬低、诽谤及对比属于非同类同等的；以消费者、患者现身说法的形式说明商品或者服务使用效果，出现夸大功效、隐含保证治愈的内容，利用名医、患者案例、名人或某权威机构的名义进行宣传，人物情节为虚构的；伪造或仿冒他人认证标志、名优标志、注册商标、标识或专利的；抄袭、模仿他人广告创意、企业和产品形象，造成雷同，使消费者误解的，等等。

虚假广告除广告公司为利益而故意采用模棱两可的词语诱导消费者外，还可能是广告主提供的自我介绍的内容涉及造假或与实际不符。如谎称已取得生产许可证、商品注册，谎称产品质量已达到行业规定标准，通过所谓的 GB/T19000－ISO9000 认证合格，获得专利，获得某知名国内外大奖项，获部级、省级优质产品称号等，也可能是对产品、服务的部分承诺是虚假的，如终身保修、不满意无条件包退包换等不能兑现的带有欺骗性的承诺。其叙事特征常常表现为夸大失实、无中生有、语言模糊、令人误解、瞎编乱造、极力诱惑，鱼目混珠、以假乱真等。

法律不可谓不严明，但暴利的诱惑依然使某些不法商贩趋之若鹜。那么我们中学生这样一个未来消费者群体该如何有效地分辨真假广告呢？区分网络广告真假主要是从辨析真实性的角度。

一是欺骗性虚假广告，就是指采用欺骗性标志从事交易的行为，实施的行为突出的是在商品的商标、产品的名称、质量标志方面做虚假标识，令人误解。

二是误导性虚假广告，就是指广告主利用广告或者其他手法的认识功能和心理功能，对商品的质量、性能、用途、特点、价格、使用方法等做令人误解的虚假标识，诱发消费者产生误解的行为。

首先可以从内容上的真实性，即网络广告显示说明与客观实际情况是否相符。例如，某品牌洗衣粉广告中称"世界首创，国家专利，唯一的无毒洗涤用品"；某医院广告宣称"香港国际类风湿病研究院独创的'免疫平衡调节微创手术'，治疗类风湿性关节炎、强直性脊柱炎，手术安全可靠、无痛苦，术后无须长期服药，只需一次手术，还您终身健康"。

其次可以从手段上的欺骗性来判断。有的是傍名牌，有的是误导消费者。例如某商场在不锈钢锅专卖柜前贴有"买一送一"，顾客首先要确定是买一个不锈钢锅赠送一个同类型的不锈钢锅，还是只赠送一把刷子；鞋子专柜前"节日活动，买一送二"也存在同样问题，表面看来让利优惠，事实上却只赠送两根鞋带。这类经营者利用消费者的思维定势，采用欺骗的手段或引人误解的陈述进行商品或服务宣传，诱导顾客。

最后，还可以看是否牵涉不正当竞争。某制药厂生产药品，宣称"国内首创、独家生产"，是"唯一合法生产此药的厂家"，在某媒体上刊登语意模糊的广告，旨在进行虚假营销宣传，影射或贬低其他同行业厂家产品的质量，从而误导消费者，侵犯了其他同行业厂家的合法竞争权利。

2. 虚假网络广告例举

根据新《广告法》第五十五条对虚假广告做出了严厉的规定，罚款数额巨大甚至可能吊销执照。法律不可谓不严明，但是巨大的利益依然吸引某些人趋之若鹜，铤而走险，不惜以身试法。近年来，网络广告呈现迅猛发展态势，一些网站在利益的驱使下违法违规发布广告，虚假违法问题突出，侵害消费者合法权益，损害公平竞争的市场秩序，社会各界反映强烈。关系人民群众健康安全的保健食品、保健用品、药品、医疗器械、医疗服务却成为广告乱象频出的重灾区。各个互联网站，尤其是各大门户类网站、搜索引擎类网站、视频类网站、电子商务类网站、医疗药品信息服务类网站、医药企业及医疗机构自设网站等，都不同程度在存在发布含有虚假违法内容的广告及信息的问题。

虚假广告等现象会影响一个社会的契约精神的建立，而契约精神的缺失就注定商业等与人密切相关的活动难以向更高级的形式升级。我国改革开放遇到的诸多瓶颈，与此不无关系。所以在社会转型期，社会矛盾层出不穷，广告成了社会诚信体系崩溃的"领头羊"，即使它为社会创造了巨大的物质财富和精神财富，也掩盖不了其存在的问题。而网络广告由于近几年的飞速发展，问题尤为突出。

政府面对矛盾比较集中的问题广告，出台了一系列宏观政策进行整合和限制。如 2006 年 7 月 19 日，国家工商行政管理总局和国家广播电影电视总局下发的《关于整顿广播电视医疗资讯服务和电视购物节目内容的通知》、2006 年 10 月 18 日国家工商行政管理总局和新闻出版总署下发的《关于禁止报刊刊登部分类型广告的通知》，暂时停播了药品、丰胸、减肥、治疗性病等一系列广告，这每一项针对广告行业的法规都是为了限制和打击广告犯罪行为，规范广告行业，使它更好地为社会经济发展服务。2015 年 4 月 24 日修订通过新《广告法》（自 2015 年 9 月 1 日起施行）。2016 年 7 月 8 日工商总局公布《互联网广告管理暂行办法》（2016 年 7 月 4 日国家工商行政管理总局令第 87 号公布，自 2016 年 9 月 1 日起施行），明确互联网广告应当具有可识别性，显著标明"广告"，使消费者能够辨明其为广告。付费搜索广告应当与自然搜索结果明显区分。

【小结】

立法规范广告市场的责任在国家，《中华人民共和国广告法》上一个版本是 1995 年 2 月 1 日起施行的，由于社会形势发展极快，针对广告市场存在的种种问题，我国第十二届全国人大第十四次会议于 2015 年 4 月 24 日修订通过新《广告法》，自 2015 年 9 月 1 日起施行。虽然立法日趋规范，但令人眼花缭乱的网络广告，要想不被迷惑还真不容易。如何借到一双慧眼不被"乱花渐欲迷人眼"的广告所蒙蔽？主要从广告真实性的角度判断。首先从广告显示说明与客观实际情况是否相符；其次看从手段上的欺骗性，如傍名牌做高仿真的山寨版，还有的是误导消费者；最后，还可以看是否牵涉不正当竞争，侵犯其他商家的利益。

【思考题】

试从生活中找出两个典型的虚假网络广告案例并加以分析。

【知识链接】

（1）涉嫌违法的相关规定

《广告法》第九条广告不得有下列情形：

（一）使用或者变相使用中华人民共和国的国旗、国歌、国徽，军旗、军歌、军徽；

（二）使用或者变相使用国家机关、国家机关工作人员的名义或者形象；

（三）使用"国家级""最高级""最佳"等用语；

（四）损害国家的尊严或者利益，泄露国家秘密；

（五）妨碍社会安定，损害社会公共利益；

（六）危害人身、财产安全，泄露个人隐私；

（七）妨碍社会公共秩序或者违背社会良好风尚；

（八）含有淫秽、色情、赌博、迷信、恐怖、暴力的内容；

（九）含有民族、种族、宗教、性别歧视的内容；

（十）妨碍环境、自然资源或者文化遗产保护；

（十一）法律、行政法规规定禁止的其他情形。

第十六条医疗、药品、医疗器械广告不得含有下列内容：

（一）表示功效、安全性的断言或者保证；

（二）说明治愈率或者有效率；

（三）与其他药品、医疗器械的功效和安全性或者其他医疗机构比较；

（四）利用广告代言人作推荐、证明；

（五）法律、行政法规规定禁止的其他内容。

第十八条保健食品广告不得含有下列内容：

（一）表示功效、安全性的断言或者保证；

（二）涉及疾病预防、治疗功能；

（三）声称或者暗示广告商品为保障健康所必需；

（四）与药品、其他保健食品进行比较；

（五）利用广告代言人作推荐、证明；

（六）法律、行政法规规定禁止的其他内容。

保健食品广告应当显著标明"本品不能代替药物"。

第二十四条教育、培训广告不得含有下列内容：

（一）对升学、通过考试、获得学位学历或者合格证书，或者对教育、培训的效果作出明示或者暗示的保证性承诺；

（二）明示或者暗示有相关考试机构或者其工作人员、考试命题人员参与教育、培训；

（三）利用科研单位、学术机构、教育机构、行业协会、专业人士、受益者的名义或者形象作推荐、证明。

（2）关于虚假广告

虚假广告的界定：第二十八条广告以虚假或者引人误解的内容欺骗、误导消费者的，构成虚假广告。

广告有下列情形之一的，为虚假广告：

（一）商品或者服务不存在的；

（二）商品的性能、功能、产地、用途、质量、规格、成分、价格、生产者、有效期限、销售状况、曾获荣誉等信息，或者服务的内容、提供者、形式、质量、价格、销售状况、曾获荣誉等信息，以及与商品或者服务有关的允诺等信息与实际情况不符，对购买行为有实质性影响的；

（三）使用虚构、伪造或者无法验证的科研成果、统计资料、调查结果、文摘、引用语等信息作证明材料的；

（四）虚构使用商品或者接受服务的效果的；

（五）以虚假或者引人误解的内容欺骗、误导消费者的其他情形。

虚假广告的处罚：新《广告法》第五十五条规定，利用广告对商品或者服务作虚假宣传的，由广告监督管理机关责令广告主停止发布广告，责令广告主在相应范围内消除影响，处广告费用三倍以上五倍以下的罚款，广告费用无法计算或者明显偏低的，处二十万元以上一百万元以下的罚款；两年内有三次以上违法行为或者有其他严重情节的，处广告费用五倍以上十倍以下的罚款，广告费用无法计算或者明显偏低的，处一百万元以上二百万元以下的罚款，可以吊销营业执照，并由广告审查机关撤销广告审查批准文件、一年内不受理其广告审查申请。

（3）关于明星代言

第五十六条违反本法规定，发布虚假广告，欺骗、误导消费者，使购买商品或者接受服务的消费者的合法权益受到损害的，由广告主依法承担民事责任。广告经营者、广告发布者不能提供广告主的真实名称、地址和有效联系方式的，消费者可以要求广告经营者、广告发布者先行赔偿。

关系消费者生命健康的商品或者服务的虚假广告，造成消费者损害的，其广告经营者、广告发布者、广告代言人应当与广告主承担连带责任。

前款规定以外的商品或者服务的虚假广告，造成消费者损害的，其广告经营者、广告发布者、广告代言人，明知或者应知广告虚假仍设计、制作、代理、发布或者作推荐、证明的，应当与广告主承担连带责任。

第三节　网络公益广告的美育

网络广告具有真实性、思想性和艺术性原则。立足于真实性，具有生活美，说明网络广告源于真实生活，但高于生活，所运用的艺术手法、艺术夸张要建立在真实的基础上，要合情、合理、合法。而思想性原则说明广告的内容和表现形式都要有积极乐观、健康向上、符合大众的文化背景与审美情趣的表达，它会对受众产生消费行为、生活方式、价值观念、伦理道德观念等方面的影响。所以，网络广告在表达物质利益诉求时还要注重非物质诉求，如爱、自由、知识、环保、健康等。而艺术性原则会影响广告的艺术感染力，直接决定受众的接受程度。网络广告的商业广告由于营销才是目的，所以美育就是附属品，而公益网络广告为了让受众精神得到陶冶，审美能力得到提高，进而培养更健全的人格，于是就更好地体现了超功利价值。下面主要以公益网络广告为例来说说网络广告的美育功能。

自从 1994 年 10 月美国《热线》杂志电子版推出第一条互联网广告以来，网络广告便以迅雷不及掩耳之势占据广告媒介市场，以几何量级速度快速上升。而我国的网络广告发展虽然同样迅猛却是喜忧参半。

进入 21 世纪，我国广告业一度虚假广告泛滥，网络广告更是重灾区。这直接反映了广告业自律缺乏，法律法规存在漏洞。他律欠缺，自律不做，于是广告就成了诈骗的代名词了。这直接导致了受众群体的信任危机。

当前网络广告中的审美存在三大误区：以怪为美，为所谓的创新而标新立异、荒诞不经、变态另类；以俗为美，把平民化、世俗化等同于庸俗化，充斥着性、色情内容；以奢为美，以灯红酒绿、高楼大厦、香车美女、纸醉金迷当作普世的审美标准，极尽铺张之能事。而公益广告由于其指向的严肃性，就没有这些弊病。

公益广告应该寓教于乐，寓教于思，短小精悍，轻松耐看。我国最早的公益广告是贵阳电视台的《节约用水》，而影响力比较大的应该是 1987年央视的"广而告之"栏目，该栏目"旨在增进一般公众对突出的社会问题的了解，并影响他们对这些问题的看法和态度，以改变他们的行为和做法，从而促进社会问题的解决或缓解"[①]，起到了极其重要的作用。比如动员全民无偿献血过程中，就有"献血有情，爱心无价""一滴血，一片心，一份爱""生命就像一次花开花落，有了你的浇灌也许它会更美一些"等系列广告。既然公益广告是为公众利益服务的，就有其一定的社会功能，那么"从文化整合及审美教育的来看，公益广告无疑起到了重塑国民文化性格和创造大众心理满足及精神愉悦的多重作用，并为加强公众意识

---

① 李海荣：《公益广告与社会营销》，现代广告，1997 年版第 3 期，第 56、57 页。

建立良好价值导向，促进社会文明起着不可替代的作用"。①

一、生活真实美

所谓"生活真实美"其实就是内容美。选取真实的生活场景，做到真和善的统一，事真、情真，给人以心灵的愉悦、情操的陶冶、智慧的启迪。"真"是打动中学生受众的基础，网络公益广告往往用一些真实的细节来打动中学生。如果是生搬硬套的说教式，容易使中学生反感。《孝道·中国人的血脉篇》中孙女将自己手中的食物仰头喂给爷爷这一细节源于真实的生活，而获得 2013 年法国戛纳创意节铜狮奖的"关爱老人"系列之《打包篇》（图 10-2）更是真人真事。《打包篇》中的故事就来自广告公司的同事和父亲的真实故事。同事的父亲是个失智老人，就是人们常说的阿茨海默症，不记得自己的回家路，甚至不认识自己的儿子，把儿子关在门外。但在一次聚会上，父亲颤颤巍巍地把两个饺子放进了口袋里，喃喃着"这是留给我儿子的，我儿子最爱吃这个"。是的，"他忘记了很多事情，但他从未忘记爱你"！那份深埋在父亲心底的爱瞬时戳中所有人的泪点。真实的生活细节和戏剧化的故事悬念放大了父母对子女无私的关爱，令天下所有儿女动容。比起平时空洞乏味的说教，这样的细节更深入人心，引人深思。

图 10-2　打包篇（来自电视截屏）

2014 年 1 月 23 日，麦肯光明（McCann）为马年春晚创作的"回家"系列之《筷子篇》向全国人民传递公益的力量，打动了全国观众，引发了来自社会各界的广泛关注和好评。它是由六组生活画面连缀而成，创意点是生活中天天使用的"筷子"，创意角度是普通中国人的生活餐桌，故事完全取材于老百姓的真实生活，用平凡但极具文化象征意义的物品表达一个民族文化传承的渴望。

---

① 潘泽宏：《公益广告导论》[M]. 北京：中国广播电视出版社 2001 年版，第 69 页。

二、形式意蕴美

从表现形式上，网络公益广告的形式美通常不是由某个单一的元素来达成，而是综合语言、色彩、线条、声音等多种元素有规律地交叉组合，既具传统性又有现代性。中学生受众对公益广告的美感需求有本土化的特点（通俗地说就是"接地气"），主要通过历史的和现代的文化符号、各种民族风情来表现，如剪纸、年画、彩塑等民间艺术，传承礼、义、廉、孝、和为贵等文化传统来表达。但时代的发展又要求这些表现形式兼具时代感，也就是要运用现代技术、采用新的表现方式，达到内容与表现形式高度统一，在内容求真、求实的基础上，采用恰当的艺术表现形式，将主要的信息传递给中学生受众。传达过程切忌简单粗暴，要兼具形式美与意蕴美。《文心雕龙·隐秀》云："隐也者，文中之重旨也。"王国维在《人间词话》中说："境非独谓景物也。喜怒哀乐，亦人心中之一境界。故能写真景物、真情感者，谓之有境界。否则谓之无境界。"如果把"保护草坪"的广告表达为"严禁践踏草坪，违者罚款"，虽然有训诫的作用，也表意清楚，但是居高临下，流于粗暴生硬，属于"无境界"，容易让中学生心生反感。如果换一种说法，"小草对你微微笑，请您把路绕一绕""一花一草皆生命，一枝一叶总关情"，运用拟人、比喻等手法形象表达，这样的情感诉求采用感性说服法，借助于人们对信息的主观体验而达到传播目的的方式，就有含蓄蕴藉之美。感性诉求不像商业广告做功能、价格等理性化指标的介绍，而是通过富有情感的语言、画面、音乐等手段，起到倡议、关心、规劝、警示、批评等作用。社会经济的日新月异已使人们的生活越来越趋向程式化，从而与客观世界中物性的直观情感的把握相疏离。在广告的说服理论中，增加广告中的情感因素，更有利于消除中学生受众对广告的抗拒心理，给人一种中肯、具体、实在和令人信服的感觉。

如《孝道·中国人的血脉篇》（图10-3）采用中国天津传统民间工艺泥人张彩塑（创建于清朝道光年间，发展至今已有近两百年历史）与现代技术结合，将立体的传统艺术通过平面效果传达给受众。画面由中的爷孙俩衣着有鲜明的传统特征：老人前面的蒲团上的幼儿身着红色小棉袄，微仰着头，稚嫩肉感的小手将食物递到老人嘴边；老人身穿褪了色的黑色棉袄、棉鞋，粗大的泥黄色的大手温柔地握住白胖柔嫩的小手，半旧的鸭舌帽下是那饱经岁月洗礼的脸庞，微张的嘴巴似乎体现出他对亲情的呼唤。老人脸上泛着温暖、慈祥、幸福的光芒。色彩上采用经典的红与黑对照，线条上着力体现老人如刀刻的皱纹、幼儿如新剥鸡蛋般的稚嫩的脸蛋。这种美好、温暖、朴素的爷孙亲情，淋漓尽致地体现了广告的形式美，使广大受众透过画面真正感受到传承孝道、关爱老人的重要性。这样形式与意蕴皆美的公益广告作品就能达到教化的目的，真正深入人心。

中国网络电视台制   无锡泥人张彩塑 傅长圣作

图 10-3 孝道篇（来自电视截屏）

"回家"系列之《筷子篇》（图 10-4）是麦肯光明为央视 2014 年春晚量身打造，是黄金时段插播的唯一一则公益广告。它以"筷子"为切入点，截取六个不同地域的家庭生活画面，串起广东西关老屋、上海长宁现代家庭、福建永定客家土楼、黑龙江佳木斯东胜农家、四川宣汉乡村等场景，描述中国人过春节的生活场景。以小见大，传递了启迪、传承、明礼、睦邻、关爱等中华传统美德，表达出"教会感恩，学会分享"的含义，浓缩了全球华人最深邃的爱意与情感。第一组画面是广州西关家庭的餐桌上，老人点点筷子给牙牙学语的宝宝品尝不同的味道。此时的筷子比喻人生况味，老人借筷子教孩子体会不同的人生滋味，启迪人生。第二组画面是上海长宁，妈妈正在教女儿如何用筷子。画面中妈妈与女儿及女儿与筷子之间产生的"对话"，让"不在场"的观众产生共鸣，中国人就该会使用筷子，此时筷子上升为传承中国文化的符号元素。小女孩没有学会使用筷子时的无奈、焦躁与哭泣，学会之后破涕为笑、眯眼、抿嘴的一脸满足，深深感染了每一个不在场的炎黄子孙。该公益广告的文本创意与其所处语境非常贴切，含蓄蕴藉，画面朴素唯美，情感真挚。在现代经济浪潮冲击之下，传统的价值观、道德观、生活方式正被当下新的思想观念和生活方式消解或取代。央视选择最贴近生活、大众最为关注的话题作为传播主题，贴近生活又契合了观众的心声，正面展现国家气质和精神追求，体现媒体的引导力和影响力，同时也彰显了公益广告的社会责任。

图 10-4 筷子篇（均来自电视截屏）

三、艺术创意美

央视春晚"回家"系列之《筷子篇》的广告文本创意与其所处语境非常贴切，满足了中国人的情感诉求。麦肯光明广告董事长莫康孙感慨道："要创作一条有新意，又完全不同于 2013 年'回家'视角的公益广告，我们坚信创意源于生活，高于生活的道理，伟大的创意往往就存在于平凡老百姓的生活点滴中。"

一个成功的广告是由市场调研、广告策略、广告创意等一个个部件组成起来的，它们之间的关系可以套用"冰山理论"来形象说明。市场调研、广告策略好比冰山海平面下的八分之七，是隐藏在幕后的；广告创意才是展露在海平面上的八分之一，它是真正与消费者面对面的。创意是广告的灵魂，没有创意的广告就没有生命力与感染力。所以，下面从广告的生命之源——创意美出发来评点赏析网络公益广告。

所谓创意应该包含两层意思：从静态来看，指创造性的意念，巧妙的构思，即好主意、金点子；从动态来看，指创造性的思维活动，是从无到有这一逻辑思维的产生过程。创意在英语中用"creative""creativity""creation""idea"等来表示。大卫·奥格威曾说："要吸引消费者的注意力，同时让他们来买你的产品，非要有好的点子不可。除非你的广告有很好的点子，不然它就像快被黑暗吞噬的船只。"美国著名广告企业李奥·

贝纳公司（Leo Burnett Co.）的缔造者，被称为 20 世纪 60 年代美国广告创作革命的旗手与典范人物的李奥·贝纳曾经说过："如果你并不拥有十足的创造力，丰富的想像力，对万事万物也没有太多的好奇与疑问，那么我劝你离广告远一点""一个真正的创意，拥有它自己的力量与生命"。

网络广告创意要追求实效性。广告费用不非，如何在有限的单位时间里达到利益最大化就是一门学问了。广告字字万金，抛弃媚俗化、简单化，用好音响，选择画面，精心处理每一个字，这样才能征服受众。

网络广告创意不同于通常意义上的构思与创作，它除去物理属性及使用价值之外还有其文化属性、意义价值。从创意主题的确立到创意对象的确定、想象的展开，再到定位诉求的规约，到"思接千载，视通万里"之后的洗练，到语言文字稿的定型，这只是传达信息层面的操作，创意更重要的还在于透过语言文字这些表面符号之后的文化意义构建，即以其所荷载的生存观念、价值取向、审美趣味等文化信息影响受众，参与整体社会文化建构，在品牌的外延建构起一个新的意义体系。

那么，创意过程分为几步呢？1986 年罗杰·冯·奥克提出的四步创意模式，至今仍被许多知名广告公司奉为圭臬。每个文案和美工在创意的不同阶段似乎分饰不同的角色：Explorer（探险家）、Artist（艺术家）、Judge（法官）和 Warrior（战士）。

1. 探险家——寻找新的信息，关注异常模式。创意人员需要构思创意的素材：事实、经验、史料、常识、感觉等。

2. 艺术家——实验并实施各种方法，寻找独特创意并予以实施。艺术家必须完成两项重要任务：寻找大创意、实现大创意。

3. 法官——评估实验结果，判断哪种方法最有效。

4. 战士——克服一切干扰和障碍，直到实现创意概念。

在丰富多彩的创意广告作品中，你既能看到阳光般温暖的微笑，也能看见丑陋怪异的面孔；既能欣赏似幻似仙的美景，也能领略风土人情。广告创意成为这个喧嚣世界中一道不可或缺的风景线，是广告人赋予广告以力量与生命，使之深入到人们的生活，让人久久难以忘怀。

广告创意要从头脑风暴、形象思维与抽象思维、顺向思维和逆向思维、垂直思维和水平思维中找灵感，就是要不走寻常路，挖掘独到视角，独具匠心，激发创造性思维。主要有留白法、变形夸张法、比拟法、错位法、嵌合法等。

留白法契合简约法则，讲求以少胜多，简而不陋，以简胜繁，虚实相生，耐人寻味。其精妙之处在于以极少的元素传达最多的信息，赋予受众二度创造的空间。类似于"此时无声胜有声""官欲止而神欲行""不着一字，尽得风流"，留白的"白"不是空虚、空洞，而是一种艺术的空灵境界，能使读者集中注意力。94 岁的齐白石老人画的《虾》，虽不着一水，却尽得风流。也有人把留白法称作减法，即减少设计的元素、色彩、照明、原材料等，但对色彩、材料的质感要求很高。"方寸之地亦显天地之宽"，如 Penline 胶带广告（图 10-5）不着一字，只是在四个角落里各用一小截胶带就把一巨型广告牌固定住，留给人巨大的空间，想象其超强的粘着力，让人不得不信服它无可挑剔的产品质量，给消费者巨大的震撼，比 Penline 用大量文字说明其优越性的处理效果要更胜一筹。这则广告当选 2007 年戛纳广告奖银奖，就在于它巧妙地运用留白法。

图 10-5　Penline 户外广告

　　变形夸张法是指运用原型的扭曲、变形和形象改变，或故意把某种形态、趋势做超常的夸大和延展来达到特殊的表达效果。合理适度地运用该手法能起到渲染、烘托的作用，但是超过一定的度会弱化受众的信任度，从而事与愿违，适得其反。2006 年阿迪达斯为迎接德国世界杯，推出了一系列大胆创新的广告（图 10-6），甚至冒险制造"事故"。身体弯成拱形的德国国门卡恩的奋力扑救，正好横跨在马路上，形成巨型桥梁拱门，像一个神话中的巨人，而汽车可以从拱门通过。在阿迪达斯的主场，这样强大冲击力的广告，足以引起人们的兴趣。打上了生活烙印，不再像以前那样专注于足球场千篇一律的广告形式，场景移接到生活气息浓郁的老街区，亲切而又震撼，显示力量与美的完美结合。

　　比拟法的运用，要考虑到具体的对象及情境，使用恰当可以别具情趣。潘婷的户外广告（图 10-7）曾采用一根硕大的辫子来夺人眼球。在建筑物上高高垂下的辫子，吸引了爱好者们前来攀爬，借此来说明潘婷"强韧发质"的杰出效果。另一则潘婷洗发水的户外广告则巧妙地用户外路灯来表达，上面部分的分叉到下面部分则由于潘婷的神奇功效而融为一体，下面配上广告语"潘婷 Pro－V.，停止分裂"。

图 10-6　阿迪达斯户外广告

图 10-7　潘婷户外宣传广告

错位法就是把事物自然状态的位置关系做超乎常规的改变，表现出一种新奇与谐趣。匡威（Converse）的运动鞋系列平面广告（图 10-8），就别出心裁地把运动鞋穿在人身上，鞋子的造型与身上的服装完美地契合，连背景色都经过精心的处理，变形成衣服穿着都可以，就强调了鞋子的舒适性与独创性，让受众过目不忘。鞋子与衣服本为两个风马牛不相及的用品，但独具匠心的广告人却让二者融合得如此自然完美，广告效果当然也非一般的创意所能及。

图 10-8　匡威运动鞋广告

　　嵌合法是把一个意象嵌入另一个意象，形成一个耳目一新的意象。如香港理工大学学生麦朗在乔布斯离世后，把苹果公司的标志——"苹果咬一口"巧妙地换成了乔布斯的侧面剪影与苹果的组合（图10-9），二者有机融合，充分展示了苹果发展历程中乔布斯的无可替代的位置，他与苹果是一体的，是密不可分的。该设计表达了一种静静的纪念——苹果失去了乔布斯这一块，这是一个无可估量的损失。

图10-9　乔布斯与苹果

　　"减"法是"加"法的逆运算，"减"即减少，台湾的一则公益广告（图10-10），提醒人们保护森林资源就是用的减法："森"→"林"→"木"→"十"。利用汉字的表意功能，由"森"字一路拆下去最后只剩下"十"字架，简洁而深刻地向人们揭示出一个道理：如果不懂得与自然和谐相处，乱砍滥伐森林，就等于是在破坏自己的生存环境，最后落得个自掘坟墓的下场。广告画面简洁，让人过目不忘。

图10-10　台湾公益广告

　　双关法。如理发店广告"新事业从头做起，旧现象一手推平"。

　　网络公益广告对社会生活的警示作用和对社会发展的导向功能是毋庸置疑的，将"正能量"辐射扩大，在节约能源、公共卫生、环境保护、人文关怀等方面做了大量的正面宣传，弘扬了社会主流价值观，发挥了媒体"社会公民"的角色功能。

　　近年来，"微公益"渐热，微博名人发起的公益活动的社会影响力越来越大，譬如邓飞的"免费午餐"，王克勤、袁立的"大爱清尘"等微博公益活动，浙江卫视斥巨资推出一档明星助平民圆梦的公益节目"快乐蓝天下·中国梦想秀"，深圳卫视娱乐频道推出的励志公益节目"益呼百应"，中央电视台综合频道推出的以明星回乡、助他人圆梦为主题的公益节目"梦想合唱团"，腾讯、新浪、搜狐、网易、凤凰、央视等网站开设的公益频道。

"公益广告也是一盏灯。"这是央视对公益广告的阐释。公益广告不仅是一盏透着人文关怀的灯，更是新媒体时代每一个媒体人的指路明灯。

1991 年，一幅由中国青年报记者解海龙拍摄的纪实摄影作品《大眼睛》（图 10-11），聚焦于贫穷地区学童渴望求知的目光，强烈的艺术感染力和视觉效果，使其成为"希望工程"的标志影像。

图 10-11 《大眼睛》（解海龙摄）

从来没有一双大眼睛让人如此过目不忘。画面里的女孩一头短发略显蓬乱，衣着朴素，手握铅笔，一双大眼睛带着祈求的神情望向前方，似乎发出无声的呼喊：帮帮我，伸出手来帮帮我，我想读书！

中国目前有很多公益性的组织，有些是官方的，有些是民间的，如宋庆龄基金会，残联等，但是他们当时没有像希望工程一样在社会上具有如此大的影响力，很大原因基于其宣传形式的相对落后，缺少让受众震撼的正能量。这张"大眼睛"照片以朴实无华却震撼人心的形式，用黑白默片无声无息地向人们表达出了一个强烈的诉求：生活的艰难不能阻碍贫穷儿童对知识的渴求，同在蓝天下，请给孩子一个机会。这样一则公益广告宣传了一种理念，倡导大众"少抽一根烟，少喝一杯酒"，用来帮助贫困地区的孩子上学。解海龙选取了一个典型案例将理念形象化、具体化，取得了良好效果，人们把这张称为"大眼睛"的照片选为中国希望工程的宣传图片，中国摄影杂志在纪念建国50周年的时候将它选为新中国成立以来最具影响力的照片之一。据不完全统计，这张照片为中国希望工程募集的资金超过三千万元。这就是纪实摄影公益广告的巨大魅力。

【思考题】

1. 请说明下面这幅漫画的内容及其寓意。（不超过65个字）

（参考答案：漫画由奥运五环标志与萨马兰奇的头像构成，五环成为萨马兰奇的眼镜，萨马兰奇与现代奥运已经融为一体，或萨马兰奇透过奥运看世界。）

2. 请你从"环境保护""推广普通话""无偿献血""关爱弱势群体""禁止吸烟""低碳生活"中选择一个，试着写一则公益广告。

第四节　网络广告语中的诚信

广告为了具有较强的影响力、感染力和诱导力进而达到吸引消费者的目的，传播的就必然是经过"艺术处理"的信息。网络广告随着制作技术的发展，比以前任何时代都更美轮美奂，它集艺术与技术于一身，融抽象与具象于一体。法国广告收藏家布尔西科说的"一个好广告是商业性和艺术性的和谐统一，广告应充分开发人类丰富的艺术宝库，并加以商业性的利用"就非常准确地说明了广告美的核心就是功利性与艺术性的完美结合。

在日常生活中，我们都曾经被垃圾广告骚扰，有时甚至严重影响正常生活。无良商家的虚假广告充斥着各种媒体，而网络广告是个重灾区，相关法律法规对此却无能为力。老的《中华人民共和国广告法》于1995年2月1日开始实施，短短二十年，但传播媒体的发展却早已是日新月异、沧海桑田了。社会上对于虚假广告治理一直极为关注，但相关部门却常常是"运动式"治理：打一打，治一治，停一停，死灰复燃。2015 年 4 月修订的《广告法》真正弥补了广告监管方面的立法缺失。

相比于广告业每年增幅两位数的蓬勃态势，广告行业的立法机制却明显滞后。特别是迎来互联网时代和移动新时代之后，加强行业监管与规范行业道德成为亟须解决的难题。真正要解决这个棘手的问题还得从第二节说过的广告真实性说起。

广告信息的真实性要建立在三个前提下：一是发布方即广告主的诚信，二是相关监管单位审查、监督、干预，三是广大受众根据生活经验与他人口碑进行判断。

而网络广告诚信缺失的原因：经营者唯利是图；广告媒体目光短浅，对广告商来者不拒；消费者维权意识淡薄——不看广告看疗效，发现某种产品或服务与广告内容不符，不会去投诉，认为多一事不如少一事；法律法规不健全，监管部门执法能力不强，执法力度不够。

在互联网技术和移动媒体的广泛应用、网络广告如火如荼的今天，靠"堵"是解决不了实际问题的。网络广告的优势显而易见，传播载体丰富，传播手段灵活，海量讯息散射，价格优势明显，只要解决诚信问题，它就会为社会经济发展起到巨大的推动作用。不妨学学大禹治水，"疏"才是正道。疏导应该着重抓住以下几个方面：

1. 针对广告主、经营方、发布方：建立健全社会征信体系，提高不诚信经营的关联处罚力度，提高广告主、广告经营者和发布者违法的成本及诚信经营意识，尽量做到自律。

"征信"一词源于《左传·昭公八年》中的"君子之言，信而有征，故怨远于其身"。"信而有征"即为可验证其言为信实，或征求、验证信用。在广告主和广告经营者、发布者心目中，征信系统的不完善让他们有机可乘，有利可图。不实广告、类广告和隐性广告、垃圾信息、贩卖隐私信息、强制性广告、色情广告等，乱象丛生，肆意滋长，屡见不鲜。虽然虚假广告严重扰乱了市场经济秩序，侵犯了消费者的权益，但是广告主、广告经营者、发布者征信体系不完善，于是就出现屡罚屡犯、禁而不止、打一枪换一个地方的怪现象，罚款就算处罚，最严重的莫过于吊销广告经营许可证。但换一个公司名称，违法行为依旧，违法人还在广告业里"大展宏图"。

2011 年 10 月 19 日，国务院常务会议提出，"把诚信建设摆在突出位置，大力推进政务诚信、商务诚信、社会诚信和司法公信建设，抓紧建立健全覆盖全社会的征信系统，加大对失信行为惩戒力度，在全社会广泛形成守信光荣、失信可耻的氛围。"2012 年 12 月 26 日《征信业管理条例》经国务院常务会议通过，2013 年 1 月 21 日国务院公布，3 月 15 日起施行。人无信不立，业无信难兴。诚信是为人之道、立业之本，全社会征信体系可从根本上消除网络虚假广告，用守法诚信将广告人的道德行为、经济行为和政治行为有机地统一起来。

2. 针对监管部门：健全法律法规，加大执法力度，做到有法必依，违法必究，执法必严。

社会经济的健康发展、广告业的诚信，除了征信体系的建立、广告主个人的自律，还得依靠法律法规的保驾护航。新版《广告法》与时俱进地制定出新的法律法规，但在实际执行过程中，相关部门要执法必严，才能保证其实施效果。

3. 针对消费者：提高识别真伪的能力，学会取证，正确投诉举报，增强维权意识。

在网络广告的诚信缺失问题上，消费者有时无意中起到了推波助澜的作用。贪图小便宜，希望物美价廉，结果一不小心落入虚假广告的陷阱。消费者要有健康的消费心理和消费习惯，学会在鱼目混珠的海量广告信息中甄别真假。尤其重要的是要具备必要的法律常识，积累应对虚假广告的经验；一旦真正被侵权，别放任此种结果发生，先向相关监管部门投诉举报，记得留好有用的消费凭证、原始商品，不宜保存的商品要适时留存影像资料、证明人、证明信，在有效的法律投诉时效内，向相关侵权主体或上级有关主管部门提出申诉。不能有多一事不如少一事、自认倒霉的消极想法，违法成本低会放任、刺激违法者变本加厉。守法，懂法，学会拿起法律武器维护包括自己在内的广大消费者的合法权益，打击广告经营的不法行为。

4. 针对社会监督力量：新闻监督要树立社会责任感，广告同行互相监督共建网络广告行业美好明天。

我国广告监管是以政府主导为主、企业自律为辅的。新闻媒体既是党和人民的舆论喉舌，又是舆论监督机构，在人民群众中具有很高的权威性和导向作用。媒体监督是遏止不良广告的有效途径，新闻媒体要树立强烈的社会责任感，认真审核，从严把关，坚持原则，真正维护广大人民的根本利益。近年来，有少数新闻媒体人利欲熏心，联合商家推出各种类型的"软广告"，严重影响了新闻媒体在人民心目中的形象。新《广告法》中规定"大众传播媒介不得以新闻报道形式发布广告"，这"新闻报道"植入广告是以前的监管漏洞，现在对这类广告加强了监管，有法可依。

　　而广告行业自己的民间组织——中国广告主协会（CANA）与中国广告协会（CAA）多年来一直倡导加强行业自律，促进行业健康成长。它们在建立行业内部规范、传承传统文化、维护公序良俗等方面做出各种努力，目的是在遵守法律法规的前提下，获得利益最大化。

　　广告主、广告经营者和广告发布者的自律、同行业的监督与政府监督、法律监督、社会公众监督、媒体监督等他律一起共同推进网络广告行业守法诚信，健康成长。

　　总之，市场经济是信用经济，树立诚信才是网络广告业的发展之道。不想杀鸡取卵、自掘坟墓，就要做到诚信，诚信经营是网络广告的生命线。

【知识链接】

　　《广告法》第二章第八条中规定，"广告中对商品的性能、功能、产地、用途、质量、成分、价格、生产者、有效期限、允诺等或者对服务的内容、提供者、形式、质量、价格、允诺等有表示的，应当准确、清楚、明白。广告中表明推销的商品或者服务附带赠送的，应当明示所附带赠送商品或者服务的品种、规格、数量、期限和方式。"所以在新《广告法》中以前是随意滥用的极限词汇，如今却是禁区。相关的极限用语极多，在日常的广告中随处可见。（相关内容参考 http：//www. cnrencai.com/zengche/271275. html）

　　根据广告法，极限用语不得出现在商品列表页、商品的标题、副标题、主图、详情页以及商品包装等位置。使用极限词语的违规商家，将被扣分，并遭到二十万元以上、一百万元以下罚款，情节严重者将被直接封店；顾客投诉极限用语并维权成功后，赔付金额将由商家全部承担。

新广告法禁用词汇一览表

极限词(违禁词)-汇总
部分平台限制使用：全场、包邮、免运费
请以各平台发文为准

与"最"有关

反正不要带"最"就是了！
最、最佳、最具、最爱、最赚、
最优、最优秀、最好、最大、最大程度、
最高、最高级、最高端、最奢侈、
最低、最低级、最低价、最底、最便宜、史上最低价、
最流行、最受欢迎、最时尚、
最聚拢、最符合、最舒适、
最先、最先进、最先进科学、最先进加工工艺、
最先享受、最后、最后一波、
最新、最新技术、最新科学、

185

第一、中国第一、全网第一、销量第一、
排名第一、唯一、第一品牌、
NO.1、TOP.1、独一无二、全国第一、
一流、一天、仅此一次(一款)、最后一波、
全国X大品牌之一、

国家级、国家级产品、全球级、
宇宙级、世界级、
顶级(顶尖\尖端)、顶级工艺、顶级享受、
高级、极品、极佳(绝佳\绝对)、
终极、极致、

首个、首选、独家、独家配方、
首发、全网首发、全国首发、
首家、全网首家、全国首家、
xx网独家、xx网首发、首次、首款、
全国销量冠军、国家级产品、
国家(国家免检)、国家领导人、
填补国内空白、中国驰名(驰名商标)、国际品质、

大牌、金牌、名牌、王牌、
领袖品牌、世界领先、(遥遥)领先、
领导者、缔造者、创领品牌、领先上市、
巨星、著名、掌门人、至尊、巅峰、奢侈、
优秀、资深、领袖、之王、王者、冠军、

史无前例、前无古人、
永久、万能、祖传、特效、无敌、
纯天然、100%、
高档、正品、真皮、
超赚、精确、

老字号、中国驰名商标、特供、专供、
专家推荐、质量免检、无需国家质量检测、免抽检、
国家xx领导人推荐、国家xx机关推荐、
使用人民币图样（央行批准除外）

涉嫌欺诈消费者
点击领奖、恭喜获奖、全民免单、
点击有惊喜、点击获取、点击转身、
点击试穿、点击翻转、领取奖品

涉嫌诱导消费者
秒杀、抢爆、再不抢就没了、不会再便宜了、
没有他就XX，错过就没机会了、万人疯抢、
全民疯抢/抢购、卖/抢疯了、

限时必须具体时间（目前看京东消息是这样说）
今日、今天、几天几夜、倒计时、
趁现在、就、仅限、周末、周年庆、
特惠趴、购物大趴、闪购、品牌团、
精品团、单品团（必须有活动日期）

严禁使用
随时结束、随时涨价、马上降价

【思考题】

试从切身的生活实际中找一个被广告误导的不理性消费案例，并说明其危害。

参考文献：

［1］陈冠男．新媒体网络广告效果评估指标及运用分析［J］．今传媒，
　　 2013（2）．

［2］陈刚，等．新媒体与广告［M］．北京：中国轻工业出版社，2002．

［3］白雪竹，李燕妮．互动艺术创新思维［M］．北京：中国轻工业出版
　　 社，2007．

［4］林升梁．网络广告原理与实务［M］．厦门：厦门大学出版社，2007．

第十一章　网络媒介的健康理念

　　从媒介的发展来看，媒介分两个阶段：传统媒介和网络媒介。相对于单向的传统媒介，网络媒介是媒介发展史上的一次革命，它能让大众人人参与其中，媒介与大众之间的关系变成了多向化。由于它入门低，只需要一只手机或一台电脑就可以进入这一平台，所以它一出世，不到几年就风靡天下。在这个平台上，人人都可以发布信息，发表评论，相当于每个人都拥有一个"话筒"，可以随时传播自己的信息，也随时可以转发网络上的信息。由于信息发布的随意性和便捷性，信息发布者可以传播正能量的信息，惩恶扬善，也能够传播超越道德底线的负能量，危害社会，因而网络媒介就成了一把"双刃剑"，既可以促进社会的进步，也容易引发社会的混乱。所以在相对自由的网络媒介上，培养网络媒介的健康理念就十分重要。

　　所谓网络媒介的健康理念，就是网络媒介的拥有者拥有健康的心理、健全的人格，能拒绝接收错误的信息，发布健康的信息，主动维护社会秩序，宣传社会主义核心价值观。

　　本章将从"用健康的心理上网""网上活动要有时间限制""抵制网上的不良信息""坚持锻炼，用健康的身体保证网络活动"四个方面论述，希望对同学们有所启发。

第一节　用健康的心理上网

一、网络是一种工具而不是玩具

　　相信同学们都知道，很多家长对网络深恶痛绝。原因是很多同学沉迷网络，影响了身体和思想上的健康，同时也让学习成绩一泻千里。对这些同学来说，网络是一种最好的玩具，可以下载自己喜欢的信息，可以随心所欲地发布自己的信息，可以玩刺激的游戏，可以跟别人随意地聊天，可以在网上随意交友。相对于枯燥而紧张的学习，网络的诱惑力非常巨大。这种诱惑力让部分同学不知不觉沉溺其中，忘记了自己身上的责任。

网络是一种十分便捷的学习工具。你想了解什么信息，网络上有；你想查阅什么资料，网络上有；你想跟朋友探讨问题，网络可以给你提供平台。借助网络，你可以非常轻松地解决问题。所以，网络是一种很好的工具。

那么，作为一个中学生，网络的工具性体现在哪些方面？

第一，可以便捷地获得知识，开阔视野。上网可以及时了解全世界的时事新闻，获取自己所需的知识和信息。上网可以充实头脑，可以学到许多学校里学不到的感兴趣的知识，扩大自己的知识面。如果对某个领域感兴趣，可以便捷地收集有关资料，做专题研究。可以这样说，鼠标一点，大千世界便尽收眼底。

第二，可以对外交流，加强沟通。中学生学业繁重，外出时间有限，基本上处于家庭和学校两点一线，生活圈子小。由于与社会沟通少，学生对社会普遍缺乏信心，不适应与外界对话、交流。通过网络，学生可以彻底克服这个心理障碍，没有顾忌地向网友倾诉心事，并且在对外交流的过程当中，提升自己的交际能力。现在，QQ、微信的交流，文件的发送与接收，相对于以前的电话、短信和电子邮箱，有更多的便捷之处。

第三，可以自由表现自己，增强自信心。如果对某些问题有自己的见解，可以在论坛或博客（微博）上表明自己的看法；如果有自己的业余爱好，可以通过图片和文字，跟志同道合者交流成果；如果自己有写作的兴趣，可以通过博客等工具，发表自己的作品，与网友交流。自由自在地做自己，可以增强自己的自信心。

第四，可以促进学业发展。中学生的本职任务是学习，教育网站的资讯能让学生受益无穷。如果没有网络，学习知识只能够局限于课本和一些课外书籍，传授知识的老师始终只有几个；但如果上了网，学生就可以在网站上获取相关的知识，甚至可以得到名师的辅导。

二、上网必须有一个明确的目标

网络上信息量十分巨大，浩如烟海，可以用"海量""天量"来形容。有人统计，现在每年增加的信息量，都相当于过去几千年信息量的总和。面对这么庞大的信息量，有的人手脚无措，一进去就淹没在"信息的海洋"中。

人天生就有求知的欲望。婴儿喜欢把玩具放在嘴里咬，他们并不是想品尝玩具的味道，实际上是想通过嘴巴，了解玩具的信息。婴儿最先是通过皮肤和嘴巴的触觉了解外界信息的。等稍微长大些，他们才通过听觉接触外界信息，所以他们最爱会发出声音的玩具。而后，他们才通过视觉了解世界，一双乌溜溜的眼睛总是对外界产生好奇。等开始有思考能力后，他们总爱提自己感到好奇的问题，几乎每个儿童都有"十万个为什么"。而求知欲望恰恰就是大家都喜欢网络的原因——网络上有着十分丰富的、想什么就有什么的信息。

人的时间是有限的，而网络的信息是无限的。为了避免自己沉溺网络，在上网的时候，一定要有一个明确的目标。先想清楚自己想要什么，获得信息之后就毅然退出网络，一定要有"弱水三千，只取一瓢饮"的心理准备。

比如说，你想到网上查一条资料，那么查阅之后，就马上退出网络，做自己原先做的事。最怕的是上网查阅资料之后，浏览一下新闻，顺便再去浏览自己喜欢的娱乐内容，看看体育，看看视频。这还没完，几天没有打游戏了，打一局再说。这样，一天就这么稀里糊涂地过去了。严重的是，第二天又"重复着昨天的故事"，这样，你就不知不觉让网络"俘虏"了。

三、上网必须消除过分猎奇心理

猎奇心理也就是人们常说的好奇心，是人们与生俱来的一种心理状态。在希腊神话中，潘多拉就是受不了好奇心的驱使，不顾埃庇米修斯的反复叮咛，悄悄地打开盒子，放出了无数的灾祸。人从刚有意识就有一种好奇的心理，随着慢慢长大，探知世界的欲望就更加强烈。中学生处于个体生理和心理发育的特殊时期，是走向成熟的最重要的时刻，你们过了儿童"十万个为什么"这一被动学习的过程，掌握了一定的基础知识，求知欲强，有一定的自主学习能力，有条件探知未知世界。而网络，提供给你们最方便的探知奥秘的途径。通过网络，可以查阅自己喜欢的知识，找到自己想要的答案。

有求知欲望没错，查阅自己喜欢的知识也没错，但是网络上的信息大部分是网友上传，没有经过相关部门的审核，良莠不齐。特别是一些负能量的信息，常用煽情、渲染、挑逗等手段，吸引读者眼球，增加点击量。如果学生被这些负能量的信息诱惑，就可能走向歧途。

作为一个中学生，哪些信息要慎重对待？

（一）关于异性的内容

性，本来是一种生理现象、自然现象。"食色，性也。"（《孟子·告子上》）意思是说，食欲和性欲，都是人的本性。但中国的性教育，在历史上，都是遮遮掩掩的，特别是封建卫道士们，更是谈性色变。历史发展到今天，情况虽然有所好转，但是在本质上，没有改变。

求知欲极强的中学生，生理基本成熟，第二性征已经出现甚至成熟，通过正当的途径了解一点性知识，实属本能，无可非议。部分中学生情窦初开，对异性有不同程度的好奇和爱慕，富于幻想，对性知识有强烈的好奇心。但是性教育的缺失，同学们不能从家长和学校接受到性教育。事情总是这样，越是遮掩，越是好奇。而网络，让同学们获取性知识如探囊取物，信手拈来。由于性知识有强烈的诱惑力，加上网络上有关性的信息大量涉嫌色情，许多中学生就抵挡不住诱惑，沉迷其中，不能自拔。

面对性的教育，作为教育部门，应该科学决策，把性教育当作正常的知识来教育，不应该视作禁区。如果没有经验，可以借鉴外国比较成熟性教育，结合国情，编撰出通俗易懂的教材。

作为一个中学生，在没有正式教材的情况下，了解性知识，要有健康向上的情操，一定要上正规的网站，千万不能观看色情小说和视频，以至于扭曲自己的人生观和价值观。

（二）关于暴力的内容

人从动物进化而来，争强好斗是人的本能。处于中学生的年龄段，学生精力旺盛，对打打杀杀有一种本能上的喜欢。

比如二十世纪八九十年代有两部动画片风靡世界，几乎吸引了全世界的儿童，一部是《汤姆和杰瑞》，一部是《大力水手》，这两部动画片都以争斗为题材。而现在的青少年，几乎是看着这两部动画片长大的。这些争斗延伸到网络上，就出现了网络暴力。

网络暴力是一种暴力形式，是在网上发表具有伤害性和煽动性的言论、图片、视频的行为现象。网络媒体在其商业化的运作中，为了在市场竞争中抢占先机，故意自编自演相关事件。为了追求点击率，网络媒体注重策划议题，越有争议性越有"创意"。他们经常以吸引眼球的大图片、惊心动魄的大标题及夸张的细节故事，来对新闻事件进行炒作。惊悚的图片和耸人听闻的标题成为网络挑动网民神经兴奋点的重要手段。

中学生涉世未深，还没有形成稳定的性格，对暴力的内容，几乎没有免疫力，很容易沉溺其中。如果经常观看此类内容，不仅价值观被扭曲，而且还有可能在现实生活中进行模仿，从而走上犯罪的道路。

网络暴力还涉及网络游戏。由于网络游戏对中学生影响更大，在本书中有专门的阐述。

【思考题】

1. 你平时上网的目的是什么？能控制自己吗？

2. 你认为哪些上网的行为是健康的？哪些上网的行为是不应该的？

第二节　网上活动要有时间限制

中学生正处于身体的成长期，长时间上网会损害身体。近年来，中学生亚健康的现象越来越多，一个重要的原因就是在节假日长时间上网，缺乏应有的锻炼。况且，中学阶段学习任务繁重，长时间上网不仅浪费了时间，而且影响了学习，对以后的发展产生不良的影响。所以，学校和家庭都非常重视青少年的上网问题。

一、合理安排上网时间

在资讯爆炸的时代，网络是人们学习、生活和交际的必需品。对年轻人来说，没有网络的生活是不可想象的。但网络不是生活的全部，仅仅是生活的一部分，科学合理地安排上网时间，对平时的学习和生活有着积极的意义。

那么，怎样安排上网时间呢？

方法之一，制定一个作息时间表，把上网时间纳入到这个作息时间表中。比如说一天之内，除了吃饭、休息，还要做哪些事。把要做的事情罗列出来，然后把这个时间表里的事情一一落实。下面是高一某学生为周六列的作息时间表。

7：00 起床，整理床铺和房间，洗漱。

7：30 吃早饭。

8：00 做家庭作业。

9：30 看 NBA 比赛。

11：30 吃中饭。

12：00 跟父母聊天。

12：30 午休。

13：30 整理课题研究材料。

15：30 去体育馆打羽毛球。

17：00 吃晚饭。

17：30 散步。

18：00 复习功课。

20：00 玩微信和 QQ，跟朋友聊天。

21：00 浏览新闻（包括体育新闻和娱乐信息）。

22：00 跟父母聊天。

23：00 洗漱就寝。

这个计划非常合理。在这一天里，有学习，有体育锻炼，有看电视，有跟亲友沟通，有课题研究，有上网浏览新闻，生活可谓丰富多彩。他把一天中最重要的事情"做家庭作业"和"复习功课"安排在头脑最清醒的时间段"8：00—9：30""18：00—20：00"，保证了 3.5 小时的学习时间。而把上网时间安排在一天的最后"20：00—22：00"，先完成一天的学习之后上网，保证了一天之中重要的事情的先完成。

方法之二，合理安排上网浏览时间。

上网时间一天最好不超过 2 小时。在 2 小时中，为了避免眼睛疲劳，中间休息 10 分钟。在上网的时候，先想好要浏览什么内容，以及浏览内容所需要的时间。时间一到，马上停止。千万不能东看看，西看看，结果看了几个小时，不知道看点什么。有的同学上网时间得不到控制，主要是心思太杂，不知道自己要干什么，看到哪里算哪里，也不知道过了多少时间。所以上网之前最好确定查阅什么信息。掌握基本信息后，就毅然关机。

方法之三，借助父母督促自己。

中学生是全日制学习，上网时间基本上是在节假日，而节假日一般父母亲都在家。特别是现在，父母对孩子的教育，无论是物质和精神都投入很大，都非常重视子女的学习。所以，为了保证子女的学习，父母亲对子女的照顾可以说是无微不至。利用这个条件，当自己上网的时候，让父母提醒自己，不要超出上网时间。时间一到，马上叫停。许多父母反对子女上网，是怕子女沉溺网络，或者接触不良信息，如果为了接受有利的信息，父母亲是不会反对子女上网的。当然，为了能顺利地上网，还要跟父母亲沟通，让父母亲知道，上网是为了了解资讯，加强与外界的沟通，这也是一种健康的生活方式。对这一点，我想父母亲也是通情达理的，因为他们自己也上网，或查阅资料，或玩微信。

方法之四，利用软件控制上网时间。

为了控制上网时间，可以让家长或者懂电脑的人设置上网控制软件。

下面为大家介绍"Win7系统家长控制小孩上网功能"。

1. 打开 Win7 系统的控制面板，点击"为所有用户设置家长控制"。

图 11-1 打开控制面板

2. 创建设置一个标准权限的登录账户，如果已经有帐户就可以跳过这一步。

图 11-2 创建登录账户

3. 点击选择专门给孩子开设的账户，就可以进入具体设置步骤了。

图 11-3 进行具体设置

注意：不可对来宾账号使用家长控制，Win7系统建议在使用家长控制儿童账户时关闭来宾账号。

4. Win7 系统提供了三种控制方式，分别是时间、游戏和程序限制。

时间限制很简单，就是设置孩子可以使用电脑的时间。游戏和程序限制是在限定电脑使用时间的基础上，对电脑安装好的游戏和软件设置更详细的控制策略。

图 11-4　设置控制方式

5. 点击左边的"时间限制"可以设置允许儿童登录到计算机的时间。时间限制可以禁止孩子在指定的时段登录计算机。可以为一周中的每一天设置不同的登录时段。如果在分配的时间结束后其仍处于登录状态，则将自动注销。

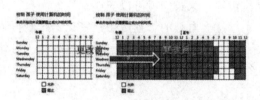

图 11-5　"时间限制"设置

6. 点击"游戏"可以禁止孩子玩指定游戏。家长可以在这里控制儿童账户对游戏的访问、选择年龄分级级别、选择要阻止的内容类型、确定是允许还是阻止未分级游戏或特定游戏。

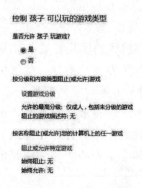

图 11-6　设置禁止玩指定游戏

这种模式下如果想玩一些被限制的游戏，可以通过输入管理员账户信息来暂时允许运行。

7. 点击"允许和阻止特定程序"可以阻止孩子运行特定程序。在这个设置界面中家长可以勾选孩子可以运行的程序。

图 11-7　允许和阻止特定程序

按照以上操作步骤，家长们就可以安心地让您的孩子使用电脑了。不过要注意的是，别把这台电脑的管理员账户密码透露给孩子，否则你家聪明的孩子可能会自己登录到管理员账号解除这些限制。另外，家长控制功能在 Win7 的各个版本中都可以使用。

二、拒绝网络游戏

随着信息技术的飞速发展，制造成本的降低，电脑走进了寻常百姓家，电脑游戏也随之发展起来。爱玩的天性促使越来越多的中学生开始接触并且沉迷于网络游戏。毫不夸张地说，网络游戏已经成为一大社会公害。

那么，网络游戏有哪些危害？

（一）浪费时间

网络游戏设计都是根据网民的争强好胜心理特点设计的，场面惊险刺激，游戏一关接着一关，如果停下来不打，就意味着死亡，这就引得玩家必须连续"奋战"。如果过不了关，争强好胜的心理又促使玩家重来，不达目的誓不罢休。这样，为了取得最后的胜利，玩家们就会不断去尝试探索，忘记了白天黑夜，沉迷其中。而且，在虚拟世界的信息刺激下，玩者普遍会感受到在现实世界体会不到的快感。随着乐趣不断增强，就会欲罢不能，久而久之成瘾。

（二）浪费金钱

玩网络游戏者，为了取得更大的胜利，就需买装备，然而这些都需要大量的金钱。随着玩游戏时间的增多，上网费也随之增高。同时，玩游戏所需的游戏卡也需要不断地更新、充值，这在无形中给中学生增加了经济负担。

当没钱承受游戏费用时，他们便会千方百计想办法解决，最初是借钱维持，当借不到钱后，他们就可能进行偷窃甚至抢劫。

（三）迷失自我

网络游戏大多以打杀和竞争为题材，中学生长期玩飚车、砍杀、爆破、枪战等游戏，容易接受弱肉强食的理念，这些理念容易改变了道德认知，抹杀了虚拟世界与现实生活的差异，久而久之，就会认为这种通过伤害他人而达成目的的方式是合理的。

如果不是在游戏里打打杀杀，习惯成自然，那么，作为一个中学生，谁会在现实生活中动刀杀自己的朋友？是游戏害了他，也害了自己的朋友。

要让中学生拒绝网络游戏，必须对中学生沉迷网络游戏进行原因梳理，然后对症下药。那么，中学生为什么会沉迷网络游戏呢？原因有两个。

其一，网络游戏抓住了学生好奇冒险的心理特点。好奇冒险是中学生的特点，但是现在的中学生生活单调，基本上是家和学校两点一线，好奇缺乏对象，冒险没有条件。游戏的场面往往惊险刺激，满足了中学生冒险的心理。而且游戏的设计是一关接着一关，不打下去就不知道前面是什么样的奥秘，在好奇心的促使下，只能一关接着一关打下去。如果停下来不打，就意味着死亡，意味着前功尽弃。这样，如果进入了游戏，不甘心的心态就促使中学生流连忘返，沉醉其中。

其二，中学课业负担重，需要网络游戏减压。现在的中学生普遍感到课业负担重，学习兴趣不大，一旦成绩不佳，特别当无法解决在学习生活中遇到的问题时，就会开始逃避。为摆脱学校的弱势地位，就必须寻找能够满足成就感的替代品。网络游戏恰恰能给这些同学提供成为强者的条件。特别是对男生来说，网络游戏是仅次于学习的活动，这些同学不仅自己玩，而且还经常一起交流技巧和经验。谁的游戏水平高，谁玩得游戏多，就会受到大家的羡慕甚至崇拜。在这种氛围的影响下，许多学生就会"努力拼搏"，从而不自觉地沉溺其中。

如果不拒绝网络游戏，不仅浪费了青春，而且对以后的人生产生巨大的影响。对中学生来说，以后要想有所作为，必须拒绝网络游戏。无论是学校还是家庭，一定要在这方面引起足够的重视，否则，悲剧将无法避免。

但是，针对中学生沉迷网络游戏，我们的教育多半是讲道理，或者是强制性教育。这两种教育方法枯燥乏味，而且多半是治标不治本，成效很差。

毋庸讳言，虽然多年来我们提倡素质教育，但是由于不能避免教育的功利性，我们学校和家庭多半以文化教育为中心。孩子成绩好了，家庭和学校都引以为傲；如果成绩差了，大家就如临大敌，毫不犹豫地给孩子施加压力。而对孩子的心理，没人加以关注。

面对中学生沉迷网络游戏的现象，我们要从治本入手。对中学生的教育，我们要更加关注他们的身心健康，逐渐淡化文化成绩。如果一味追求文化成绩，即使家长和学校再努力，除了培养出一些高分低能的学生外，真正的人才概率很小。更何况，还会打击学生的学习兴趣和学习积极性，让学生备受压力甚至厌学。忍受不了学习的压力而逃避，转向玩网络游戏，就是其中的代表。不爱学习而玩网络游戏的学生越多，社会悲剧也越多，家长和学校都需要警惕。

所以，在对待孩子的教育上，家长和学校应该淡化应试教育，多关心孩子身心健康成长，多安排孩子参加社会活动，多与孩子心与心的交流，不要用自己的道理强加在孩子身上。有一句话是这样说的：正因为孩子不听话，社会才会进步。话虽偏激，但不是全无道理。是的，如果孩子都把家长和老师的话当作金科玉律，不敢质疑，思想就不会发展，社会也就不会进步。

从学生这个层面讲，作为一个中学生，生活在我们这个特定的环境，也要学会分析，至少要知道，哪些事情可以做，哪些事情不可以做。如果对家长和学生的教育产生逆反心理，自暴自弃，恐怕也没有出路，甚至有可能误入歧途。

三、保护身心健康

保护身心健康，首先要了解沉迷网络的对身体的危害。由于网络的极大的诱惑力，许多青少年沉迷于网络不能自拔。这样，科学的进步不仅没有为自己带来好处，反而弊大于利。沉迷网络对身心有如下的危害：

其一，对眼睛的危害。

导致眼睛干涩疼痛。长时间上网，会使眼睛干涩疼痛以致眼角膜受到严重伤害；造成眼睛疲劳。电脑辐射会引起眼球肌肉痉挛、瞳孔异常收缩，导致眼睛疲劳、酸胀、干涩等不适，严重者引起头昏目眩，甚至恶心呕吐；导致视力下降。视屏光线对眼睛的调节功能也有一定影响，使眼睫状肌和晶状体的一张一弛运动不能很好地适应物像变化的要求，不能聚焦在视网膜上，所以看东西模糊。

《第六次全国学生体质健康调查报告》表明，中学生视力不良率，

13—15 岁初中生为 67.33％（其中城市为 75.94％，农村为 58.74％），比 2005 年增加 9.26 个百分点；16—18 岁高中生为 79.20％（其中城市为 83.84％，农村为 74.59％），比 2005 年增加 3.18 个百分点。虽然说造成视力不良有多种因素，但是，上网时间过长也是重要的因素之一。

其二，对身体的危害。

由于长时间上网，睡眠节律紊乱，导致大脑神经中枢持续处于高度兴奋状态。引起体内一系列复杂的生物化学变化，导致自主神经功能紊乱，内分泌失调，免疫功能降低。此外长时间敲击键盘可引起腕关节综合征，长时间僵坐在电脑前可出现腰背肌肉劳损、脊椎疼痛变形等。

其三，对心理的危害。

许多同学对网络有严重的依赖性，具体表现上网时间失控，陷于其中不能自拔，一旦离开网络就心理空荡荡。主要表现为在学习和生活中注意力不能集中，记忆力衰退，反应迟钝，情绪低落；思想消极悲观，对生活和学习丧失兴趣。现实生活的痛苦容易让这些学生再次回到网络世界寻求刺激，结果形成了严重的网瘾。

为了保护身心健康，请合理安排上网时间。

【思考题】

1. 你在节假日每天多少时间用于上网？父母对你的上网有什么评价？

2. 你认为长时间玩游戏有哪些危害？

3. 在你的身边有沉迷网络游戏的同学吗？如果有，你将怎么劝说他们不要沉迷网络游戏？

第三节　抵制网上的不良信息

一、网络上的不良信息有哪些

网络上的内容浩如烟海，良莠不齐。针对辨别能力不强的中学生来说，是一个巨大的困扰。但是，如果学生在上网时碰上一些不良的信息，而且把这些不良的信息当作正确的信息来看待，就会出现很大的问题。所以，学生在上网时，不良的信息和良好的信息必须厘清。当然，不良的信息和良好的信息没有一个严格的标准，但是在大的方面一定要有一个判断。

从宏观的角度来看，哪些信息是不良信息？对中学生来说，网络上的不良信息主要有两大类。

（一）违反法律类信息

违反法律类信息是指违背《中华人民共和国宪法》《全国人大常委会关于维护互联网安全的决定》《互联网信息服务管理办法》所明文严禁的信息及其他法律法规明文禁止传播的各类信息。

互联网上的违反法律类信息涉及很多种类，大致包括色情、暴力等低俗信息，赌博、犯罪等技能教唆信息，毒品、刀具等管制品买卖信息。最为突出的就是淫秽色情类低俗信息。

淫秽色情类信息是网络上危害最大的违反法律信息，多以刺激的标题吸引点击，其内容包括表现人体性部位、性行为的图片、音视频、动漫、文章，以及走光、偷拍、露点等利用网络恶意传播他人隐私的信息。

（二）违反道德类信息

违反道德类信息是指没有违背宪法和法律，但是违背中华民族优良文化传统、违背社会主义核心价值观的信息，包括低俗的文字、不雅的图片和音像视频等。在这些信息中，有的是宣扬所谓的"成功之道"，为了成功搞投机钻营；有的是所谓的心灵鸡汤，让人们丢失奋斗的动力；有的是宣传已经被社会抛弃的迷信，让人们迷醉在精神安慰中；有的是宣扬享乐主义，让人们追求好逸恶劳；有的是低俗的段子和笑话，让人们精神趋于无聊。虽然这些信息不触犯法律，但是这些信息也可能成为社会不稳定的因素。如果这些信息严重到一定程度，造成了严重的后果和影响，也会演变为"违反法律类"信息。

二、怎样抵制网络不良信息

随着经济的发展，文化的多元化发展，网络的普及，以盈利为目的的网站也应运而生。在这些网站中，有的网站不惜违反社会公德、违犯法律，公然发布不良信息，误导和诱惑网民。一些网站为了吸引网民的眼球，提高点击率，组织人员发布淫秽色情等内容，极大地污染着我们的生活环境。

中学生作为一个心灵相对纯洁的群体，对外界的信息有异乎寻常的兴趣，最容易变成"近朱者赤，近墨者黑"。特别是一些学习成绩不理想的学生，在繁重课业的压迫下，逆反的心理使其进入不良网站，接收不良信息。在不良信息的污染下，这些同学难以抵制有害信息的侵蚀，沉溺于充满着不良信息的网络世界，逐步变得不守纪律、厌学逃学、夜不归宿，纯粹的心灵受到了毒害，在虚构的世界中寻找寄托和刺激，以致学习成绩一泻千里。

江苏省文明办等部门联合发布的《江苏省青少年互联网使用状况调查报告（2014年度）》显示，小学生中访问过色情或暴力网站的比例为

32.7%，初中生的比例为31.1%。访问色情网站的低龄化为我们整个社会敲响了警钟，解决中小学生接收网络不良信息的问题迫在眉睫，应该引起全社会的重视。

解决这个问题，需要从两个层面着手。

（一）学校层面

学校要组织学生学习《教育部关于加强中小学网络道德教育抵制网络不良信息的通知》（教基一〔2010〕2号），根据教育部的指示精神，做到"四个加强"。其一，加强网络道德教育。学校要利用班会、黑板报、宣传窗等教育阵地，集中开展网络道德教育，提高对黄色网站、暴力和淫秽色情信息、不良网络游戏等危害性的认识，增强对不良信息的辨别能力。教育学生不浏览、不传播不良信息，不登陆不健康网站，形成抵制网络不良信息的风气。其二，加强网络法制教育。学校要贯彻落实《中小学法制教育指导纲要》，培养学生依法使用网络的意识和行为，鼓励中小学生在使用网络过程中，遇有不良网站链接和不良信息特别是淫秽色情信息传播时，及时举报。其三，加强重点关注和引导。班主任和教师要通过适当方式，加强与学生的沟通交流，及时发现异常情况，对有沉溺网络、行为举止异常或学习成绩突然下降等状况的学生要及时进行疏导和教育。其四，加强学校家庭合作。学校要注重家庭参与，联合家长共同做好抵制互联网和手机不良信息工作。特别是节假日，教育孩子远离成人聊天室和黄色网站；尽量避免孩子在家独自上网；多花时间与孩子交流，多带孩子参加有益活动。

（二）学生层面

作为一个有理想有抱负的中学生，要了解不良上网习惯的负面影响，认识到浏览不良网站的危害，从而自觉地远离不良网站。

浏览不良网站有哪些危害？

其一，浪费时间和金钱。一般来说，像一些正规的影响力大的网站如新浪、搜狐、腾讯等都是免费的，自己感兴趣的知识和技能比较全面，只要找到相关的栏目就可以。但是如果浏览一些不良网站，往往要注册为会员，要交费，而且会员级别越高，收费也越高。沉溺于这些网站，不仅浪费了时间，而且浪费了金钱。

其二，影响身心健康。这些网站充满极其有诱惑力的文字、图片和视频，让人们沉迷其中，有的人甚至通宵上网。长时间坐在电脑面前或者长时间看手机，对身体损害很大。同时，接触不良信息也会使心灵受到污染。这一点，看看自己身边被网络毁掉的人就能明白这一点。

其三，具有暴力倾向。这些网站的内容，有许多充满着打打杀杀的暴力，产时间浸染其中，思想难免受到影响。现在青少年犯罪率逐年提高而且越来越低龄化，不良网站罪责难逃。

其四，语言不文明。这些不良网站本来就靠低俗无聊的内容吸引网民，在潜移默化的影响下，长期接触这些低俗无聊的内容，中学生容易深受影响，即使原本彬彬有礼的中学生也会变得粗俗不堪，张嘴就是污言秽语，惹人厌烦。

其五，影响正常的学习生活。相对于充满刺激性的内容，学习是枯燥的。受到不良内容的吸引，厌学情绪将越来越大，严重的会达到逃课、辍学的程度。中学生本该在学校学习知识和技能，如果迷恋不良网站而学不到文化知识，对人生的影响是悲剧性的。

在了解浏览不良网站的危害的基础上，还要有一定的方法。这里提供两种，供同学们参考。

第一种，研究课题法。以"网络的危害"为课题，专门收集学生因为沉迷网络而引发的悲剧的案例，分析产生悲剧的个人和社会原因，得出要远离不良网站的结论。可以以小组的方式研究，也可以独自完成。不管是小组还是个人，在研究过程中，多与同学交流。这不仅可以警醒自己，还可以帮助他人。

第二种，培养兴趣法。一个人总会对某个方面感兴趣，如果这个兴趣是健康的，就可以通过网络查阅相关的资料，对该方面进行研究，并将这个兴趣变成自己的特长或者这方面知识在同学中的权威。在我所教的高中生中，就有美术、摄影、播音主持、服装设计、足球理论、篮球裁判特长的学生，甚至还有一个经常在暑期参加全国性比赛的魔方高手。不要小看这些特长，也许，这些特长会变成以后的终生职业。

最后，希望学生朋友们珍惜青春，远离不良网站，以身边的悲剧作为反面教材，警醒自己，使自己变成一个阳光青少年。

附：班会课课堂实录

筑建心灵防火墙　善用绿色健康网①

【活动目标】

锻炼学生的思考、合作、交流、表达的能力；培养学生文明上网，抵

---

① 本附录由浙江省嘉兴市秀水高级中学班主任戴荧荧老师提供。

制不良信息，善用网上学习资料的好习惯。

【活动准备】

纸、彩色笔（准备设计网页），6人一组围成一圈。

【活动课时】一课时

【活动实践】

师：我们先来听一个小故事：一只蜘蛛向年轻的蚊子打招呼："小伙子，到我家里歇歇吧，我家可好了。"蚊子说："别骗人了，谁不知道你那是个要命的陷阱。"蜘蛛说："如今我开网吧了，真叫过瘾，你快来试试吧。"蚊子听了这话，便一头扎了进去……你们听了这个故事有什么感想呢？

生：要抵住诱惑，不要轻易相信别人的花言巧语，要三思而后行。

师：我们现在身处于网络时代，跨越了时空的限制。网络给我们生活带来哪些好处和弊端？

生1：网络带给我们很多的资讯，手指动一动就能查到自己想要的信息，十分便捷。

生2：网络娱乐了我们的生活，我们可以上网看电影，看小说，玩游戏，但要注意时间。

生3：可以上网聊天，倾吐心事，缓解压力；开博客，建论坛，与同学交流；发帖子，上传照片，张扬自己的个性。总之方便了大家之间的交流。

生4：网络在带给我们便利和娱乐的同时，也处处有陷阱：病毒防不胜防；不良网站对我们学生思想进行毒害；过于沉迷网络，会导致学习快速下降。

师：我们有许多同学上网目的是虚拟聊天、娱乐游戏。有的人沉迷于网络忘记了学习，有的人在网络中忘记了现实生活。下面我们来进行一个"实话实说"的小测试。（PPT展示）

1. 你在网上主要关注的内容是什么？

A 新闻　B 娱乐影视　C 网络小说　D 聊天　E 游戏　F 音乐　G 其他

2. 你回家后，每天在网上花多少时间？

A 1—2小时　B 2—3小时　C 3—4小时　D 4—5小时　E 5小时以上

3. 看到"恭喜您获得我们活动的一等奖""加入×××，一个月赚30万"这类信息你会想要点进去吗？

A 不会　B 会

4. 你和网友见过面吗？

A 见过　B 没有

5. 你有几个固定网友？你知道他们真实的姓名、年龄、籍贯、职业等信息吗?

6. 你更愿意在网上聊天还是现实中聊天?

7. 网上的你和现实中的你有什么不同吗?

学生拿出纸笔,进行测试。做完后,大家议论纷纷。

师:做完这个测试,你们有什么感想?

生1:网络占据了我们的大部分时间,和父母的交流似乎越来越少了。上网时间越长是不就是有网瘾了?

师:网上交流的时间越多,就剥夺了我们现实交流的时间,面对面的交流更为真诚,和父母增进交流能让家庭更为和谐融洽。如果上网失去自控力,不上网心理焦躁不安,时不时想看网页,就有可能有点网瘾了。

生2:网上聊天没有负担,感觉什么都能讲,但网上的东西总觉得假的多。

师:网络缺乏约束力,所以聊天时让人肆无忌惮。聊天如果一味追求刺激新奇,一些不良的表达行为就会乘虚而入,甚至会影响你在现实中的表达。网络监管难度大,一些不法分子就在网上招摇撞骗谋一己私利。

生3:网上和现实还是有一定距离的,我们要分清网上和现实。

师:是的,沉迷于网络,往往会让人无法在现实中正常生活和交流。足不出户的网虫,他们的生活能力和交际能力正在慢慢退化,这也是网络带来的弊端。网络也是把"双刃剑"。那我们该怎样才能善用网络,抵制不良的上网行为呢?

让各小组讨论,列出2—3个方法,派代表上黑板书写。

师:好,各小组都已经把自己的办法列于黑板上,下面就请代表来解说你们组的方法及理由。

小组1:我们组的办法是——不信谣,不传谣,网上的传言很多,大多没有依据,我们不可人云亦云,要学会辨别、思考,明辨是非。二是下载屏蔽广告软件,我们要学会利用好软件,让网络为我所用,屏蔽一些不良信息,还一个健康绿色的网络。

小组2:上好信息课,就是要学以致用,把信息课上老师教的知识用起来,做一个出色的"渔夫",用好手中的这张"网"。严格控制上网时间,适时休息,可以避免沉溺于网络世界中,也能合理规划自己的时间。学习娱乐两不误。

小组3:转移注意力,有空去旅游,与家人一起分享聊天。现实远比虚拟更重要。"低头族"的产生已经向我们敲响了警钟,缺乏沟通交流,容易产生家庭矛盾。我们老是抱怨家长不懂我们,可我们何尝给他们了解我们的机会？旅游是最能增进家庭情谊的，又有利于身心，锻炼身体，领略自然美。

小组 4：网络不是万能神器，要学会动脑思考，积累经验。不把网络看作无所不能，就能不去过分依赖它。学会思考，能分辨不良信息加以抵制，积累经验能更好地处理信息，用网络来提高我们的学习和生活能力。

小组 5：我组提出增强自我保护意识，不深交网友，针对的是现在最为突出的网络安全问题。我们不能轻信网上的交友，要学会保护自己。自己的信息不要轻易吐露给别人，也不要随便与网友见面。

小组 6：上网时，一定要自我规范，遵守道德底线。多接触一些适合高中生的网站，用电脑来促进学习，搜索学习资料。家长和老师怕我们玩电脑耽误学习，我们可以用电脑来促进学习。

师：大家都说得很好，这些好建议也希望根据自身的实际多多采纳。网络无所谓好坏，关键还是在于使用它的人。合理利用网络的益处，它就能为我所用，还能促进自身的发展。绿色健康的网络是我们需要的，下面就请各个小组群策群力一起为我们学校规划出一张绿色的网络浏览首页。

各小组分工合作，设计一个简单的学校浏览首页，用时 10—15 分钟。

成果展示：

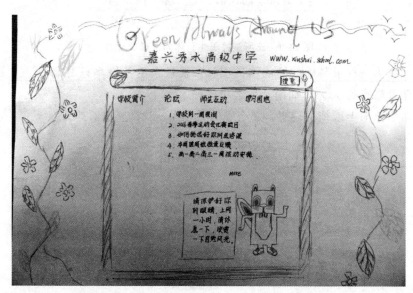

图 11-8　嘉兴秀水高级中学学生设计的学校浏览首页

【思考题】

1. 你平时上网基本上是登陆哪些网站？对哪方面的信息最感兴趣？

2. 对不良信息，你是怎么抵制的？

第四节　坚持锻炼，用健康的身体保证网络活动

据天津网 2016 年 6 月 3 日报道，南开、复旦、同济三所高校学生身体状况不容乐观。体能测试数据显示，三所高校学生运动能力和身体状况之差令人吃惊。

我们先来看看引体向上的数据。

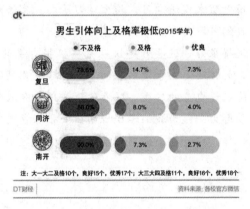

图 11-9　三所高校男生引体向上成绩比较

作为一种最基础的体能测试项目，复旦大学及格率只有 21%，同济大学及格率是 12%，而南开大学却只有 10%。

引体向上成绩不理想，那么别的项目呢？我们来看看跑步。

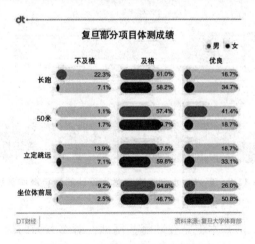

图 11-10　复旦大学部分体测成绩

在四个项目中，长跑的比例最低，不及格率达 22.3%。我们知道，长跑是最能表现体力和耐力的体育活动，长跑不合格率高，意味着身体机能趋于衰弱。

体能测试成绩的低下，最直接的原因学生肥胖率高。

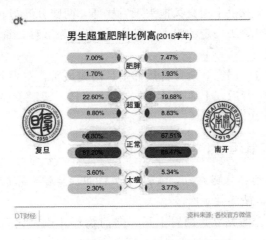

图 11-11　复旦、南开男生超重肥胖比体

从上图可知，复旦和南开男生学生的正常体重都不足七成。

这个材料虽然说的是大学生，但是这些大学生跟中学阶段不锻炼有直接的联系。

学生身体素质差，一方面是学生学业负担重，没有锻炼的时间；另一方面是学生不重视体育锻炼，缺乏室外活动。从现实上看，学生身体素质差的一个很重要的原因是学生上网时间过长，有的人吃饭如厕都看手机，导致身体机能受到损害。

为了保证有一个健康的身体，以便能健康地工作，健康地生活，建议分时段上网，在时段和时段之间增加一些体育锻炼。

但是由于体育设施不缺乏或没有条件做体能训练等原因，一些激烈的运动无法进行，我建议在室内做适当的锻炼。如果能每天坚持做适当的锻炼，至少能保证身体机能不下降。

下面根据网上资料整理，介绍几种锻炼方法。

一、做徒手操，防止颈椎和脊椎弯曲

1. 地面寻针

两腿分立与肩同宽，双手叉腰，头颈前伸并转向右下方，双目向前下视。左右交替，重复 20 次。

2. 金狮摇头

两腿分立与肩同宽，双手叉腰，头颈放松，缓慢做大幅度旋转运动，依顺时针和逆时针方向交替进行，各 10 次。

3. 压牛喝水

两肘屈曲，双手十指交叉抱头于后枕部，两腿分开与肩同宽。头用力后仰，双手同时给头一定的阻力。坚持 10 秒放松 2 秒，重复 10 次。

4. 回头望月

两腿分开与肩同宽，两臂自然下垂，两腿微屈，左手上举，手掌置头后，右手背置腰背后，上体前倾 45°，左右旋转，头随旋转向后上方做望月状，重复 10 次。

二、做有氧运动，提高身体机能

1. 颈部运动：分腿站立，头前曲、后仰、复位、左转、右转、向环绕、向左环绕，循环做 4 次。

2. 绕臂：分腿站立，两臂上举，向前绕环 4 圈，向后绕环 4 圈，做 2 次。

3. 扩胸：分腿站立，两臂胸前平曲后振、展臂后振，做 4 次。

4. 体转运动：左右各 4 次，做 2 组。

5. 体前曲：8 次。

6. 体回环：以腰部为轴，左右各环绕一周，做 2 次。

7. 踢腿：前后各 10 次，做 2 组。

8. 前弓步压腿：左右各 4 次，做 2 组。

9. 侧压腿：左右各 4 次，做 2 组。

10. 下蹲起立：12－20 次。

11. 转足绕手腕：各 12 次。

12. 仰卧起坐：8－15 次，做 3 组。

13. 俯卧撑：8－12 次，做 2 组。

14. 放松活动 3 分钟。

每次运动时间应掌握在 40 分钟左右，建议半天一次。

当然，如果有机会，可以到室外参加跑步、打球、登山、游泳等自己喜欢的体育运动。

三、训练视力，消除眼睛疲劳

1. 按压额头法

双手的各三个手指从额头中央，向左右太阳穴的方向转动搓揉，再用力按压太阳穴，可用指尖施力。如此眼底部会有舒服的感觉，重复做3～5次。

2. 按压眉间法

拇指腹部贴在眉毛根部下方凹处，轻轻按压或转动，重复做3次。眼睛看远处，眼球朝右—上—左—下的方向转动，头部不可晃动。除此以外，用力眨眼，闭眼，也能消除眼睛疲劳。

这些方法都能消除眼睛疲劳，让眼睛充分休息，刺激容易老化的眼睛肌肉，恢复活力。上述各运动方法如能与用眼卫生、均衡膳食相结合，会更好。

【思考题】

1. 你的身体状况处于什么样的状态？

2. 你平时是怎样锻炼身体的？

参考文献：

[1] 宋文渊. 网络媒介环境下健康谣言传播的受众心理分析 [J]. 新闻研究导刊，2016（7）.

[2] 刘京林. 论我国新闻与传播心理研究的发展趋势 [J]. 现代传播（中国传媒大学学报），2006（1）：4849.

[3] 张自力. 健康传播学 [M]. 北京：北京大学出版社，2009.

第十二章　网络媒介的安全意识

第一节　中学生网络媒介安全现状分析

在网络媒介使用方面，中学生具备前所未有的深度和广度，在信息的接收和使用上也高度依赖网络媒介。根据 CNNIC 调查显示，在校中学生都具有一定的网络媒介操作技能，但由于在现实中缺乏人生经验和社会阅历，他们也普遍缺乏网络媒介安全意识，对维护网络媒介安全的法律、法规、条例甚少了解，网络媒介安全防范意识相对淡薄，导致他们在使用网络媒介的过程中出现许多问题。

一、网络媒介信息识别能力有待提高

网络媒介以其独特的魅力深受中学生的关注，他们对网络媒介使用率高、时间长，容易受到网上思想意识和观念的影响，他们的思想行为与网络媒介密不可分。

（一）事实甄别能力不强

中学生的人生观、价值观和世界观都处于初步形成阶段，网络媒介上繁杂的信息容易导致中学生价值取向的偏差，信息甄别能力减弱。多数中学生不具备完整、成熟的判断力和事实甄别能力，在网络媒介生活中容易受到网络媒介上不良信息的蒙蔽和他人的鼓动，对事实的甄别能力不强。

以往中学生接触的信息主要来自家长、教师及媒体的灌输，这些内容经过层层把关，不良信息早已被过滤。而在网络媒介上，各种信息通过网络媒介传播渠道完整地呈现在中学生面前，尽管杀毒软件、防火墙等过滤技术不断进步，也无法屏蔽所有的有害信息。于是一些享乐主义、拜金主义、极端个人主义的信息通过网络媒介影响到中学生的个人判断和甄别能力。再加上中学生在使用网络媒介的过程中，是独自接受信息的，没有监管和参考，需要靠自己独立分析信息的是非对错。部分中学生因为社会阅

历不足，鉴别判断能力有限，其价值观念可能受到影响，在社会生活中道德选择迷惘，价值观紊乱。

（二）价值判断能力不强

网络媒介带来了思维的开放和信息的解放，也带来了多元化的文化、多元化的道德和多元化的价值。中华民族传统的价值观念受到了网络媒介的开放性特点的挑战，人们的价值观也随之发生着巨大变化。未来学家阿尔温·托夫勒在《权利的转移》中提出，世界已经离开了依靠暴力和金钱统治的时代，未来世界的魔方将控制在拥有信息强权的人手中，他们会使手中掌握的网络媒介控制权、信息发布权，利用英语这种强大的文化语言优势，达到暴力金钱无法征服的目的。

中学生的价值观正处于形成时期，若无相当的辨识能力和坚定的思想信念，很可能受网络媒介上不良思想的引导，导致爱国主义思想和民族观念淡薄，从而削弱了中学生的价值判断能力。在多元的价值选择面前，中学生容易在信仰和信念上动摇，容易走弯路、走错路。

二、网络媒介安全意识有待加强

网络媒介安全意识不强，从根本上说是网络媒介使用者的思想素质问题，我国现行的教育体制中对网络媒介安全教育的不重视，导致中学生网络媒介安全意识不强，使中学生容易成为网络媒介安全威胁的实施者和网络媒介侵害的受害者。

（一）个人隐私保护意识不强

据 CNNIC 统计，截至 2015 年末，我国登记社交网站的用户数量为 2.75 亿，与 2014 年相比略有增长。在使用率方面，社交网站用户约占网民比例的 48.8％。其中青少年即时通信和社交网站使用率分别达到 94.9％和 86.4％，人际交往中网络媒介上的交流成为中学生人际交往的重要方式。首先，社交网站可以使中学生在很短的时间内快速低成本地与他人联系，通过网站结识很多朋友，为中学生提供了一个可以和陌生人交流与交友的互动平台。其次，社交网站成为中学生调节情绪的重要平台。在现实生活中，中学生难免在生活和学习中遇到地困难和挫折，但是基于某些具体情况和客观因素，又无法在现实生活中畅快地表达和发泄自己的情绪，容易积累负面情绪和心理压力。网上社交平台的虚拟性，中学生可以把虚拟中的自己打造成现实中想要的样子，在网络媒介上畅所欲言，把自己遇到的事情与网友交流，减轻现实中的压力。网络媒介的社交给中学生们的精神世界搭建了相对平等的自由空间，让他们可以建立自己的社交圈，可以使不良情绪可以得到宣泄，可以起到情绪调节的作用。第三，中学生与朋友保持了更加紧密的联系，建立更大的交际圈，其提供的寻找用户工具帮助用户寻到失去了联络的朋友们，而且社交网站上通常有很多按兴趣组成的用户群组，这些无疑更加剧了社交网站对于中学生这一涉世未深的群体的诱惑。但是，社交网站的使用，往往需要提交真实的个人信息，方便他人了解自己，也方便找到志趣相投的朋友。这样一来，一些网络媒介安全意识不强的中学生就将许多真实的个人信息就暴露在了网络媒介上，如姓名、学校、照片、联系方式等。交友网站会对这些基本信息进行统计，以方便自身网站建设，更以这些真实信息为卖点，吸引更多的用户。这些真实的中学生信息，成为许多商家逐利的砝码，在通过各种手段获得这些真实信息后，他们通过网络媒介邮件、电话、垃圾短信等形式向中学生发布各类广告信息，以达到商业目的。再者，很多拥有不良企图的不法分子有意收集这些信息，利用中学生容易轻信他人、感情用事的特点，在社交网站上聊天时寻找目标实施诈骗、抢劫、强奸等犯罪活动。

（二）电脑防护意识不强

网络媒介安全工具的不正确使用、不良的上网习惯及电脑系统本身的漏洞等都是危害网络媒介安全的因素。而且中学生在使用电脑的日常保管和使用过程中，更多注重的是保管的安全，没有对使用过程中的安全隐患引起足够的重视。"使用过程"中的安全，一方面指的是电脑长时间高负荷运转，会导致电脑内部电子元件温度升高、电源过热等原因引发的电脑自燃和自爆。另一方面指的是电脑使用中的网络媒介安全和软件安全。使用中的网络媒介安全和软件安全，对于使用电脑的普通中学生而言，正确使用杀毒软件是最简单也是最直接的方式。杀毒软件是电脑防御系统的重要组成部分，用于杀灭电脑病毒、木马程序和恶意软件的一类软件。杀毒软件集电脑安全扫描、病毒识别、风险监控等功能于一体，是电脑防止网络媒介攻击和病毒侵害的重要屏障，是个人电脑网络媒介安全防范的重要组成部分。而部分中学生在使用电脑的过程中不了解安装杀毒软件的重要性，认为安装杀毒软件会影响电脑运行速度，网络媒介安全意识不强的中学生会认为计算机病毒离自己很遥远，没有必要安装杀毒软件。中学生在网络媒介交友、网络媒介购物中频繁地使用网络媒介资源，尤其是在网络媒介购物中，钓鱼网站、木马病毒猖獗，钓鱼网站隐藏在正规网页中，等待网络媒介安全意识不强的买家上钩。而更多的木马病毒通过网络媒介肆意传播，对个人计算机构成严重威胁。电脑通过网络媒介与外界相连，黑客和木马病毒通过网络媒介入侵至个人电脑，把好网络媒介安全关，提高网络媒介安全意识，养成良好的上网习惯，才能保证个人电脑的全面安全。

（三）网络媒介购物风维权意识不强

伴随网络媒介购物如火如荼地进行，也有诸多不和谐、不诚信的现象，比如：交易安全问题、商品质量问题、物流配送问题。

（1）交易安全问题。在现实交易中，买卖的商品和货币都是实物，交易过程透明可见，安全可以得到保障。而在网络媒介环境下购物，所有的交易过程都是通过网络媒介完成的，付款方式都需要用到与银行账户、信用卡相关联的网上银行完成交易，交易过程完全开放在网络媒介环境中，因而交易信息被他人窃取的风险。另外，一些网络媒介不法商贩利用网络媒介技术的漏洞制作钓鱼网站进行欺诈，网络媒介安全意识不强的中学生在网络媒介购物中往往难辨真假，容易受到损失。

（2）商品质量问题。网上购物的过程中，消费者接触不到真实的商品，只能通过商家在网络媒介上对商品的描述、图片及其他购买者对商品的评价来判断商品的质量，导致消费者无法全面了解商品的真实信息。很多网络媒介销售商为了获取利益，对商品描述扬长避短或刻意隐瞒商品的真实信息。至此看来，由于无法在交易前接触到商品，导致消费者的知情权在很大程度上被剥削。因此，在网络媒介购物中就存在着潜在的风险。网络媒介的虚拟性使得卖家在网络媒介交易上占有绝对信息上的优势，中学生在网络媒介购物时对商品的了解完全是靠商家提供的网页图片信息和其他买家的评价。有的商家为了追求利益，对商品进行虚假宣传，伪造买家评价，让质量普通的商品得到了好评。更有甚者利用网络媒介市场的漏洞，从事帮助卖家刷信誉的工作，使得网络媒介购物市场秩序紊乱。另外，虽然我国的网络媒介购物已兴起多年，但是相关的法律法规还很不健全，网银监管也存在不少漏洞，令一些卖家有有空可钻，使得一些网络媒介安全意识不强、购物经验不丰富的中学生在网上购物时蒙受损失。

（3）物流配送问题。网络媒介购物，是虚拟网络媒介与现实物流结合的过程，网购的商品需经过物流配送才能到达消费者手中。当前，网络媒介购物的物流方式以各类快递公司为主，但由于缺乏相关行业监管，快递公司存在各种不完善的方面，导致网购商品在物流过程中出现很多的问题，比如商品的损毁、丢失及配送不及时等，使许多有过网上购物经历的中学生经常抱怨。

三、网络媒介自控能力有待提升

自我控制能力，是指调控自己行为和心理的能力，运用各种方法和策略对生活过程中的各个方面进行自我调节和控制的一种能力。它是指人们通过内部机制理智地控制和调节自我行为和心理状态的能力。

（一）沉迷于虚拟交友

网络媒介的虚拟性使中学生们能逃避社会现实带来的诸多压力，于是，一些中学生沉迷于虚拟的网络媒介空间或沉溺于各种网络媒介游戏，导致其心理或身体的各种损害。网络媒介这个开放虚拟的自由平台可以让中学生摆脱现实的束缚和舆论的监督，获得他们向往的"自由"，于是网络媒介成为中学生实现"自由"的首选。不少中学生选择通过网络媒介来度过课余时间，他们在网络媒介上有自己志趣相投的朋友，有自己的社交圈子，在网络媒介上获取信息和发布信息，网络媒介成为中学生重要的精神家园。开放虚拟的环境，加上网络媒介上的不良信息，尤其是色情、暴力等信息对正处于青春期的中学生诱惑很大，使他们在不知不觉沉迷其中，进而扭曲了对世界的认识。中学生群体处于人生的奠基阶段，心理上并不成熟，容易受到网络媒介这种虚拟满足的诱惑，导致自控能力薄弱。

同时，虚拟的网络媒介空间也是一个简单的交友平台。中学生可以利用这个平台便利地与他人交流，部分中学生习惯了在网络媒介上虚拟的交流方式，而逐渐在丧失现实生活中的社交能力，出现社交障碍。不仅如此，中学生在学习和生活中出现的困难和对现实的不满，往往不愿向亲友和身边的人倾诉，而是选择写在网上，与网友交流分享。这种逃避现实的行为会导致与他人交流的障碍，长此以往会出现社会适应困难等与现实生活脱离的情况，而进入恶性循环，越是依赖网络媒介，越是难以适应社会，越难以适应社会，越依赖网络媒介。

（二）沉溺于网络媒介游戏

除了信息的获取和与人交流之外，网络媒介游戏也是中学生网络媒介行为的主要内容之一。网络媒介游戏的种类繁多，其中不乏需要组成团队集体完成的竞技游戏，这类游戏需要多人组队参与，在相互配合中按照团队的力量相互竞技，此类游戏也是目前在中学生中最为盛行的。中学生在校期间以寝室或班级组成游戏团队的并不罕见，这些游戏团队在寝室间盛行，定期组织以竞技的形式进行的比赛。不管是组队的网络媒介游戏，还是个人的网络媒介游戏，都有丰富的情节设置和绚丽的游戏界面。加之中学生的从众心理，认为不玩游戏或者不参与同学之间的游戏就是一种不合群行为，容易造成中学生的集体沉溺其中。中学生的生理和心理都还处于发育阶段，在现实中得不到满足的心理，他们可以在网络媒介平台上得到充分的慰藉，尤其是武侠、战争、枪战等现实生活中难以实现的心理需要，都可以在网络媒介游戏中通过角色扮演的形式得到满足。更有甚者，将游戏中的竞技带到现实生活中，出现打架斗殴等严重影响中学生正常的学习生活秩序的安全事件。

第二节　中学生网络媒介安全教育存在的问题

网络媒介的高速发展给中学网络媒介安全教育带来了新的挑战。目前，大多数中学都在技术和网络媒介硬件上投入了大量的精力进行技术开发和建设以确保网络媒介安全，但往往忽视了对网络媒介使用者进行教育，导致与网络媒介相关的侵害案件时有发生。作为中学安全教育的一部分，中学生网络媒介安全教育还存在着诸多不足。

一、中学对网络媒介安全教育认识的滞后性

在一些西方国家，中学早已将"网络媒介道德教育"作为教育课程。如美国杜克大学就为学生开设了"伦理学和国际互联网络媒介"课程，将"网络媒介道德教育"纳入教育课程。我国的思想政治理论课——思想道德修养与法律基础课程中也开辟专题讲述网络媒介生活中的道德要求和道德建设。但是，我国教材中的网络媒介安全教育内容远不及快速发展的网络媒介技术，跟不上中学生使用网络媒介的步伐。现行的网络媒介安全教育多是在网络媒介安全事件发生以后，根据事件发生的起因、经过、结果及社会影响，通过典型案例分析的形式对中学生进行教育，这种传统的网络媒介安全教育方式，虽然形象生动，学生也易于接受，但是由于这种教育模式的时效性相对滞后，当网络媒介安全事件发生侵害时，危害已形成，没有形成预防的目的。所以仅在案例上的事后讨论来起到教育的作用，已难以适应日趋严峻的网络媒介安全问题。

现行的中学思想政治教育体系中并没有把网络媒介安全教育作为重要的教育内容。在两课的教学中，有关网络媒介安全教育的仅在思想道德修养与法律基础课程中以一个章节的篇幅陈述了网络媒介生活中的道德要求和道德建设。这与中学的网络媒介安全问题现状是极为不对称的。现在网络媒介在中学生的学习和生活中的扮演着重要角色，网络媒介已经覆盖了

中学生生活的各个方面。中学生在生活各个方面利用网络媒介便利的同时，网络媒介安全威胁也存在于中学生生活的各个方面，学习资料、科研成果、虚拟财产、真实信息、网银等这些与生活息息相关的方面无一不受到网络媒介安全的威胁。从网络媒介安全教育的现实看来，两课中关于网络媒介安全的内容无疑成了中学网络媒介安全教育的短板。

另外，中学网络媒介安全教育的缺失已经成为社会普遍关注的问题。但是，网络媒介安全教育也是我国中学安全教育的薄弱环节。我国中学在开展网络媒介安全教育过程中普遍存在着认识不到位、机制不健全、教育内容缺乏实践性等问题。虽然近几年部分中学加强了对网络媒介安全教育的认识，但是宣传和管理的力度依旧不够，师生网络媒介安全意识淡薄，法律和责任意识不强，自我保护能力和自我约束能力较差。没有认识到网络媒介安全教育的缺失会给中学的稳定和人才的培养带来巨大的损失。提高中学对网络媒介安全教育的认识，把网络安全教育融入中学生思想政治教育的各个环节，从实践出发，健全机制，充实内容，完善体系，加强管理，将中学生网络媒介安全教育落到实处。

中学生网络媒介安全教育是中学生安全教育的重要组成部分。在教育内容上，网络媒介安全教育的内容与日常安全教育内容有所不同，日常的安全教育内容主要针对校园内防火、防盗等现实安全教育，而网络媒介安全教育除了现实中的网络媒介德育、网络媒介法规的教育外，还包括互联网上的网络媒介安全知识实践。由于网络媒介的虚拟性和快速发展等特点，网络媒介安全教育是一个需要不断及时完善的教育，对于中学的教育者而言是一个需要常抓不懈的工作。网络媒介更新速度快，中学生在知识、能力和意识方面的要求要随之提高，中学就必须不断充实网络媒介安全教育内容、不断强化网络媒介安全操作技能和不断提高对中学生网络媒介安全意识的培养。这就注定了网络媒介安全教育需要比其他安全教育更多的关注和投入。网络媒介的发展不容世人回避，中学生网络媒介安全方面存在的问题也必须引起中学足够的重视，增强中学生网络媒介安全意识，提高自我保护和自我约束的能力，减少网络媒介安全隐患。

二、中学网络媒介安全教育内容的片面性

网络媒介安全教育内容在两课教育中仅在思想道德修养与法律基础课程中有一个章节的体现，这远远不能满足中学生网络媒介安全教育的需要，也应对不了网络媒介中层出不穷的安全问题。在中学生的网络媒介安

全教育内容中不断丰富网络媒介安全知识，增强网络媒介安全操作实践技能，增加网络媒介安全教育实践环节，才能有效提高网络媒介安全教育质量。

（一）计算机公共课程中缺乏网络媒介安全教育内容

在中学现行的计算机公共课程中，主要是以计算机的操作和软件的使用为主要教学内容，网络媒介安全相关的内容极少涉及。网络媒介安全的教育内容是需要将计算机操作技能和中学生的网络媒介安全意识结合起来的，是需要"德才兼备"的。计算机公共课只有计算机操作技能，没有提高中学生的网络媒介安全意识，会使得中学生在面对网络媒介安全威胁时，空有一身计算机使用技术而不知道如何适当地运用，使得计算机公共课与实践脱节。若能在计算机公共课中加入网络媒介安全教育的内容，就能在有限的课堂时间内将计算机知识和网络媒介安全教育知识相结合，丰富课堂内容。同时，还可以利用计算机公共课丰富的实践平台和多媒体资源，将网络媒介安全教育内容更加生动形象地传递给中学生，提高课堂效率。

（二）网络媒介安全教育缺乏实践教育环节

中学生网络媒介安全教育是知识、技能和实践相结合。中学生来自五湖四海，由于各地基础教育的差异性，导致他们在入学前的计算机和网络媒介使用基础参差不齐。中学在对中学生进行网络媒介安全教育的过程中注重的是知识和技能的教授，而很少在实践环节设计教育内容。比如，中学生知道计算机病毒的危害性，也懂得电脑需要安装杀毒软件，可是不知如何区分不同种类的电脑病毒，哪种杀毒软件适合中学生使用；中学生知道网络媒介购物有风险，初次网络媒介购物的中学生也是报着尝试的想法和忐忑的心情去自己摸索和实践。中学网络媒介安全教育的内容需要加入这些看似细小的实践问题，这些细小的实践是整个网络媒介安全教育体系的螺丝钉，把知识、技能和实践结合起来，成为有机整体。这些细小的实践环节决定中学生能否正确合理地使用网络媒介，也能决定网络媒介安全教育的成败。生活安全无小事，网络媒介安全同样要从细微处做起。

三、网络媒介安全教育队伍建设有待加强

网络媒介资源的开放性，使教育者在网络媒介安全教育中的主体地位受到了削弱。在网络媒介安全信息的使用上，教育者失去了传统安全教育中对教育信息和资源的支配权和先导权，而是与受教育者同样地共享网络

媒介资源，很难再通过过滤和灌输的形式把教育内容强加给受教育者。在网络媒介平台上是教育者与受教育者的平等互动、自由选择，教育者的所有教育行为都只是给学生提供选择和引导。在网络媒介安全教育教学中，教育者受到年龄、精力与固有思维模式的影响，接受新鲜事物的敏锐性往往落后于学生，网络媒介操作的技术水平和信息搜集整理等方面的能力甚至不及学生，这在一定的程度上制约了网络媒介安全教育实践，使教育的主体的权威性受到了挑战。

网络媒介安全教育的开展，需要一支高水平的师资队伍。教育对象在接受网络媒介安全教育的过程中学到的不仅是知识和技能，同时也需要提高网络媒介安全意识，另外在日常的网络媒介使用中，教育者还需对教育对象进行监督和监管。目前中学中的网络媒介安全教育主要是在新生教育中开展，承担教育任务的主要是保卫人员、辅导员等兼职教育者。网络媒介安全教育因其特殊性，与其他常规的安全教育有不同之处。网络媒介的快速发展，决定了网络媒介安全教育也是一个需要不断完善的教育行为，对教育者就提出了更高的要求，需要定期开展网络媒介安全知识培训，吸收最新的网络媒介安全知识。然后定期把这些最新的网络媒介安全知识传授给学生，不断丰富中学生的网络媒介安全常识，了解最新的网络媒介风险，提高网络媒介安全意识，养成良好的网络媒介使用习惯。还在定期的培训中督促中学生学习最新的网络媒介法律法规，强化中学生的法律意识，提高对网络媒介风险的认识和防范能力。

四、网络媒介安全教育考核评价制度缺乏

在中学的网络媒介安全教育中，普遍缺乏考核评价制度。中学的网络媒介安全教育除了两课中的教学内容之外，常常是以讲座、宣传栏、宣传片的形式开展，之后并没有一个合理的课程考核制度，也没有教学效果的跟踪考察机制，这样会直接影响到中学生学习的积极性，也会影响安全教育效果。传统的教学考核体系主要是关注检查中学生对理论体系和理论知识要点的把握，重视的是对理论体系的记忆而不是应用。网络媒介安全教育的考核评价制度应该包括对网络媒介安全意识、网络媒介安全知识、网络媒介安全能力和思想政治素质四个方面的考核。不仅是考核学生的知识储备和掌握知识的准确度，还要求对中学生思考、分析、解决实际问题的能力评价。缺乏评价机制的网络媒介安全教育，不仅会使中学生消极参与，也会影响到中学教育工作者的积极性，对教育质量大打折扣。

第三节　中学网络媒介安全教育的有效策略

中学作为中学生网络媒介安全教育的首要阵地，要本着对中学生未来负责任的态度，在中学生网络媒介安全教育方面做出有效策略，切实做好网络媒介安全教育组织工作，做到有氛围、有内涵、能实践。

一、增强中学网络媒介安全教育的组织性

（一）加强对网络媒介安全教育的认识

中学应从中学生的实际情况出发，加强学生对网络媒介安全教育的认识。中学要求计算机专业专任教师在传授知识时，要把有关网络媒介安全的相关知识渗透进去；而中学的非计算机专业任课教师在授课的过程中，也应该把自己了解到的有关网络媒介违法犯罪的现实案例及时地告知中学生；中学的辅导员老师则要利用与学生能亲密接触的机会，有针对性地对学生进行网络媒介安全教育；中学的其他职能部门则要从自身的工作职责出发，切实做好网络媒介安全教育方面的领导、组织与实施工作，以达到有效提高学生对网络媒介安全教育认识的工作效果。

中学还可以通过中学生网络媒介安全文化建设的推进，来提高学生对网络媒介安全教育的认识。进而在增加中学生对网络媒介安全教育认识的同时，提开中学校园关注网络媒介安全教育的文化氛围。在提高中学生对网络媒介安全教育认识的同时还应倡导实践，在配合学校保卫部门工作的过程中，树立学生自我防范意识，提升学生处理事故的能力，培养学生保障他人权益的奉献精神。提高中学生对网络媒介安全教育的认识，还应强调普及安全与法制方面的意识：一方面，校方可通过案例分析引起学生重视；另一方面，由教师传授相关法律知识，如《中华人民共和国计算机信息系统安全保护条例》《中华人民共和国计算机信息网络媒介国际联网安全保护管理办法》等，全面提升学生安全防范与法律保障意识，从而使同学在面对各名目网络媒介骗局时能够理性分析，正确选择。

（二）加强对网络媒介安全教育的统一领导

政府相关部门通过设置中学网络媒介安全的专门机构对中学的网络媒介安全教育进行统一的领导。政府可以在中学和网络媒介安监部门之间牵线搭桥，设立专门针对中学的网络媒介安全安监机构，监督、检查和管理中学的网络媒介信息系统安全；巡查中学内部及外延的网络媒介安全隐

患；查处中学内部和针对中学的网络媒介违法案件。网络媒介安监相关部门可以利用中学的智力资源，与中学联合开发自身防护体系更完善、更贴近中学的计算机网络媒介体系，保障教育网络媒介资源的净化。网络媒介安监部门还应担负起对中学计算机安全管理人员的培训，定期对中学负责网络媒介安全教育的教师、辅导员及学生网络媒介安全监察员进行网络媒介安全相关的业务培训，建设一支技术过硬的网络媒介安全监察师生队伍。

中学在网络媒介安全教育中，也应加强对相关职能部门的管理。在思想方面，不仅要提高中学生对网络媒介安全教育的重视，也应该提高中学管理人员、教学人员对网络媒介安全教育的认识。只有提高了认识，才能在教育实践中认真践行。在教学方面，定期对参与网络媒介安全教育的教师进行舆情通报，让他们及时、透彻地了解中学生网络媒介安全形势和相关最新资讯，及时扩展和更新网络媒介安全教育内容。在管理方面，设立完整的网络媒介安全教育监察体系，由分管安全和学生工作的校领导挂帅，将保卫、学工和校园网络媒介管理部门统一管理、协调部署，将教学和管理的责任制，把规章和制度落到实处，切实形成全校齐抓共管的良好局面。

（三）建设高水平的网络媒介安全教育队伍

对于中学来说，建设一支高水平的教育队伍，对网络媒介安全教育方面有着关键性的作用。尤其是在中学生网络媒介安全事故不断增加的背景下，应加强学校安全教育教师作用的发挥。这就需要中学应结合自身的实际情况，定期对承担网络媒介安全教育的教师进行培训，强化网络媒介安全教育教师在知识结构、实践经验方面的专业化技能。中学在中学生网络媒介安全教育策略方面还应坚持教学、管理和服务全方位的育人，具体的内容如下：

从教学层面来说，中学自身应利用丰富的网络媒介资源，对中学生进行网络媒介安全教育知识的传输。一方面，中学要建立网络媒介安全教育信息的发布系统，及时将危害计算机安全的病毒及杀毒方法进行公布，提供一些网络媒介安全技术的内容或者软件供中学生进行学习、下载及使用，有意识地引导中学生掌握信息安全技术及系统安全技术，避免网络媒介攻击，提高中学生在网络媒介安全防卫方面的能力；另一方面，中学要充分利用网络媒介所具有的交互性功能，鼓励师生间进行双向沟通，指导学生对各类安全问题如何进行处理。中学要通过向中学生进行网络媒介安全教育方面知识与技能的传授，让中学生掌握一些实用的安全防范技能，进而提高自身在网络媒介安全方面的防范能力，有效地降低网络媒介安全事故的发生。

从管理的层面来看，中学应通过网络媒介安全监督管理制度的建立与完善来加强对中学生网络媒介安全教育的管理。在管理中除了要对网络媒介安全方面的技术问题进行正常的管理以外，对网络媒介安全教育方面的思想与认识问题也应进行必要的关注，把好思想关，才是从根本上提高了中学生的网络媒介安全意识。中学在网络媒介安全教育的管理工作中，通过网络媒介安全监督管理制度的制定、执行及完善来中学生网络媒介安全教育，通过管理工作不断地提高中学生在网络媒介安全方面的技术水平及安全意识。同时，中学在管理过程中还应积极得到家长、社会及多渠道的支持，进而建立起多渠道配合的中学生网络媒介安全教育管理模式，充分发挥中学在中学生网络媒介安全教育方面的优势，联合教育主管部门、网络媒介安监部门及网络媒介运营机构等建立一种密切的协调关系，充分利用社会力量来提高网络媒介监督工作的力度，形成立体化的网络媒介安全监管管理的运行机制。

从服务的层面来看，中学应从发挥自身在网络媒介安全教育方面的优势，给予学生、家长及社会相关人员以必要的网络媒介安全教育方面的服务。如在计算机网络媒介安全方面有一定实践与应用水平的院系，可以通过组织中学生、家长及相关教育人员参观学习网络媒介安全教育方面的成果，进而提高他们在网络媒介安全方面的能力，实现资源的优化配置和合理利用，引导中学、教师及中学生能够共享网络媒介安全教育的最新成果。中学在中学生网络媒介安全教育的服务还体现在，中学应针对现有中学生在网络媒介安全教育方面存在的问题，通过建立心理治疗室或者网络媒介安全小组等方式来有效地解决中学生所面临的网络媒介安全方面的问题。中学在针对现有中学生在网络媒介安全方面存在的问题，不能简单地采用禁或堵的粗暴办法进行干预，更不能采取听之任之的不负责任的态度置之不理。而是应建立从中学生的实际情况出发，以服务的理念为基础，通过采取积极的态度对中学中学生所存在的网络媒介安全教育问题进行疏通和引导，促进中学网络媒介安全教学工作的顺利开展。

（四）强化网络媒介安全教育考核

在中学的网络媒介安全教育中，应把网络媒介安全教育纳入到中学的考核评价制度。安全教育在以讲座、宣传栏、宣传片的形式开展之后，其工作效果如何还需要一个合理的课程考核制度来对其工作效果进行评价。通过对网络媒介安全教育工作的考核来对中学的网络媒介安全教育工作方面存在的问题及导致这些问题存在的原因进行分析，针对中学的实际情况，合理地对中学的网络媒介安全教育工作进行调整。中学网络媒介安全教育考核体系内容应该包括对网络媒介安全意识、网络媒介安全知识、网络媒介安全能力和思想政治素质四个方面的考核。网络媒介安全教育的考核评价，不仅是考核学生的知识储备和掌握知识的准确度，还要求对中学生思考、分析、解决实际问题的能力评价。安全与不安全总是相对的，网络媒介安全是一个系统的工程，不能仅仅依靠防火墙、杀毒软件等单个的系统，或某个人、某一部门的努力就能解决，而需要仔细考虑系统的安全需求，并将各种安全技术结合在一起，同时还应通过考核来对网络媒介安全教育工作进行评价和完善，进而构成一个全面完整的体系。

二、突出中学网络媒介安全教育的科学性

网络媒介安全教育的重要内容就是帮助中学生树立正确的世界观、人生观和价值观。在网络媒介安全教育中注重教育的科学性，把握好学生价值引导，不仅是把好网络媒介安全的思想关，也是对中学思想政治教育的大力支撑。

（一）以社会主义核心价值体系为引领

中学生网络媒介安全问题中，多元的价值观渗透导致价值判断能力不强，是必须直面的问题。把社会主义核心价值体系融入中学网络媒介安全教育，目的是引导中学生确立正确的价值目标，树立正确的网络媒介道德观，掌握科学的价值标准和评价标准，遵循中国特色社会主义价值规范，提高在网络媒介虚拟世界中的价值分析判断能力和价值选择能力，进行正确的价值选择和评价，避免网络媒介侵害。

中学生的网络媒介安全教育离不开良好的校园文化氛围。校园文化是中学德育的重要内容和实践环节，是中学思想政治教育的最佳载体，也是中学生网络媒介安全教育的重要途径。中学的校园文化是其传统作风和专业精神的长期积淀，通过极具特色的环境熏陶和升华而形成的一种特有的群体意识，形成校园中人们共同的价值追求、观念导向和行为规范，从而作用于在校中学生，实现中学德育的目的。

建构良好校园文化的目标，是把在校中学生培养成全面发展的社会主义事业的合格建设者和可靠接班人，其中一个重要的方面就是使培养的中学生具有健全人格、高尚品格、崇高的理想和正确的价值取向。而进行中学生网络媒介安全教育的主要任务，是帮助中学生树立正确的世界观、人生观和价值观，培养网络媒介安全行为规范，增强网络媒介安全意识，全

面系统地掌握网络媒介安全知识，提高网络媒介安全防范意识与自我保护技能，更好地运用网络媒介，适应中学生活和社会。因此，构建良好的校园文化和中学网络媒介安全教育的目标是一致的，就是引导中学生树立健全的人格、高尚的品格和正确的价值取向。所以，充分发挥好校园文化的价值引导作用对中学生进行网络媒介安全教育是必要的，也是可行的。

（二）以安全意识教育为核心

网络媒介的使用，在给中学生带来了学习和生活的极大便利的同时，也产生了各种各样的网络媒介安全问题。在中学生网络媒介安全教育中，提高中学生的网络媒介安全意识是中学生网络媒介安全教育的重要内容，也是在中学生网络媒介安全实践中亟待加强的方面。意识是行为的先导，行为是意识的外在表现，所以外在行为与内在意识之间存在较高的相关性。中学生只有在网络媒介安全意识上得到了提高，才能从根本上预防网络媒介安全事件。

中学生在进入大学学习和生活之前，绝大多数都已经接触过网络媒介，且对网络媒介有一定的认识。而且在中学阶段也接受过一定的计算机技术教育，有自己的网络媒介使用经验。这使得多数中学生具有一定程度的网络媒介安全意识，对网络媒介安全有较为明确的认识，对影响网络媒介安全的一些主要因素相对熟悉，对自身在网络媒介使用上的安全也有一定的防范。但是，由于中学在校中学生人数庞大，由于中学阶段的计算机教育水平不同，个人的网络媒介使用经验也各不相同，所以中学生的网络媒介安全意识的水平参差不齐。网络媒介安全意识，是中学生使用网络媒介的第一道屏障，良好的网络媒介安全意识，可以使中学生在网络媒介的使用中及时发现网络媒介安全隐患，第一时间处理掉这些隐患，把网络媒介安全问题扼杀在萌芽之中。提高网络媒介安全意识是网络媒介安全教育的重要方面，也是网络媒介安全教育的第一步，只有意识提高了，才能驱动行为的动力，网络媒介安全技能才能得到发挥和运用，网络媒介安全知识才能不断地被吸纳和接受。加强中学生网络媒介安全教育应从提高中学生网络媒介安全意识方面做起，把好意识关，从而有效防范中学生网络媒介危险行为的发生。

（三）以防护能力提升为基础

网络媒介高速发展的特点，决定了中学网络媒介安全教育也是一个需要不断扩充新的知识和加强新能力的教育体系。不断加强网络媒介安全教育内容，不断提升自我防护能力，是中学在网络媒介安全教育中的重要使命，也是中学生网络媒介安全知识与能力能否与时俱进的重要保障。

网络媒介安全防护能力的提升应包括两个方面的内容：一是对计算机操作系统管理的能力，在课程中应加入计算机系统的安装、防护和设置等实践操作技能，增强学生对计算机系统、软件和硬件等方面的了解，有效运用硬件和软件资源提升防护能力。这样，不仅可以提高中学生的计算机操作实践能力，也可以增强抵御网络媒介侵害的能力。二是网络媒介安全知识，主要讲解网络媒介安全的理论知识和相关软件的应用，加入防火墙的原理、系统安全的检查和修补、硬盘的工作原理和保护方法。教师在教学课程中把正确的网络媒介操作方法、处理计算机病毒的正确做法、网上购物应注意哪些问题等与中学生生活息息相关的网络媒介安全知识通过课堂传授给中学生。不仅能培养中学生良好的上网习惯，合理地利用网络媒介资源，也可以给中学生计算机公共课程注入新的活力。

随着计算机技术的普及和应用，许多中学都开设了计算机及相关专业，培养高层次的计算机技术人才。这是教育改革的需要，也是国家发展的需要。但是，如果这批掌握了最新专业计算机技术的中学生不能正确运用所学知识为社会服务，反而用它来谋取非法利益，就会对我国网络媒介安全构成极大的威胁。所以，当各个中学在培养互联网、计算机等相关专业中学生的同时，应当对这部分学生开展专门的网络媒介安全教育。对于计算机专业学生开展的网络媒介安全教育是为了增强这类专业人才的自我防护能力，防护其自身不受到非法利益的诱惑，利用自身的专业技能达到犯罪的目的。这是对我国网络媒介安全的保障，也是防止这些掌握最新前沿技术的中学生变成有才无德的"危险品"的必要保证。

（四）以心理健康教育为重点

当前在校的中学生以"90后"为绝大多数，他们有着鲜明的心理特点：思维敏捷，接受信息能力强，有明确的自我意识和自我实现需要。心理动机是中学生网络媒介行为的重要心理因素，网络媒介上能满足中学生不同的心理需要和心理诉求。所以，在网络媒介安全教育中加入心理健康教育，同时优化网络媒介环境，减少网络媒介中对中学生心理的劣性刺激，促进网络媒介安全心理教育。

（1）好奇与求知的心理。求知的心理与好奇的心理并存，好奇心起驱动作用。中学生所处的年龄阶段，对许多新鲜事物都有一种好奇感，在好奇心理的驱使下，在网络媒介上搜寻自己感兴趣的信息，再加上网络媒介信息的海量性，只要键盘鼠标一动，所需要的信息立刻显现，恰好迎合了中学生好奇的心理需求。中学生对新鲜事物的接受能力强，兴趣广泛，思维活跃，对精神生活的需求程度比对物质生活的需求程度更高。当面对充满诱惑的网络媒介时，中学生表现出极强的好奇心和极大的兴趣。网络媒介中无限的信息也极大地满足了中学生求知的欲望，许多在现实生活中很难得到的信息都可以在网络媒介上迅速而全面地获取，不少中学生就是带着好奇与求知的心理参与网络媒介活动的。在网络媒介海量的信息中，有许多与我们传统价值观念相违背的信息，有的甚至是暴力和色情的，中学生在网络媒介生活中难免会接触到这些负面的信息。部分中学生在好奇心的驱使下会阅读甚至是参与此类信息的传播，这样就容易扭曲观念和行为，造成中学生网络媒介道德失范。在网络媒介安全教育中加入心理健康教育，旨在引导中学生在不良信息面前保持健康的心理状态，对网络媒介上的不良信息和难以证实的言论不相信、不阅读、不传播，把好中学生网络媒介安全心理关。

（2）自我实现的心理。中学生有强烈的自我意识和自尊心，但是当理想与现实有差距时，容易会出现心理上的失衡，不自觉地回避现实中的问题。此时，网络媒介虚拟性的特点，正好可以弥补这种现实中的失衡，在网络媒介虚拟的世界里，中学生可以找到强烈的归属感和成就感。尤其是游戏中的各类团队作战，获得胜利的成就感可以吸引很多中学生沉溺其中。另外，中学生一般自信心比较强，容易幻想，热衷国家大事，关心社会发展，对社会上的事有自己的理解，乐于参与社会事务，希望按照自己的想法去改变社会上各种令人不满意的现象，用自己的智慧和知识去服务社会，以显示出自身的价值和力量，满足自我实现的心理需要。但是，社会是现实的，社会不可能按照中学生的理想去发展。当理想化的社会和现实社会发生冲突，理想化的社会得不到满足的时候，就会产生心理的失衡，因而把注意力转向网络媒介中，在虚拟的世界里找寻自我实现的途径，追求满足归属和自我实现的需要。此类心理特点的中学生往往会成为"网瘾"的高危人群，他们在现实生活中得不到满足的需要在网络媒介上实现，现实生活中表现为焦虑、抑郁、冷漠、消沉、孤僻等各种心理上的不适。不加以积极疏导，极有可能导致各类安全问题。

（五）以网络媒介法制教育为保障

网络媒介安全法律知识，是我国中学生网络媒介安全教育中的重要组成部分，是中学生预防网络媒介安全事故的重要保障。目前中学在网络媒介安全教育中关于网络媒介安全法律教育内容主要停留在法律条文的介绍上。要加强中学生网络媒介安全法律教育，应当优化网络媒介安全法律教育的内容，不能只停留在"知法"的层面上，还应该让"守法"观念深入人心。

网络媒介以其自由度极高的特点深受中学生喜爱，但是网络媒介中的自由也不是绝对的自由，它与现实中的自由一样，是理性的自由，是有限度的自由，是以守法为前提的自由。我国互联网相关的法律，为维护网络媒介安全提供了法律保障和依据，中学应当以网络媒介法律、法规为主要内容对中学生进行网络媒介法制教育，增强法律意识。通过网络媒介法律知识的学习，使中学生认识到哪些行为在网上是失德的，那些是非法的，是法律严令禁止的，以免中学生由于网络媒介法律知识的欠缺，参与到网络媒介违法犯罪活动中去。

三、强调中学网络媒介安全教育的实效性

中学生网络媒介安全教育在中学生安全教育体系中具有较强的实效性。中学生不仅要掌握网络媒介安全技术知识，还需要提高网络媒介安全意识，懂得网络媒介安全法律常识，而且在网络媒介不断高速发展的同时，充实自己的网络媒介安全知识，完善网络媒介安全技能，才能保障自身在现实生活和网络媒介生活中不受侵害。

（一）科学设置课程内容

在中学现行的网络媒介安全教育课程中，没有针对网络媒介安全开设专门的课程，网络媒介安全意识教育以思想道德与法律基础课程中的章节为主，网络媒介安全技能则是以计算机公共课中的计算机操作为主，两者处于各自独立的状态。中学生在使用网络媒介的过程中，需具备一定的网络媒介安全意识和必要的网络媒介操作技能，这两者是相互作用，密不可分的。所以在开展网络媒介安全教育的时候，需要将网络媒介安全意识教育和网络媒介安全技能教育结合起来，开展有针对性和操作性兼具的课程。

在培养网络媒介安全意识的教育中融入计算机操作相关的课程，如杀毒软件的安装和使用，如何辨别网络媒介购物陷阱，将意识的培养与实际网络媒介操作结合，情景交融的培养方法，更能提高中学生网络媒介安全意识的实用性。在网络媒介安全技能的课程中加入网络媒介安全意识的培养，如怎样区分盗版软件，在社交网站上如何避免暴露个人信息等，在针对性极强的实际操作中将技能与意识相结合，也更能提高中学生网络媒介操作的安全性。开展安全意识和安全技能相结合的网络媒介安全教育课程，能使中学生知行合一，将安全意识用于网络媒介技能实践中，也能在网络媒介技能的使用中提高安全意识，强化网络媒介安全教育实践。

在我国中学网络媒介安全教育中，多以"亡羊补牢"的方式对学生进行教育，往往是在网络媒介安全事件发生之后，通过案例分析的方式对中

学生进行网络媒介安全教育。这种案例分析的教学方法广泛地应用于教育学界之中，教育者将理论与实践相结合，生动形象地让受教育者接受教育内容。但是，网络媒介安全事件一旦发生，损失已经造成，无法避免和挽回，就丧失了预防的意义。这就对网络媒介安全教育的教育者提出了更高的要求，在进行网络媒介安全教育的案例教学中，不仅要采用以往发生过的案例，还应该根据网络媒介的发展和中学生使用网络媒介的特点和习惯，通过合理的预判，提出网络媒介安全威胁前瞻性，预测网络媒介中哪些方面是容易诱发网络媒介安全事件的，进行安全防范教育。

（二）净化校园周边环境

伴随着我国教育体制改革的不断深入，中学的对外开放程度呈日益增加的发展趋势，如一些中学自身没有围墙，校园内的道路便是社会公共道路，行人能够自由穿梭，甚至有的中学根本不存在铁门及铁栅栏等障碍物，这就要求学校应净化校园周边环境。净化校园周边环境离不开中学当地政府的有利支持，中学应积极地配合区域内政府相关职能部门开展的净化校园周边环境的行动，提高对中学周围网吧的整治力度。中学在管理中应提高对中学生网络媒介安全教育问题的认识，加强对学校中学生网络媒介安全教育相关问题的管理，通过运行机制的完善来优化中学生网络媒介安全教育工作的管理。中学应对迷恋网吧的中学生，针对学生个人的实际情况提出合理的教育方式，对沉迷网络媒介、荒废学业的学生应在进行批评教育的基础上进行合理的心理引导，对与旷课、晚归或者夜不归宿的中学生应进行严厉惩处，通过各类方式的综合应用不断地提高中学生在网络媒介安全方面的自我控制与自我约束的能力。通过以上措施的应用，有效地净化校园周边环境，进而提高中学生网络媒介安全教育工作的效果。

（三）建立家校联动机制

中学生网络媒介安全教育不能仅依靠学校力量，从时间上来说，中学生每年有将近3个月的时间是脱离学校管理的，在离校期间同样存在着针对中学生的网络媒介安全问题，所以中学生网络媒介安全教育必须取得家长协助。中学可以通过发告家长书，让家长了解不健康网络媒介的一些危害，提高家长的防范意识，特别是假期，更需要家长的配合。中学可以通过自身的实际情况建立多形式家校联动平台。学校可以通过告家长书、家长联系卡、QQ群、家长访校、校报、学生成绩单等形式，构建中学与家长的联动平台。辅导员、班主任、任课教师、心理健康辅导老师等要积极加入，及时传达学校和家庭的相关信息，进行网络媒介安全教育的宣传及沟通。家庭教育是教育体系的一个重要组成部分，是一个人走向社会之前所要经历的一个重要阶段。家庭教育的质量好坏直接关系到个人的成长发展，甚至在某种程度上可以决定一个人的命运。需要制定相关的家校联动机制规范，整合多方资源，以使中学生网络媒介信安全教育纳入规范化、制度化的轨道，进而实现安全教育切实落到实处，取得预期效果。

(四) 信息化管理与监察

中学生网络媒介安全教育可以通过专职导师讲座、实地参观等形式让中学生了解网络媒介安全监察体系，在教育实践中让中学生了解网络媒介安全监察的存在。了解这一体系的存在，可以让中学生知道自己在网络媒介上的权益是受到国家法律保护的，安心使用网络媒介的同时还可以增强法律意识。另外，对网络媒介安全监察体系的了解，也可以让中学生了解到自己在网络媒介上的"自由"也是受到监督和监管的，也可以对一些有过网络媒介违法行为和有网络媒介违法行为动机的中学生起到警示的作用。

参考文献：

[1] 李瑾．在媒介素养教育创新中开展中学生网络安全意识培养 [J]．理科爱好者（教育教学版），2015 (2)：88－91.

[2] 要志东，钟和军．信息技术基础（必修）[M]．广州：广东教育出版社，2011.

[3] 聂立清，朱源源．我国主流意识形态建设的微媒体影响与应对 [J]．思想教育研究，2016 (10)：95－99.

后 记

　　犹记 2015 年 4 月初，春光明媚。浙江传媒学院的王天德教授带着一个关于中学生媒介素养的编写设想来到我校，同行者有杭州夏衍中学、余姚三中的 10 位老师。当时，在王教授的提议下兄弟学校的来客和我校部分老师就中学生媒介素养的话题进行了探讨，并对本书的编写情况提出了大概的构思和规划。讨论会上，我们了解学习了媒介素养的概念并且分析了现状，讨论了中学生媒介素养的范畴和内涵，敲定了本书的章节及每章节的主题和内容，同时分配了编写任务。

　　经过了两个多月的搜集、研究、探索、编写后，我们相约于宁波余姚三中的杨梅树下，分享编写状况和经验，坦陈编写困难和疑惑，相互支招、打气，此次相聚的收获是本书框架初成。接下来进入修改完善阶段，从每一幅插图的选择，到每一个句子的表达，从每一则案例的筛选，到每一个概念的阐述，我们严谨以待，反复斟酌，几易文稿，精益求精。然而，正应了"好事多磨"的老话，由于种种主客观原因，本书经历了从铮铮誓言中绽放，到无人问津的废弃闲置。两度春秋，历经周折。但不忘初心的倔强者最终还是把它从废墟中捡起，清洗，着色，即将付梓，一路艰辛悲忧也将化为欢喜！

　　这期间，支撑我们坚持下来的，是一个朴素的愿望。那就是，把自己学校关于媒介素养的一些收获、感想以文字的形式保留下来，以期为本校媒介素养教育的发展积累经验，能让更多的人了解关注，能为同道和后来者做一些基础性的开拓工作。作为中国媒介素养研究基地的秀水高级中学，我们在媒介素养教育方面长期积极实践、探索，积累了大量的一手资料。所以，面对这一个契机，我们不想轻易放弃。苦心人天不负，而今，面对这份几经波折、凝结了十几位一线教师心血和智慧的书稿，我们终于看到了希望。一分耕耘一分收获，未必；九分耕耘一分收获，一定！

　　在本书付梓之前，有好多话想说，但最想说的，还是感谢：

　　感谢浙江传媒学院的王天德教授在本书的编写过程中不遗余力的指

导，并积极为本书写序。

感谢浙江省嘉兴市秀水经济信息专修学院陈善院长、秀水高级中学蔡文祥校长的大力支持和亲切关怀。

感谢前期筹划中骆中成校长（原杭州夏衍中学）、宁波余姚三中赵仲华校长的鼎力支持。

感谢编写过程中杭州夏衍中学的蒋潇潇、麻辉武、徐莉、张乐、应爱芳、钱蓉老师，余姚三中的郑青青、孙红霞、陈黎萍老师，秀水高级中学的王碧秀、陈慧娟、徐珍珍、吴佳希、汪秀勤、朱珏、李范、陈洁老师的辛勤付出。

感谢所有为本书出版努力过的朋友，祝你们的生活幸福温润、诗意盈怀。

由于笔者的水平有限，加上资料环境限制，还有一些未能察觉的笔误，本书难免会出现各种疏漏，可能会留下几许不应有的遗憾。恳请专家、读者批评指正。

郑军亮

2017 年 10 月